中国人民大学科学研究基金（中央高校基本科研业务费专项资金资助）

项目成果　批准编号：10XNI010

THE PSYCHOLOGY

OF

ARISTOTLE

IN PARTICULAR HIS DOCTRINE
OF THE ACTIVE INTELLECT

亚里士多德的心理学

特别关注其主动理智学说

[德] 弗朗茨·布伦塔诺◎著

郝亿春◎译

人民出版社

乍一听，我的声音并不受欢迎，可一经消化，它就会成为营养滋品。

——但丁

目　录

上　篇　对之前解释尝试的概述

下　篇　亚里士多德主动理智学说的发展

英译者前言

　　弗兰兹·布伦塔诺一共写了四部关于亚里士多德的书。其中第一部是众所周知的《根据亚里士多德论存在的多重含义》(*Von der mannigfachen Bedeutung des Seienden nach Aristoteles*)。现在这本是第二部，首印于 1867年。第三部《亚里士多德有关人类精神本源的学说》(*Aristoteles Lehre vom Ursprung des menschlichen Geistes*) 是对策勒 (Zeller) 学说的批评，它发展和捍卫了最初在本部著作中提出的一个观点。最后一部《亚里士多德及其世界观》(*Aristoteles und seine Weltanschauung*) 是布伦塔诺在晚年写成的，它——就像一部组合起来的画像——是对亚里士多德形而上学教导的总体性说明。

　　下面对这部著作（以及有关第三部著作的暗示）稍作评论。策勒已经将下述看法归于亚里士多德，即，人类理智并不是与个体的人一起被创生的，而是源于某种先行存在的理智之池。布伦塔诺在其《亚里士多德有关人类精神本源的学说》中详尽展现了对策勒的反对意见。不过，在布伦塔诺疑虑的根基处，有一种对神秘主义以及把神秘化的教导归于亚里士多德的普遍反感。神秘化的一个例子是阿威罗伊 (Averroës) 的学说，即，认为主动理智是一种宇宙的或神圣的力量，而非一种属于每个个体心灵的能力——如果我们想彻底解释思想，那么这样一种能力必定被假定是存在的。现代少有评注者在这一点上跟随布伦塔诺。他们大多——或许隐喻的情况除外——会同意兰德尔 (Randall) 的说法，即，把主动理智看作"柏拉图的野麦种修成

1

正果"。

布伦塔诺发现下述一种思想既不具有理论上的优长也不具有个体方面的安慰，即，人们由于被吸收进一个更大的整体而丧失了其个体性。相似地，他发现任何把感知、思考、意欲等诸如此类的活动作为某种更具深意的事件——哪怕是参与进某种神圣的发生——而非作为一种个体心灵中的事件的观点都是令人厌恶的。布伦塔诺在亚里士多德那里发现了一种类似于对人类个体性的尊重。因而，这部著作不仅是对亚里士多德文本的解注，而且也是对其免于某种神秘化误释的防卫，同时也是布伦塔诺自己反神秘化热情的记录。

第二点也需提及。布伦塔诺首先不是一位哲学史家，而是一位面向实事本身（mit den Sachen selbst）的哲学家，这一点与他不少博学的同代人不同。他对亚里士多德的兴趣是基于他对后者研究主题的兴趣；他研究亚里士多德正是因为后者有关心灵活动的学说在他看来是最无懈可击且最为深刻的。于是下述情况也就不足为奇，即，往往是亚里士多德某些学说之真理性而非其历史地位被捍卫。

这部著作因而就可被认为有三个目标。其一，它是对亚里士多德文本的一种解注。其二，它是针对某些神秘化的误释而对亚里士多德的捍卫。其三，可以说它是以亚里士多德作为一位可信赖的顾问而对人类思想活动自身所进行的探究。

这部著作有时也被称为对《论灵魂》的托马斯主义（Thomist）阐释。这在某种意义上具有误导性。说一位天主教哲学家写于 1866 年的著作会受到托马斯主义运动的影响当然是对的，而且说布伦塔诺发现自己更倾向于认同圣·托马斯而非其他任何一位他考察过的哲学评注者也是对的。然而，这部著作却是布伦塔诺的专属品。确实，布伦塔诺写作这部著作时并没有将圣·托马斯的评注作为其扶手，而且其论证线索以及许多实质性的观点完全独立于圣·托马斯的教导。我的揣度是，这部著作的名声源于下述事实，即，布伦塔诺从根本上是在与托马斯以及其他中世纪的同行进行商榷，于是这就不是严格意义上的古代哲学史作品，而且其思想也是与历史性方法相反的。不过由于对亚里士多德有关人类理智学说的解释既是一种哲学重构的事情也是一种文献学勘定的工作，布伦塔诺会认为不与最热切地关注亚里士多德哲学的那个阶段的作者进行商榷是不对的，尽管这些作者的径路与十九世纪以及现在学者会接受的径路相比具有更多的猜度性、他们的希腊语水平也是更为低级的。

《亚里士多德的心理学》（*Die Psychologie des Aristoteles*，1867）最初在 Mainz 由 Kirchheim 出版，且由 Wissenschaftliche Buchgesellschaft（Darmstadt）重印于 1967 年。这部英译本是由布伦塔诺基金会发起的多部翻译之一，齐硕姆（Roderick M. Chisholm）教授担任主编。在这部译作中犹如在对布伦塔诺有关亚里士多德作品的其他译作中一样，我不仅给出了德文文本的翻译，而且也给出希腊文、拉丁文以及法文注释的翻译。布伦塔诺给出的文献学评论很少一些情形下是需要希腊文的。每当这种情况，我都会尽力展示其论据的要旨；对这些文献学细节的进一步追寻就需要对原本的参阅。我对希腊文表述的翻译通常也不是按照时下流行的样子。例如，我会写为"logos enhylos"而非"logos enulos"。懂希腊文的读者当然对两种版本都能理解；而那些看不懂第一种写法的人大概也看不懂第二种。

对于亚里士多德文段的翻译我大都依赖其著作（1st ed.；Oxford：Clarendon Press，1908-1931）的牛津译本（ed.W.D.Ross）。不过，D.W.Hamlyn 有关《论灵魂》（Oxford，1968）主体部分的最近译本在一些情况下也被使用（这种情况都被特别标出）。感谢牛津大学出版社让我们使用其译文。

在翻译过程中我得到下列友人的建议和协助，他们是：Messrs. Richard Goeller、David Suits、Karl Walter、William Goodman、Drs. Schoedel、Fries、Hanna、Ashworth。感谢他们！

不过，我想特别感谢的是我的同事 Paul Seligman，他以巨大的耐心阅读了整部译稿，并且提出许多宝贵的建议，其中大部分我都予以采纳。虽然他对布伦塔诺提供的证据线索抱有强烈兴趣，而且也保有学者的乐趣，可他仍然保持着质疑。我诚挚地把这部译著献给他！

Rolf George

前　言

置于本部著作开头的但丁格言不仅对诗人自己是成立的；它同样可以用来刻画像但丁那样被尊崇为著名导师的大思想家。当人们乍一听时，会觉得大思想家讲的东西没什么意义且令人困惑。唯有在长久而严肃地沉思之后，这些内容才变得可以理解；而当这种思想之光最终从黑色的文字破壳而出时，才对我们所有的努力进行了充裕的回报。

这几乎普遍适用于亚里士多德的每一部著作，尤其适用于其《论灵魂》第三卷中包含着主动理智（nous poiētikos）学说的段落，而对这个学说的阐释正是我们的讨论要达到的基本目标。杰出的亚里士多德研究专家们在其他地方为亚里士多德思想的清晰性欢欣鼓舞，可他们在这里却只能看到一堆矛盾相互交错。我们自己已经得出不同的、事实上也是一种相反的结论，不过这是在诸多努力与许多不成功的尝试之后才达到的。

之前显现出的纷乱难解内容现在将其自身呈现为简单明了的明见，这完全与亚里士多德的精神匹配；确实，亚里士多德的理论或许是有关我们思想活动之本源——直至目前的研究才将这个本源带向光亮——的最重要发现。

导论以及尤其在下篇的开头提供了对我们研究所运用方法的详细说明，同时也提供了有关整个论著规划的说明。这种说明也表明，为何必须把对亚里士多德心理学的整全呈现作为主动理智学说展开的前奏。

弗朗茨·布伦塔诺

1866 年 7 月 14 日于乌兹堡

1

导　论

　　当人们研究任何哲学体系的时候，应当特别注意有关认识能力的学说。这种做法之所以可取，不仅是因为这个主题处于可被考察的人的精神之最高贵部分，也不仅是因为一些最重要的问题，特别是灵魂不朽的问题内在地与这种探究相关，而且也因为正是在这里而非在一个体系的其他地方我们会发现一种对任何哲学进行衡量的可靠标尺。再者，各种认识论之间的区别也最为清晰地表明了作为整体的体系之间的特征性差异。怀疑论者——其具有破坏性的思考甚至在彼此之间也争执不休——对此持有一种观点，而独断论者则持有另一种观点；在这里唯物主义者也不同于唯心主义者；无神论者与有神论者在认识论上也具有一种不同的形式；而且尤其是在认识论这里，其至在类型与基本观点上相近的哲学家之间也表现出特殊的差异。这也尤其适用于古代的两个伟大体系，即，柏拉图的学说与他的学生亚里士多德的学说，虽然后者在不少方面保持着对老师的忠诚。

　　不过，亚里士多德认识论引发我们的兴趣不仅是由于这些一般的原因。他比所有其他人都更早在逻辑学领域卓有成效地耕耘，他是这个领域的开拓者。他在这个领域比在其他任何领域提出的命题更为不可动摇，因而后人追封他为这种科学的开创者和父亲。可又有哪个学科会比逻辑学距离我们所讨论的心理学的这个部分更近呢？任何深刻的逻辑学必须深入到心理学领域的基础上；而逻辑学时不时走向贫瘠和衰微只是因为其根基没有延展到心理学的土壤并从中汲取营养。

　　然而，正如逻辑学从心理学中获取其原则，心理学因而也以逻辑学为结果。正如亚里士多德所指出的，这两门科学①的关系相似于医药学②与后来广义上称为生物学或生理学的那部分自然科学的关系。辨别健康与疾病科学的第一原则正是自然科学家之任务的一部分。亚里士多德讲道：于是我们就会看到不少自然科学家的探究在医药学领域开花结果，而至少那些以一种更为科学的方式实施其技艺的医生是从自然科学出发的，并且也从自然科学中发展出有关治疗技艺的学说。

　　在逻辑学方面，亚里士多德是数个世纪的老师。于是人们可以以一种赞同的倾向开始对其（心理学的）认识论进行任何研究，而对其认识论阐明的任何贡献，特别是试图对其最重要而同时也是最晦暗要点的任何澄清，应当也是每一位哲学之友的兴趣。我这里指的是亚里士多德的主动理智学说，而对其进行探讨就是这项研究的主要任务。

---

① 更准确的说法是：心理学的认识论与逻辑学之间的关系。因为心理学中还有其他部分，而这些部分被以同样亲密的方式与伦理学关联（参见《尼各马可伦理学》1.13.1102a18-22）。这也表明亚里士多德之于心理学研究的伟大才能，因为其伦理学是一部公认且不可超越的杰作。

② 《论感觉及其对象》1.436a17-b1。相似的论述见《论呼吸》21.480b22-30，在这里我们发现了下述的评论，它看起来像是遗失的有关疾病与健康（*De Sanitate et Morbo*）的论著的开头（参见《论感觉及其对象》1.436a17）："对有关健康和疾病的问题，不仅医生，而且自然科学家都应当来讨论它们的原因。但这两个领域的不同以及研究不同问题所凭借的方法绝不能为我们所忽略，因为事实表明，在某种范围内他们的研究至少是共同的。因为那些心灵敏感而且学识渊博的医生也谈论过一些自然科学的事情，并宣称是从中获取其原则的，而大多数有造诣的自然研究者都将其研究推进到对医学原则的说明。"亦可参见《尼各马可伦理学》1.13.1102a21。我也乐意引述《论题篇》的一个段落表明，在亚里士多德看来，与逻辑学的比较对于实践性科学而言也是不会例外的（《论题篇》1.3.101b5）："当我们具有了相似于修辞学及医学等诸如此类实践性科学的能力时，我们就会具有完备的方法。"（参见《形而上学》9.2.1046b3，以及 Hermann Bonitz 的评论，即 *Observationes Criticae in Aristotelis Libros Metaphysicos*，Berlin，1842.）策勒正确地评论道，这里赋予《论题篇》的地位也属于逻辑学的所有其他部分（Eduard Zeller, *Die Philosophie der Griechen in ihrer geschichtlichen Entwicklung dargestellt*, 2ⁿᵈ ed., vol2, Tübingen, 1862, pt.2, p.130）。我们从未发现逻辑学被作为第四种理论科学与形而上学、数学及物理学并置。逻辑学是生产知识的技艺。（本中译本中亚里士多德著作引文的翻译参考了《亚里士多德全集》，苗力田主编，中国人民大学出版社 1990—1997 年版。其中《论灵魂》的引文也部分参阅了田书峰尚未出版的《论灵魂》译注本，特此致谢！）

　　这项研究是困难的，这种困难的原因部分地在于此主题的本性，而部分地也在于下述事实，即，在亚里士多德——其论述通常都是简明扼要的——直截了当地讨论主动理智①的唯一段落中，其简洁性看来甚至超出了寻常。最后，在下述方面也存在着困难，即，在不少词语上也存在着明显的模棱两可，而对这些词语的正确理解又是理解这一学说的基本前提。亚里士多德谈到某物是被分离的（chōriston），他同时又说它是能被分离的（chōrizesthai）——而这又显然是在一种分离尚未存在的意义上讲的。②他谈到某物是不能被触动（apathes）的，可同时又把一种触动（paschein）归于它，这显然是就触动的另一种意义而言的。③他称某物是"非质料（aneu hylēs）"的，可又把一种质料（hylēs）归于它；④最后，他以理智（nous）——对这个词语的理解至关重要——来指称一些非常不同的东西。有时他以此来指称我们获得的一种状态，有时意指我们天生具有的一种认识能力；⑤有时意指某种实体性的东西，有时又意指实体的一种能力；⑥有时意指一种主动的原则，有时又意指由以接受触动的东西；⑦有时意指一种非触动之物和精神之物，有时又意指受触动的东西从而是可朽坏的、感性之物，乃至意指感觉自身。⑧这就容易解释在许多解注者那里引发的诸概念上的巨大混淆，这也是

① 《论灵魂》3.4.430a10-19。
② 同上429b5；430a17；以及3.5.430a22；2.2.413b26；1.1.403a11；亦可参见3.7.431b18；参见1.1.403a14，其中所讲"（从构成直线的其他部分中）被分离的直线不能与圆在一个点上相切"就是从"直线不能被分离"得出的。正如亚里士多德在"被分离"这种情形中表达的意思那样，他也在多个意义上谈到"被（与身体）混合（memichthai tō somati）"（同上1.3.407b2以及3.4.429a24）。对此必须加上"不被混合（amigēs）"的歧义性，即不被与另一个内在本原混合以及不被与有形质料混合（3.4.429a18及5.1.430a18；还有3.4.429a24）。
③ 同上3.4.429a15；429b23；429a14；429b25。
④ 同上430a7以及3.5.430a10，13，19。
⑤ 同上3.3.428a5；428a18。《后分析篇》1.33.89a1，b7；2.19.100b8；《尼各马可伦理学》6.3.1139b17；6.1141a5；以及《论灵魂》3.4.429a17，22。
⑥ 《论灵魂》1.4.408b18及2.3.415a12；3.5.430a13。
⑦ 同上3.5.430a15及a14；4.2.429a14。有时他也用理智一词意指欲求能力，这种欲求能力是被已经接受进这种理智中的形式推动的。例如《政治学》1.5.1254b5；《尼各马可伦理学》9.8.1169a17。
⑧ 《论灵魂》3.4.429a29；5.1.430a18，以及430a24；10.11.433a10，13及《尼各马可伦理学》6.12.1143b5。

为何一些忽视了词义方面差别的解注者认为他们会在我们哲学家的学说中辨识出一些不可调和的矛盾。亚里士多德的解注者们也正是在这个地方——比在其他任何地方——更表现出不同的甚至相反的方向。接下来让我们简要概述他们的观点。

上　篇

对之前解释尝试的概述

第一章

最早期的诠释

1. 甚至亚里士多德直接的学生们在其有关主动理智的概念上也没能表现出意见一致；特奥弗拉斯托斯（Theophrastus）[①] 提到主动理智的时候无疑是把它设想为某种属于人的本质的东西。[②] 另一种对照性的解释是基于欧德谟的伦理学；这位据说是最忠实于其师[③] 道路的哲学家在这部著作中似乎是把神作为主动理智。[④] 如果欧德谟真的持有这种观点，那么从其导师那里直接获得其学说的亚里士多德的最伟大的学生们就会在同一个问题——这个问题甚至在今天也产生出解释上的巨大分歧——上相互反对。这就会得出，我们必须永远放弃任何一种具有良好基础之解释的希望。可上述这种矛盾并不存在。我们后面会看到，欧德谟的段落与特奥弗拉斯托斯的段落是如何能达到完美一致的。

2. 特奥弗拉斯托斯《物理学》的第五卷残篇——这是特米斯修斯（Themistius）在其《论灵魂》的第二卷为我们保存下来的——甚至之于粗心的读

---

① In Themistius, *In Libros Aristotelis De Anima Paraphrasis* fol.91［ed.Ricardus Heinze, in *Commentaria in Aristotelem Graeca*, vol, 5(Berlin, 1899), pp.107-8］.

② Christian August Brandis, *Geschichte der Entwickelung der Griechischen Philosophie*［Berlin, 1862-64］, p.572.

③ Simplicius, *Physica*, 93b［in *Aristotelis Physicorum Livros Quatuor Priores Commentaria*, ed.Hermann Diels, *Commentaria in Aristotelem Graeca*, vol.9(Berlin, 1882), p.411］："亚里士多德最忠实的伙伴欧德谟也同意这一点。"

④ 《欧德谟伦理学》，1248a25。

者也会得出下述三方面内容：

（1）在特奥弗拉斯托斯看来，亚里士多德不但把主动理智而且也把被动理智——即那些成为所有可思之物的东西——作为非质料性的。①

（2）他把这两种理智都作为同一种主体的能力。②

（3）他把这种主体作为人的一种本质性构成。③

我们从这个段落中不能确定特奥弗拉斯托斯自己是否同意其导师的学说，不过这一点在这里对我们并不重要。他事实上很可能会赞同老师的学说；④他提出的反对意见并不是实际怀疑的证据；这些意见只是一些疑难，它们是用跟随其导师而习惯形成的方法提出的；他想澄清这些难题并展现进一步进行科学研究的指导方针。⑤

3.历史只为我们保存了这个早期阶段中有关其他逍遥学派成员的很少报

---

① 他就潜能理智提出了下述一些疑问："身体对于无形之物有什么影响？或是这种变化是属于什么类型的？"并且后来他又就此谈道："感觉不能离开身体，可理智是分离的。"（出处见上面第 7 页注释 1）

② 潜能理智（nous dynamei）具有一种偶然的性质是没什么问题的；因为否则的话，成为一种潜能性就不得不与实体性质料等同。主动理智也具有一种偶然性质被下述问题表明："什么是制作性活动者的主体？"这个主体与潜能理智的主体是相同的。这个被稍后提出的疑问表明（暂且把下述怀疑搁置一旁，即，这段文字是否真的出自特奥弗拉斯托斯而非出自特米斯修斯），为何主动理智不能从一开始推动且经常地推动被动理智："如果运动是其本性的一部分，那么它就不得不在现在运动，也不得不经常运动。"（参见下面下篇第四部分第 232 页注释①）

③ 他提出下述问题："假定理智是源于外部的且就像是被强加的，那么它是如何被结合的（symphyēs）呢？"在他后面的评论中，开放了一条解决的途径："可'源于外部的'并不意味着某物是被强加的，而是意味着以一种成为原初生成一部分的方式被结合的。"（参见下面下篇第四部分第 227 注释① 及④）

④ Torstrik 持 相 反 的 看 法。*Aristotelis De Anima Commentarium Criticum*[in Aristoteles, *De Anima,* ed.Adolf Torstrik(Berlin, 1862;reprint ed., Hildesheim:Georg Olms, 1970), p.189] .

⑤ 对于这类疑难中的一些，我们可在现存残篇自身中寻找答案。在我看来特米斯修斯的下述言论表明这种解答也会适用于其他问题："如果把它们一个接一个地罗列出来就太过冗长了（虽然它们不是以一种复杂的而是以一种简要的方式被陈述的），因为主题充满许多质疑、反对以及解答。"（参见上述第 7 页注释 1 中的文献，p.108，II.8ff.）相似地，他在结尾处评论道："如果基于我们已经列举的引述来断定某人会理解亚里士多德与特奥弗拉斯托斯的相关理论，那么或许就会过于仓促"（参见上述第 7 页注释 1 中的文献，p.108，II .36ff）。如果特奥弗拉斯托斯与亚里士多德是相悖的，那么特米斯修斯就肯定不会以这种方式来谈论。

道。他们甚至对于他们自己的哲学观点都缺乏足够的清晰性和严格性；如所周知的那样，他们毫不犹豫地偏离了亚里士多德的学说，我们更不用指望他们会把亚里士多德的学说解释到何种地步了。斯特里图（Strato）——特奥弗拉斯托斯之后的学派领袖——已经否认了所有的精神性认识，且事实上是否认了整个精神性领域，① 据我们所知，特奥弗拉斯托斯的学生亚里士图克塞钮斯（Aristoxenus）和迪凯阿彻斯（Dikaearchus）也是如此。②

4. 相比较而言，公元一、二世纪的逍遥学派更尊崇其创立者的陈述。他们几乎把解释和捍卫亚里士多德的著作作为其唯一任务。我们所拥有的那个学派的一些著作，都是亚历山大·阿波罗迪赛斯（Alexander Aphrodisiensis）所作，其中有一些是有关灵魂的学说。亚历山大的确对亚里士多德的学说解释道：主动理智是一种单纯的精神实体，它与人的本质相分离并作用于人，它是万物的第一基础，是神圣理智自身。③ 人通过受其影响而获得了现实的认识，而接受这种影响④ 的能力依赖于人身体中诸元素的某种混合；因而他声称人的灵魂在其思想、存在以及有朽性方面完全依赖于身体。⑤ 由于亚历山大——他赢得了解注家之名——的巨大声誉，不少人会追随着他的解释；

---

① Cicero, *Academici* 4.38 [i.e., *Lucullus*, ed.O.Plasberg, chap.38, Editio Stereotypa(Stuttgart:Teubner, 1961), p.88]；Cicero, *De Natura Deorum* 1.13 [ed.O.Plasberg and T.Ax, Editio Ster.(Stuttgart:Teubner, 1961), p.15] .Sextus Empiricus, *Adversus Mathematicos* 7.350 [trans.R.G.Bury, 4 vols., Loeb Classical Library(London and Cambridge, 1935), 2:185] .

② Cicero, *Tusculanae Disputationes* 1.10 and 22 [ed.M. Pohlenz, Editio Ster. （Stuttgart:Teubner, 1967）, pp.227, 243] .

③ Alexander Aphrodisiensis, *De Anima* 139b[*Praeter Commentaria(De Anima Liber cum Mantissa, Supplementum Aristotelicum to the Commentaria in Aristotelem Graeca)*, vol.2, pt. 1, ed.Ivo Bruns(Berlin, 1887), p.89]："（主动理智）是非触动、不与任何质料混合以及是不朽坏的……这种本体被亚里士多德表明是第一因，这也是在理智的专属意义上讲的。"Fol. 144 [p.108]："鉴于主动理智的本性，可思之物就成为现实的理智。它成为质料性理智的原因，因为它是如此与这类形式结合，且是如此对体现在质料中的形式分离、模仿、认识且使其都成为可思的。它是源于外部的且就是所谓的主动理智，它既非我们灵魂的一个部分也非其一种能力，而是当我们认识形式时而源于外部的……如果它具有这种本性，那么它显然就是与我们分离的。"

④ 他称这种能力为"质料性的理智"[nous hylikos]，这个表述是基于亚里士多德的用语（《论灵魂》430a10、13、19）并被阿拉伯人保留下来的。

⑤ *De Anima* 1, fol. 126、127（参见上述注释 ③ 中的文献，p.21）。

当特米斯修斯在讲"有些人把主动理智看作神圣者"时，① 我们必定会假定他心中所想到的正是这些人。

5. 也有其他人认为主动理智应当等同于直接被认识的陈述以及从中得出的真；他们因而既与亚历山大也与特奥弗拉斯托斯相反。最后这种解释大概与《后分析篇》最后一章的几个段落以及《尼各马可伦理学》中的主动理智相关。② 特米斯修斯借助特奥弗拉斯托斯的证词既反对这种解释也反对亚历山大的解释。③

---

① *Paraphrasis de Anima*, fol.89（参见上述第 7 页注释 1 中的文献，p.102，30ff.）："人们必定会惊讶于下述情况：有人基于特奥弗拉斯托斯的这些言论会得出下述结论，即，根据亚里士多德，主动理智要么是第一神，要么是我们后面会处理的诸科学由以得出的大前提。"

② 参见上述"导论"第 3 页的注释⑤。

③ 参见本页上述注释①。

第二章

中世纪的阐释

6.上述是古代的争论；不过这与中世纪的争论少有共同之处。显然，阿拉伯的哲学家通过叙利亚人已经与亚历山大利亚的逍遥学派建立了连续性的传统，① 他们受到了亚历山大·阿波罗迪赛斯的影响，虽然他们无法完全赞同他。② 尤其是阿拉伯两个最著名的教师阿维森纳(Ibn Sina)、阿威罗伊(Ibn Roschd) 与亚历山大的观点不同，就像特米斯修斯与特奥弗拉斯托斯那样，他们认为不仅主动理智是某种无质料之物，而且理智（nous）——它接受思想并且从开始就可能成为万物——也是某种无质料之物。我们只想简要地给出他们的观点，主要是由于可资利用的叙述看来不适合于给出一种有关它们完全清晰而确切的图画。从我们将会得出的结论中可以清楚地看到，亚历山大试图将主动理智与人之个体性分离而引入心理学的要素与亚里士多德的哲学精神是多么大相径庭。

7.就像亚历山大·阿波罗迪赛斯一样，阿维森纳教导说亚里士多德在《论灵魂》卷三章 5 区分了两种理智，即，成为万物的理智与制作万物的理

---

① Ernest Rénan, *Philosophia Peripatetica apud Syros*(Paris, 1852), p.73.

② 不过也有不少人盲目地跟随他，因为阿威罗伊抱怨说，在他的时代，如果不同意亚历山大的观点，那就不被看作是一个真正的亚里士多德主义者。参见 *De Anima* 3.2.14[*Averrois Cordubensis Commentarium Magnum in Aristotelis De Anima,* ed.F.Stuart Crawford, in *Corpus Commentarium Averrois in Aristotelem*, vol.6(Cambridge, Mass.:The Medieval Academy of America, 1953), p.433；布伦塔诺引述自 Venice，1550edition]。

智，只有前者而非后者才在人之中作为其主体被发现。

阿维森纳的学说概述如下：

（1）阿维森纳运用"质料性理智"（intellectus① materialis）这个术语来称谓亚里士多德的潜能理智（nous dynamei）；他在这一点上是遵循着亚历山大的。②这个术语并不意味着把这种理智描述为有形的，而是意味着仅仅将其描述为作为诸观念的一种被动性基质、描述为思想的可能性。这种质料性理智尤其之于人的本性而言是一种认识能力，人们以这种能力把握可思的形式。

（2）这种质料性理智的主体并非一些身体性器官，而是灵魂。因为对人而言，灵魂的最高贵部分是精神实体而不与身体混杂。③因而当身体死去时灵魂是不朽坏的（这对于人的个体性灵魂成立）；④质料性理智的一部分在

---

① 我们使用的拉丁文翻译通常用"Intellectus"译"潜能理智（nous dynamei）"，用"Intelligentia"译"主动理智（nous poiētikos）"。这显然显示了阿维森纳学说中两种理智的不同本性；在对阿拉伯著作的翻译中（至少是其早期翻译中），"Intelligentia"一般表述无形的精灵。托马斯·阿奎那在其《神学大全》1.79.10中评论道："'Intelligentia'这个词在其专属意义上意指理智的活动即'理解（Intelligere）'。不过在从阿拉伯文翻译过来的基本著作中，我们称为天使的分离实体也被称为'Intelligences'，或许这是因为这类实体通常会进行理解（Intelligunt）活动"。我们已经设想"Intellectus"与"Intelligentia"在使用上的差异是基于阿拉伯源头上的相似区分。然而，一位博学的朋友已经告知我们事实并非如此。

② 参见上面第9页注释④。

③ *Liber Naturalis* 6.5.2 [cf. *Avicenna Latinus, Liber de Anima*, ed, S.van Riet(Louvain and Leiden:E.J.Brill, 1986), pp.81-82]："下述情形是毫无疑问的：在人之中有某种实体，这种实体通过接受可思之物而领会它。因而我们会说，作为可思之物主体的实体既不是身体，也不是无论如何由于身体而存在的东西，它是身体中的能力（virtus）或是其形式。"那里跟随着一组证据；其中一些取自亚里士多德，另一些则是阿维森纳所特有的。

④ 阿维森纳认为，如果离开与被灵魂激活的身体的关系，人类灵魂的一种复多性就是不可设想的；他因而也抵制灵魂先于身体存在的可能性。（*Lib. Natur.* 6.5.3 [参见本页上述注释③中的文献 p.105]："因而，我们会说，人的灵魂不会作为一个分离的存在而在先存在，后来又进入身体：因为人的灵魂在种类与界定上都是同一的；因而，如果我们认为它们是分离的存在并且不会与身体一起产生，那么灵魂自身形成一种复多性就是不可能的。"因而，所有人的身体只有一个灵魂这种观念——正如阿维森纳刚才所讲——并不需要去怎么反驳。[同上文献 p.107]："在数量上为一的灵魂会在两个个体中，这显然自身就是错误的。"[同上文献 p.110]："我们也知道，仅仅一个灵魂不能处于所有身体中。"）不过这并不能阻止他假定，在身体死去、从而也是与灵魂的结合已经被消除之后，灵魂继续在其复多性中存在。他试图表明，这两种说法就像下述表明的那样不一贯：虽然灵魂在死

存在上是独立于身体的，也是不朽的。①

（3）质料性理智起初只是潜在地具有认知。为了现实地认知，诸观念必须被从另外的实体传授过来，这种实体是纯粹精神性的，也是与人的本质相分离的。②

（4）其原因是，所有可思的形式已经在纯粹精神（Geistern）中无质料地预先存在了，其中的最高级部分③即理智推动最高贵的领域，其他部分保

––––––––––––––––

亡之后是无形的这一点是无可置疑的，可它以前与身体结合的后果是不能被消除的。于是它们由于其质料、其创生的时间以及相应于其不同身体的触动的不同而具有不同的存在与本质——而这向来如此。对此必须加上各种理论的和道德的活动，在有生之年所包含的这些内容也会给灵魂留下持续的痕迹，而且也会存在我们所未知的个体化性质的可能性。

① *Lib. Natur.* 6.5.4 [参见上述第 12 页注释 ③ 中的文献 pp.113ff.]

② *Lib. Natur.* 6.5.4 [参见上述第 12 页注释 ③ 中的文献 pp.126-27]："我们会说，人的灵魂起初潜在地进行理解，后来就现实地进行理解。可除非通过一个具有现实性的原因作为一个结果并且把那种现实性赋予结果之上，潜在性才会转化为现实性。因而就存在一种原因，通过这个原因我们的灵魂就从潜在性进入现实性，而这正是被考察的理智的情形。不过给出可思形式的原因正是主动理智，其能力正是形成抽象的可思形式的诸原则。主动理智与我们灵魂的关系正如太阳与我们视觉的关系；因为正如太阳是通过自身（即通过其自身的光亮）现实地看到，且之前不是现实地可见的东西通过其自身的光亮成为现实地可见的东西，因而主动理智的状态之于我们灵魂的关系也是如此。"在 pt.1, chap.5，他区分了潜在性的三种意义，即"第一种潜在性被称为质料的，第二种潜在性被称为潜在的，以及第三种潜在性被称为完成。"相应地，他区分了三种理智：（1）质料性理智；（2）为了理智活动的现实准备 [intellectus in habitu]（"当被与第一种比较时，就可能称它为现实性理智……虽然在与跟随着它之后的东西相比较时，它也可被称为潜能理智，"参见亚里士多德《论灵魂》3.4.429b5）；（3）现实的理智活动 [intellectus accommodatus]，它被称为现实的理智活动是因为，正如我们会看到的，为了理智活动的准备性并不会导向现实性，除非通过通常是现实的理智（这就是主动理智，它通常现实地认识是因为它是纯粹的精神；参见以上第 12 页注释①），并且是因为，当潜能理智开始以某种方式与主动理智结合的时候，那么它就被从外部获得的东西（即那个现实的理智、现实思想）打上了印记。

③ "最高级的"这里指的是被造的理智者中最高级的，而不是神圣者。阿维森纳认为后者由于其存在的完满统一性与单纯性，是不可能直接成为多个事物的原因的。他认为被造的最高理智是第一理智，从中产生的一种复多性能够流溢出来，这是因为，由于它已经从其他本体中获得其存在，它就是潜在性与现实性的一种混合，因而也不会丧失所有的复多性。他认为就这种理智能够认识它参与其中的潜在性而言，它产生了它所推动领域的实体；就其能够认识它所参与的现实性而言，它产生了那个领域的灵魂。最后，就其认识其原则而言，它产生了第二种理智，这种理智又推动接下来的更低级领域；这就继续

留在天球领域。它们从最高级的理智流溢到第二级，又从第二级流溢到第三级，如此流溢到最后，这就是所谓的主动理智（intelligentia agens）。①

（5）最终，可思形式从主动理智流溢到我们的灵魂，世间的实体性形式也如此流溢到有形体的质料中。因为只有主动理智赋予自然事物以其形式，而较低级原因的主动性在各处只是预备性的而且也只是限于把质料做成适合接受形式的样子。质料性理智对可思形式的接受与此相似。这里也只有传递形式的主动理智；意象（Phantasmen）只能为质料性理智接受流溢作准备。②

（6）确实，这种准备是质料性理智中认识的本质性前提。③质料性理智是通过主动理智得以说明的，这种理智只有依靠意象中的特殊表象（Vorstellungen）才能够认识到普遍之物。意象活动与感性的认识能力（Virtus cogitativa）需要处于可以结合主动理智、并接受从主动理智流溢出的可思形式的地方。④

下降到月下领域（Metaph.tract.9.4）。[现代的翻译参见 Max Horten, trans., *Die Metaphysik Avicenna's*(Halle and New York, 1907), p.558.] 阿尔法拉比（Alfarabi）已经具有一种相似的学说。*Fontes Questionum*，chap.8.[现代的翻译参见 *Alfarabis Philosophische Abhandlungen*，trans. Friedrich Dieterici（Leiden，1892），p.97.]

① 阿维森纳称它为诸形式的给出者；正如我们目前看到的，这种意指通过他赋予其上的效果就是容易被解释的。亦可参见 [Muhanmmad Al] Sharastani [*Book of Religious and Philosophical Sects*, ed. William Cureton(London, 1846), vol.2]，pp.383 and 426，trans.[from the Arabic, Theodor] Haarbrücker[*Religionspartheien und Philosophenschulen*(Halle, 1851), pt.2]，pp.265 and 328.

② *Lib. Natur.* 6.5.5 [参见上述第 12 页注释 ③ 中的文献 p.128]：“因而，存在于某种与形式的统一体中的理性灵魂是能够离开与形式——它来自主动理智自身的光亮——的所有混合而呈现于其中的。”

③ 就是说，只要人的灵魂与其身体统一起来。一旦灵魂脱离了身体，它就不再需要预备性的感性能力了。同上 6.5.6 [p.150]：“可当灵魂一旦脱离了身体以及身体的偶性，它就能够与主动理智进行结合，而在这种理智中，它就会发现可思的美与永恒的愉悦。”

④ 同上 chap.5 [pp.127-28]：“正如我们已经讲过的，理性能力——它被我们中的主动理智之光照亮——考虑处于意象中的殊相；以这种方式它们便摆脱了质料及其附属物，并且印记在理性灵魂中。它们不会被其自身从意象推进到我们的理智 [即从意象到可思之物]。也并非下述情形，即，共相 [intentio] 在其自身的基础上严格地由自己创造自身的一个相似者。毋宁说，对殊相的考虑为灵魂提供了准备，以至于它能够接受由主动理智而来的抽象之物。因为思想和考虑是使灵魂能够接受流溢的活动，正如中词是接受结论的必要准备，虽然就像我们后面会看到的那样，这两件事情会以不同的方式发生。不过当它发生的时候，理性灵魂就通过主动理智的中介而为纯粹形式进行了准备，于是源于形

（7）可是质料性理智在获得诸形式之后又做些什么呢？它一旦获得了诸观念，就会永远保留着它们吗？不会的。毋宁说，只有在质料性理智现实地认识观念的时候，观念才会保留在其中；因而在这个方面，质料性理智就与其他认识能力没什么不同。对于可感形式而言，如果它们在现实地感知之后在我们之中还继续存在，它们就不再保留在领会（apprehensiven）能力自身中，而是保存在可以称之为领会权能的储存室这种能力中。于是想象就是共同感或意象的储存室①（诸形式的储存室），而记忆是推算与感性认识能力的储存室（诸意图的储存室）。因而领会能力必定处于之前获得的一种表象将被更新再现之时。②

（8）不过对于质料性理智的诸观念而言这种储存室是不能存在的，因为如果存在的话，它就不得不具有一种身体性器官的机能。（其原因在于，每种理智主体现实地认识它所包含的所有形式；在这种情形下"包含一种形

式的某物被包含在灵魂中，这些东西一方面是特殊的(sui generis)，另一方面不是特殊的，正如落在有色物体上的光一样，它在看的意义上产生了一个过程，在这一过程中光和有色之物在每个方面都是不相似的。"

① 根据阿维森纳，二者看来是同一的。见 *Lib. Natur.* 6.1.5 [ed. S. van Riet (Louvain and Leiden:E.J.Brill, 1972), pp.87ff.]，他将灵魂的能力例举如下 1. 感性能力：（1）共同感或表象 [sensus communis seu phantasia]；（2）想象；（3）直觉能力 [vis existimationis；阿维森纳认为应将这种能力定位于感知的脑回路的背面。它感知被包含在可感的特殊物中的非 - 感觉意义；例如，在羊那里，当它自己的羊羔需要被呵护的时候，它就有能力感知到这只狼是应当被躲避的，*Lib. Natur.* 6.1.5]（他在其他地方称之为直觉 [aestimativa]，而在人的情形中称之为认识 [cogitativa]）；（4）记忆与回忆。2. 精神性能力：（1）行动的能力，这是推动人的身体趋向行动的原则；（2）获得知识的能力。

② *Lib. Natur.* 6.4.1 [参见上述第 12 页注释 ③ 中的文献 p.8]："进行接受的东西与进行保存的东西并不相同。被感觉所领会之物的储存室是想象，而领会意图的储存室 [thesaurus apprehendentis intentionem；布伦塔诺对这个文段进行了不同的解释] 是记忆。"同上 [p.145]："当灵魂将其注意从意象中闪开时，意象及其附属的东西就被保存进其储存能力中；这种储存能力不会领会（因为如果它会的话，它就会同时领会与储存）；毋宁说，它是一个储存室；如果不论理智还是灵魂的领会或判断能力（推算性能力）转向它，那么这些能力就会面对着已经具有的东西……可动物的灵魂具有分辨的能力，而每种能力又附属着特定的手段。一个储存室被指派给这些形式，这些形式在某些时间内没有被推算性能力思考，一个储存室也被指派给那些意图，这些意图在某些时间内也没有被推算性能力考虑。因而推算性能力就不是上述内容被储存的地方；它仅仅是断定。因而我们说，推算性能力有时致力于在这两种能力中准备就绪的形式与意图，而有时则使自己避开它们。"

式"与"认识一种形式"的表述就是同义的。）不过这是不可能的，因为存在一种机能——这种机能通过一种身体器官实施——中的形式只是潜在地可思的。

（9）因而，就只剩下① 假定当我们理智地认识某物时，可思形式便重新

---

① 阿维森纳通过考察四个可能的假定而做出其证明。根据其中第一个，可思形式的储存室会在一种身体性器官中；根据第二种假定，储存室会在灵魂的精神性部分中；根据第三种假定，没有这种储存室存在，只有诸观念，它们在心灵之外独立存在，当灵魂朝向它们时，它们就在灵魂中如其所是地重新映射自身。最后，根据第四种假定，灵魂被认为是与现实理智一次次地结合，而不是与作为独立本体存在的诸理智形式结合。他发现前三个假定都必定被拒绝，并因而间接地推断第四个的正确性。*Lib. Natur.* 6.5.6 [参见上述第 12 页注释③ 中的文献 p.146]："我们现在谈谈在主动理智中感知可思之物的人的灵魂，接着会从这里转向其他地方，以至于前面的可思之物并不是完全现实地在那些灵魂中，因而也不是以一种完全的现实性被它们知晓。或许它们拥有一个把这些东西储存于其中的储存室？而这种储存室或是属于其自身的本质（第二种假定）或是属于其身体（第一种假定），或是属于某种属于它的有形之物。不过我们已经针对第一种假定说过，其身体以及依赖于身体的东西是不配这个的，并且不配成为可思之物的主体；因为它与理智形式应当具有一个定位不相配，而是与它们和身体的结合会使它们具有一个定位相配；可如果它们具有一个定位，那它们就不会是可思之物。或者是我们说的第三种假定，即那些可思形式是凭它们自身而存在的东西，以至于它们中的每个东西都是凭借自身存在的一个种类或一个事物；那么理智有时注视它们，随后又从它们身上移开，后来又转向它们；灵魂就像一面镜子，而可思形式就像外在之物，它们有时在镜子上显现，有时则不显现；这是依据它们与灵魂之间的关系而发生的。或是第四种假定，即形式接着形式根据灵魂的需要（secundum petitionem）从主动性原则流进灵魂；当灵魂扭转时，这种从原则的流溢就停止了。果真如此的话，那么每一次学习情形的发生必定像第一次发生一样。（这是对第四种假定的反对，后面会解决这个问题。）那么现在我们会说，这随后一个可供选择的内容就是正确的。因为不可能说，这种形式是以充分的现实性存在于灵魂中的，然而它却不是以充分的现实性被灵魂认识。因为说灵魂认识某物所说的就是形式存在于灵魂中。"（他进一步说："说可思之物在灵魂中也就是等于说它是被领会的。"）因而它是它们的一个储存室也就是不可能的，并且灵魂的本质是它们的储存室也是不可能的。"因为说它是其储存室就等同于说形式存在于它之中。（这是对第二个假定的拒绝）……后面在第一哲学即形而上学会对此进行解释说这种形式不具有独立存在（对第三个假定的拒绝）。因而就剩下最后一个可选项是正确的，即学习只是为了自己与主动理智结合的一种完满状态的获得，直至这种状态成为一种单纯的认识，从中通过灵魂的思想—活动流溢出有序的诸形式（它们是从那些单纯的认识推导出的真）。产生学习的状态是不完满的，可在学习之后它就完满了……因而，第一次的学习就像是对眼睛的治疗，当将其治愈之后，那么它想看东西时，它就能够通过看某种个体之物而领会一种形式。当它从对象移开视线时，它就把对象转变为之于它而言是潜在的东西，确实，这是一种最接近于现实性的潜在性。因为如果人们说柏拉图知道可思对象，这意味着如果他想的话，他就能够

从主动理智流溢到我们的质料性理智，以至于学习只是为了接受可思的诸形式而获得一种与主动理智结合的完美能力。

这就是阿维森纳的学说。甚至现代熟悉亚里士多德学说的任何一个人都会清楚地看到，这一学说遭受了多么奇怪的转变；感性的终止就成为精神性认识的开端；这以一种显而易见的方式赞同柏拉图，感性表象只是构成我们精神性认识的一个准备。

8.阿威罗伊的学说与阿维森纳的学说完全不同。作为亚里士多德的超级追随者，① 阿威罗伊致力于发展亚里士多德的纯粹学说。我们来看他成果如何。

亚里士多德在《论灵魂》卷三章 5 区分了两种原则，即，成为万物的理智与制作万物的理智；阿威罗伊认为两种纯粹的理智实体就其本性而言与作为感性存在者的人是不同的，而且他教导了下述就其本性及混合方式而言与

把这些形式召唤到他的心灵中。这里的意思就是，如果他想的话，他就能够被与主动理智结合，以至于后来在他之中的形式就是思想（ipsum intellectum）；这并不意味着，思想呈现在他心灵中且经常现实地在其理智中形成，这也并不意味着——就像上面的反对意指的那样——他在学习之前能够进行这些；因为这种潜能认识只是一种能力，这种能力允许灵魂将自身与主动理智结合——即当它想思考的时候。理智形式从主动理智流溢进灵魂；这种形式就是真正获得的认识（intellectus adeptus），而这种能力就是活动的理智，在这个范围内就是完成的（即现实的认识）。"（他这里称作的 intellectus adeptus 就等同于他称作的 intellectus accommodatus——参见上述第 13 页注释 ②。将其等同于这里称作的"为理智准备 [intellectus in habitu]"是错误的，即便人们最初会倾向于如此理解，因为 intellectus adeptus 这个表述看来是 nous epiktētos[被获得的理智] 的编译，而 intellectus in habitu 是 nous kath hexin[作为状态的理智] 的编译，这两者在亚历山大·阿波罗迪赛斯那里意味着相同的东西。）

① 许多段落都体现出对亚里士多德的无限尊敬。他在 De Anima3.2.14 [参见上述第 11 页注释 ② 中的文献] 中说："持有这种观点的所有人除了相信他们所具有的亚里士多德的言辞之外，什么都不会相信；因为如果不存在亚里士多德相关的陈述，对一个主题就难以通达；除非人们发现在亚里士多德思想中有相似的说法，否则仅凭自己对此就难以或不可能有所发现。因为我相信这个人就是本性的尺度，他是在质料世界中以其本性引领展示最终人类完满的楷模。"他在对亚里士多德的效仿中看到所有科学的完满；因而他会批评比他自己头脑更清晰的阿维森纳，批评他更大范围的自由发挥。De Anima3.5.30 [参见上述第 11 页注释 ② 中的文献，p.470]："除了在辩证法之外，阿维森纳并没有效仿亚里士多德；而在其他主题上，尤其是在形而上学中他是与亚里士多德混合的，这其实是由于他实际上是从他自己开始的。"

作为感性存在者的人有关方面：

（1）婴儿不仅缺乏所有现实的理智认识，他也尚不具有一种理智的认识能力，而且一般而言婴儿中并不存在无形的与不朽的东西。只有当婴儿天生就如此构造以便于理智认识能力随后能够与之结合且只有当这种构造在其中包含着潜在可思的感性图像（意象）时，人们才可以说他是能够进行理智认识的。①

（2）然而，婴儿已经是人并且与非理性的动物在种类上不同。由于人的特殊差异并非一种纯粹精神性的而是一种感性能力方面的，亚里士多德②称这种感性能力为可触动的理智（intellectis passibilis），③它位于头脑的中央细胞中。④ 通过这种能力我们区分出个体性表象并且将它们相互比较。没有什么其他动物能够做到这一点，因为在它们里面只是拥有一种凭借自然直觉的能力（virtus aestimativa naturalis），例如，凭借这种本能，羊羔把狼看作其敌者。我们在阿维森纳的"认识能力（virtus cogitativa）"与"直觉或生存能力（virtus aestimativa or existimativa）"中都接触到过这些内容。⑤

① *De Anima*3.1.5 [参见上述第 11 页注释 ② 中的文献，p.405]："因而当我们说一个婴儿潜在地知道时，这可以以两种方式理解。一种方式是，存在于他之中的意象形式是潜在地可思的。不过这也可被以第二种方式理解：显然它既是潜在地接受的也是潜在地与我们结合的质料性理智，这种理智能够接受属于上面提到的作为意象形式的可思之物自身。"

② 《论灵魂》3.5.430a24："可触动理智"。

③ *De Anima*3.4.20 [参见上述第 11 页注释 ② 中的文献，p.454]："而正是通过那种（亚里士多德称为的）可触动理智，人才与其他动物区分开来。"

④ Ibid. 3.5.33 [p.476].

⑤ 参见上文第 15 页注释①。阿威罗伊确实有时会说，可触动理智就是想象能力（Einbildungskraft），例如在 *De Anima*3.1.20 [参见上述第 11 页注释 ② 中的文献，p.452]，在那里他区分出亚里士多德在其著作中所运用"理智"这个词的四种含义："亚里士多德这里以可触动理智意指与人的想象能力相同的东西……因而他在那本著作中的'理智'这个表述是在四个意义上被运用的。因为他谈到质料性理智、潜能理智、主动理智和想象能力。"不过这并不是一种非常准确的表述，而且他看来这是在更加模糊的感性能力的意义上来使用"想象能力"这个名词的。在另外一个地方，他说：可触动理智是与认识能力（virtus cogitativa）等同的（例如章 5 他说："亚里士多德以可触动理智意味着认识能力"），他在这里从想象能力中区分出一种更高的能力。同上，章 6 [参见上述第 11 页注释 ② 中的文献，p.415]："认识能力属于存在于身体中的那种能力。亚里士多德在那本书（即《论感觉及其对象》）中清楚地讲到这一点，在那里他将个体的可区分能力放在四个地方：他将共同感放在第一个地方，随后是想象（imaginativam）能力，接着是认识能力，最后是

（3）依赖于可触动理智的潜质，人们才在其理智认识的才能上具有了差别。[1] 他们通过与意象及记忆的结合行为获得了习惯性知识，这种知识的主体并非某种精神之物（Geistiges），而是可触动理智。[2]

（4）这种情况对于现实的精神性认识并不成立。这种认识只有在一种精神能力中被发现，而人会通过融合两种精神实体达到它，这两种实体在本质上是与人的身体分离且彼此分离的。它们就是质料性理智（intellectus materialis），[3] 这样称呼是因为其在本性上仅仅是为了可思形式[4]的能力，而主动理智（intellectus agens）之所以称为主动，是因为它使人之中作为潜在可思（意象）的感性图画变成现实可思的，并因而推动了质料性理智。[5] 质

记忆。并且他认为记忆是更为精神性的，接着是认识能力，随后是想象，最后是感觉。因而只有人能够具有认识能力；不过我们不能把这种能力作为与可思之物区分开来的东西；因为这样一种能力只能用来区分普遍的意图而非特殊的东西。"

① 同上［参见上述第 11 页注释 ② 中的文献，p.453］。

② 同上："而你必须知道，使用与实施是那部分开始显现的主动理智能力的原因，存在于我们中的主动能力是为了抽象的目的，而质料性理智在那里是为了接受。也即，状态通过使用与实施产生出来的原因为何在于可触动与可朽坏的理智，亚里士多德也将这种理智称为可触动的，而且他也说这显然是可朽坏的。"

③ 阿威罗伊最清楚地说，质料性理智也是精神性的，例如他在 De Anima1.1.12［参见上述第 11 页注释 ② 中的文献，p.18］中说："这就是亚里士多德有关质料性理智的陈述，即它是与身体分离的。"同上 3.1.4，fol.160a[p.384] 中说："亚里士多德说下述两件事情是有关质料性理智的，即它属于'被动能力'的种类，并且它是不可变化的，因为它既不是一个身体也不是一个身体的能力；因为这两个条件属于对理智成立的原则中的东西。"同上 3.1.4，fol.171b[p.454] 中说："没人从中（即从亚里士多德谈到一种可朽坏理智的事实中）得出结论说，质料性理智是与身体的混合。"亦可参见上述注释 39，那里阿威罗伊区分了可触动的与质料性理智，也可以参考接下来的注释。

④ De Anima3.1.5，fol.160b[参见上述第 11 页注释 ② 中的文献，p.387]："那种质料性理智的界定当然是，它是一种相对于所有质料性的普遍形式的潜在性，并且没有哪类在它面前的现实存在会认识它们。"阿威罗伊由此并不是想说，质料性理智也不认识精神性事物；因为他说 fol.160a[参见上述第 11 页注释 ② 中的文献，p.410]："再者，对于被动理智而言，它必须认识存在于现实性中的理智。因为如果它认识质料的形式，那么它认识非质料的形式也就是更加必要的；而它已经具有的对分离形式即主动理智的认识，并不能阻挡它对质料的形式的认知之路。"相似地 chap.20，fol.171a[参见上述第 11 页注释 ② 中的文献，p.451]："质料性理智是由被主动理智实现的，并且前者知觉后者。"还有 pt.5，chap.36，fol.179b[参见上述第 11 页注释 ② 中的文献，p.499]："质料性理智既认知质料性形式，也认知抽象（abstractus）的形式。"

⑤ 同上 3.1.5，fol.165a[参见上述第 11 页注释 ② 中的文献，p.406]："相信下述内容与已

料性理智接受了已经成为可思的以及处在意象中的诸概念；主动理智没有接受这些概念，它甚至不具有有关这些概念的认识，① 不过它却使这些概念之于质料性理智是可认识的。然而，这并不意味着主动理智自身不是一个进行着认识的存在；这只是意味着其思想的对象全都属于另一个更高的领域；主动理智认识精神的世界。

（5）我们将我们的认识归之于这两种精神性存在的每一种都是单个的实体，这种实体不会使进行认识的人在数量上倍增。② 所有过去、现在及将来进行认知的人以同样的认识能力以及通过同样的主动能力行为而精神性地进行认知。这两种东西各自都是人身上永恒的东西，而对于一个个体的人所特有的全部东西都是与其身体的死亡一起消亡的，这些东西也会随着身体的

经提出的东西是一致的，即，存在着在人的灵魂中形成的两部分理智，一部分进行接受——这已经被确立起来了——另一个部分进行活动；而正是后者造成下述情形，即，存在于想象能力中的意图与概念现实地推动质料性理智，而之前它们只是潜在地推动它……相信下述内容也是一致的，即，这两个部分既不是被产生的也不朽坏，而主动理智之于被动理智的关系正如形式与质料的关系。"（阿威罗伊这里用的一些表述好像暗示着他把质料性理智与主动理智都作为属于人的本质的，其实并非如此。这能够从下述事实得到解释，即，阿威罗伊保留着亚里士多德的表述方式，不过他却将其与完全不同的概念关联。）同上 pt.5, chap.36, fol.178b[参见上述第 11 页注释 ② 中的文献，p.495]："那么我们中的理智就具有两种活动方式——这依赖于它与我们的结合方式——其中一个是属于被动种类的且存在于对它（理智？）的认识中，而另一个属于活动种类的，其机能是抽象出形式并将其从质料中剥离，这只是使它们成为现实的可思之物，而之前它们只是潜在的可思之物。"

① 同上 3.1.19, fol.170a[参见上述第 11 页注释 ② 中的文献，p.441]："主动理智并不认识存在于此的事物。"

② 确实，就质料性理智而言——据说我们是以它来获得我们的思想——这是一个最为显而易见的荒谬声称；不过，阿威罗伊对此阐述得非常清楚，例如同上 3.1.5, fol.163b[参见上述第 11 页注释 ② 中的文献，p.399]："没有多少人针对亚里士多德的声称而提出怀疑，……其中的第二种是——即比其余的都更为困难——存在于人之中的目的因（the intellectus speculativus, cf. 161b[p.392]），它们与个体之人的数量一样多，而第一因（the intellectus materialis[p.392]）被认为在所有人之中的数量是一。"p.164a[p.401]："他提出的第二个难题，即，在什么意义上质料性理智在所有人之中的数量是一，即，它们是不产生的和不朽坏的，而现实地存在于其中的可思之物与在数量上与人一样的目的因相同，它们与人的生灭一同产生和消亡——我认为这个问题是最困难的和最艰巨的。"p.165a[p.406]："从这个陈述我们可以看到，质料性理智在所有个体中都是同一的。"*Destructio Destructionis Philosophiae Algazelis*, fol.349b："下述情形是必然的，即，灵魂不应相应于诸个体的区分而区分。"

产生而一同出现。①

（6）与它们的结合以下述方式发生：就其真正本质而言，可思的形式是在意象中的；与想象及记忆关联的感性思想（可触动理智）能力最初准备了意象来接受主动理智的影响；由此它们成为现实上可思的。② 因而我们能够将其与下述情况相比较，即，某种低级技艺作为某种高级技艺的准备性手段；例如削制工具的技艺是为了雕塑的技艺，练兵的技艺是为了统帅的技艺。

（7）一旦它们做了这些，且一旦主动理智活动把意象变得可思了，③ 在潜在性关系中秉有所有可思形式的质料性理智就从意象中获得了可感事物的概念。④ 因而，被认识到的可思形式就具有两个主体：（1）意象，以及（2）质料性理智；⑤ 这正如颜色这种可感的形式具有两个主体：（1）一个位于感觉主体之外，以及另一个是（2）看的能力。

不过如果我们的意象与质料性理智都以这种方式被与同样的可思形式结合，那么显然，质料性理智的一种形式通过意象也就被与我们结合在一

---

① *De Anima* 2.2.21，fol.130b［参见上述第 11 页注释 ② 中的文献，p.161］："这（理智被从身体分离正如永恒之物从可朽坏之物分离）就是实情，因为它有时与身体结合有时又不结合。"Ibid.2.2.21［p.161］

② 同上 3.1.7，fol.167b［参见上述第 11 页注释 ② 中的文献，p.419］："认识能力属于可感能力的种类。不过想象的、认识的以及回忆的能力……都合作于可感之物想象表象的产生过程中，以至于分离的理智能力能够感知它并抽象出普遍性的意图，而且最终获得（即领会）它。"如果动物具有一种可触动理智，那么它们也会与主动的以及质料性的理智关联。同上 3.4.20，fol.171b［参见上述第 11 页注释 ② 中的文献，p.454］："而且通过这种理智，人区别于其他动物。如果不是如此，那么下述情形就有必要，即，主动理智与被动理智的结合在其他动物中是以相同的方式发生的。"

③ 主动理智的活动必定产生质料性理智的活动。同上 3.5.36，fol.178b［参见上述第 11 页注释 ② 中的文献，p.495］："不过这种活动——即存在于产生及实现可思之物中的活动——在我们之中先于理智活动而存在。"亦可参见前一个注释。

④ 同上 3.3.18，fol.169b［参见上述第 11 页注释 ② 中的文献，pp.438-39］："假定这是我们已经讲过的，即，在想象中的意图与质料性理智的关系正如亚里士多德所说的就像可感之物与感觉的关系，那么就必须假定另一个推动者（即主动理智），它使它们现实地推动质料性理智，而这只是意味着，它通过将它们与质料分离而产生现实的思想（intellectas）。"

⑤ 同上 3.1.5，fol.163b［参见上述第 11 页注释 ② 中的文献，p.400］："对于这些现实存在的可思之物而言，必须设定两个主体，其中一个主体是可思之物由以为真的东西，即为真的意象的形式；另一个主体是可思之物由以是世界上的实体之一，而这就是质料性理智自身。"参见下述第 23 页注释 ①。

21

起。如果一种质料性理智的形式是如此被结合的，并且因为每种形式都与其主体形成了一个统一体，那么质料性理智自身就必定被与我们结合在一起；于是我们就通过质料性理智而具有了认识，仿佛这是具有认识的一种天生能力。①

（8）这就是说，我们都是通过同一种质料性理智而具有认识的；难道不会从中得出我们都知道同样的事情吗？不会的。我们只是需要考察我们是如何通过质料性理智而认识某物的。我们只是就其已经通过意象与我们结合而进行工作，而这种意象必定是被相应地处理过的了。然而，并非我们所有人都具有同样的意象，而且甚至在具有相同意象的情形下，这些意象也不是以同样方式被处理的。因而我们中的某个人以这种方式与质料性理智结合，而另一个人则以另一种不同的方式与它结合；因此，每个人就都知道其他人所想这种说法并不能成立。②

（9）因而，这种反对也就被消除了；不过我们的断定看来立即导致另一种不一致。我们说质料性理智从我们之中的意象获得了其可思形式；那么，其中难道必定不会产生一种变化吗？即，其中同一种可思形式有时是现实的，而有时又不是现实的。不会的。质料性理智不会仅仅接受源于一个人的可思形式，而是接受源于生活在地球上的所有人的可思形式；而在那些已被

---

① 同上 3.1.7，fol.164b[参见上述第 11 页注释 ② 中的文献，p.404]：“那么让我们说，人们显然没有现实地认识，除非理智现实地与他们结合了……且由于已经表明，理智不会根据其数目而成倍地与所有个体结合，这种数目是相关于与作为形式的理智相对的那个部分的，即是相关于质料性理智的，唯一剩下的事情就是，这种理智通过与我们的概念或可思意图结合而与我们所有的人结合，它们自身是呈现在心灵中的概念或意图，也就是说，通过我们之中的那个部分，它存在于我们之中且在某种意义上像一种形式那样潜存。”（显然，以这种形式与我们结合的质料性理智不能在以与其他认识能力相同的意义上被称为一种形式或我们的目的。因而阿威罗伊说，同上：“因而以刚才我们所讲的为基础，显然理智的第一因 [proten entelecheian，参见亚里士多德《论灵魂》2.1.412a22] 与其余能力的第一因 [首要现实] 是不同的，而‘因 [perfectio]’这个词只是同名异义地应用于它们的。”）De Anima 3.5.36，fol.179b[参见上述第 11 页注释 ② 中的文献，p.500]：“人们……通过被获得的理智（intellectus adeptus）认识了万物，这一过程是通过与想象形式的结合、通过恰当的完善形式达到的。”

② 阿威罗伊从可触动理智的准备阶段的不同得出实践性认识与理论性认识的差异。同上 3.4.20，fol.171b[参见上述第 11 页注释 ② 中的文献，p.454]：“无论如何，实施性理智与沉思性理智的不同是通过它们存在于理智中的准备性阶段的不同体现的。”

发现、正被发现和终将被发现的人们中间，总有一些人具有每种可思形式的意象所需要的潜质。哲学家在人类种族中被发现是自然的必然性。① 因而可思形式也就同时是永恒的与常新的。其永恒性源于两个主体之一，一个称之为质料性理智，它是对另外一个主体——意象——的更新。诸科学既不生成也不消亡，除非就其与苏格拉底或柏拉图这些个体偶然地结合而言，我们才可以谈论其生灭。②

---

① *De Animae Beatitudine*，fol.354a[参见上述第 20 页注释 ②；Venice, 1550 edition, vol.9, fol.64b]："就必然性而言，必定会在人类种族中出现哲学家。"

② *De Anima* 3.1.5, fol.164a[参见上述第 11 页注释 ② 中的文献，p.401]："因为所有这些都是如我们所讲过的，现实的即沉思的可思之物不可能只是鉴于使其为真的对象——而非鉴于它们是存在事物之一即质料性理智的主体——就是可生产的和可朽坏的（阿威罗伊刚才评论说它'以某种方式推动理智'）。"Fol.165a[参见上述第 11 页注释 ② 中的文献，p.406]："因而必须设定，灵魂中的理智有三个部分；第一个部分是被动理智，第二个是主动理智，第三个是现实的完成或实际思想（actual thought）；在这三个之中，两个是永恒的，这两个即主动的与接受的理智；而第三个部分地是可生灭的、部分地是永恒的。前面的辩护声称，质料性理智与所有个体是同一的；再者，我们具有下述观点，即，人类这个种是永恒的，正如我们在其他地方声称的那样；因而不可避免的是，质料性理智不能被剥夺其普遍性原则，这个原则就其本性而言是整个人类都熟悉的——我以此意味着第一原则及对万物而言共同而无处不在的特定概念——因为这种可思之物就其接受而言通常是一，虽然就被接受的概念而言是多。因而根据它们是一的方式，它们无疑就是永恒的，因为它们的存在不能只是从它们对对象的接受得出，这种对象是推动的力量，而是包含在对被表象形式的注意与感知中，没有什么基于被动理智部分上的东西会阻止它。因而，可思之物只就其复多性而言就是具有生灭性的，这种复多性对它们而言是偶然的，而非就它们作为单元被包含在被动理智之中。并且如果一个第一可思之物或基本观念由于其对象的消失而消失——即经由这个对象而与我们进行关联和结合且它是真的——那么这种可思之物就不是所谓的绝对意义上的可朽坏的，而是鉴于一个个体是可朽坏的。"Fol.165b[参见上述第 11 页注释 ② 中的文献，pp.407-8]："而如果这种可思之物被考虑的话，就它们是单纯的存在而非鉴于某些个体而言，那么必定就会正确地说它们具有永恒的存在，它们并非有时是可思的有时又不是，它们以同样的方式存在……据说居住的世界不能没有一些哲学的住所，正如人们必定会假定，居住的世界不能没有自然工匠的住所。因为，即使这些工匠不出现在一些地方，比如不出现在世界的北部，那也不能得出其他部分剥夺了他们的住所；因为已经证明了，在北部与在南部一样都可以居住。因而或许哲学的主要部分在所有时间都存在（它们被以同样方式传递），正如人源于人而马源于马。因而沉思理智是不生不灭的。"Fol.171a[参见上述第 11 页注释 ② 中的文献，p.448]："并不是下述情形，即，所谓的质料性理智有时思有时不思，存在于特殊个体中的意象形式除外；也并非下述情形，即，如果你把种族考虑在内的话，它有时思有时不思。例如，下述情形不会对质料性理智发生，即，它有时具有马的概念有时又不具有这

（10）我们已经看到，我们与质料性理智的结合是以什么方式发生的；那么现在让我们考察我们与主动理智是以什么方式结合的。通过这种结合——如果这种结合完满的话——我们就会认识到纯粹精神，于是也达到人的至福。因为我们必定不希望在另外的生命①中达到这种状态，正如我们所说的，这是由于我们的个体存在会随着我们的死亡而停止。不过我们能够在此生拥有它，即便只是在生命的黄昏拥有。

（11）随着我们——通过意象的中介——对质料世界的认知程度越来越完备，我们与主动理智的结合就变得越来越完满。这可被如下内容表明：我们显然是通过前提性知识而获知结论的；而主动理智也是我们所有知识的原因；因而，显然这里我们必须设想作为两个不同本体之结果的同一个事物。而只有在下述两种情况下，同一个结果才被归于两个不同的事物：首先，当其中一个是另一个的手段时（因为人们可以把一个发现既归于物理学也归于药物学），②其次，当其中的一个作为其主体的形式相关于另一个时（例如就像温暖与火相关；在这里人们可以说，火——或者说是火的温暖——产生了热）。因而主动理智必定被与在我们之中成为新知识前提的命题关联——不论是作为之于质料的形式还是作为其手段的初始原因。（第二种关系与第一种关系非常相近，在这里主动理智呈现为完满意义上的，而被直接认知的这种前提看来是通过这种理智而成为完满的。）③而当这种造就完满之物的东西

个概念，除非是就苏格拉底或柏拉图而言；然而，如果绝对地且相关于种族考虑的话，质料性理智通常把握这个共相（即'马'），除非人类种族完全消失了，而这是不可能的……如果潜在性理智不是鉴于一些个体被考虑的，而是绝对地鉴于任何个体被考虑的，那么就不会被发现有时候思（认识）而有时候不思，它会被发现通常都是思着的。" *Destructio Destructionis Philosophiae Algazelis*, fol. 349b[见上述第 20 页注释②]："科学（知识）是永恒的且是不生灭的，除非在偶然的情况下，例如在它们与苏格拉底与柏拉图结合的情况下；……因为没有人的个体性部分属于理智。"（勒南不正确地得出结论说，阿威罗伊认为质料性理智是一种共相；我们前面的讨论以及早先的引述已经足以表明这个说法是错误的。阿威罗伊在这里只是拒绝了，理智属于构成这个或那个人的个体性的东西。见上述第 20 页注释②。）

① 正如阿维森纳所认为的那样。见上述第 14 页注释③。

② 亚里士多德：《论生成和消灭》，1.7.324a29。

③ *De Anima* 3.5.36, fol.179a[参见上述第 11 页注释② 中的文献，p.496]："存在于我们之中的理智具有两种活动，即，认知可思之物以及形成它们"（参见上述第 19 页注释⑤）。"可我们之中的可思之物是由两种方式形成的，即，要么是自然地形成（这对于第一个

被吸收的时候，这种完满自身同时也被吸收。例如瞳孔在吸收现实的可见颜色的同时也吸收使得其可见的光。① 这对于我们的情形同样成立：质料性理智接受主动理智，同时也接受成为可认知的真。一个人把越多思想接受进质料性理智中，他自己就越与主动理智结合在一起，直到最终，当他已经获得关于有形世界的所有知识之时，他就完全与主动理智结为一体。这时完满性就完全与他合为一体，因为他接受了可完满化的全体。②

原则成立，即，我们不知道它们何时以及通过什么原因达到我们之中），要么是情愿地形成（这对于下述可思之物成立，即，它们是从那些第一命题或原则得出的）。不过，已经证明的是，我们凭借自然所具有的那些可思之物必然源于下述事物，即，这些事物是不具有质料性理智也即主动理智自身的。这已经被确立起来，它会得出，我们之中从那些第一命题或原则得出的可思之物是由已知命题与主动理智的结合形成的。因为我们既不能说，第一原则对于这些已获得的可思之物的发现没什么贡献，也不能说，这些原则基于其自身产生了这些可思之物。因为我们已经表明，主动理智是一和永恒……因而沉思性理智（被得出的命题）必定是被主动理智与第一原则形成的某物，而这类可思之物与第一种自然的可思之物相比较而言必定是情愿性的。而在由这两种不同的事物之结合产生的每种行为中，其中之一必定在任何情形下都实现了质料与手段的功能，而其中另一个则实现形式或主动者的功能。因而我们之中的理智在每种情形下都由已获得的理智与主动理智构成，且要么是原则与质料是可比较的以及主动理智与形式是可比较的，要么原则与手段是可比较的以及主动理智与主动者是可比较的。这两种情形中的排列近乎相同。"（参见亚里士多德《论灵魂》2.1.413a8，那里推动原则也被称为隐德莱希［entelech-eia］。）阿威罗伊现在针对他刚才展现的学说提出了一个反对；通过消除这个反对，他达到更精确地阐述了的结论，即，主动理智与直接地被认识的真的关系并非真正的形式与质料之间的关系，或是主要原因与手段之间的关系，而仅仅是相似于这样一种关系："据声称，当我们通过主动理智以及通过原则达到结论时，原则必定像真正质料与真正手段那样与主动理智相关。不过我认为这种声称并没有必然性。必然的只是，应当存在一个命题与关系，它使已获得的可思之物（intellectus adeptus）与质料是可比较的，也使主动理智与形式是可比较的。"后来，即在 fol.179b［参见上述第 11 页注释 ② 中的文献，p.499］中，他解释道："因为对于任何两个事物而言，如果其中一个是主体，那么一个比另一个更为完满，更为完满的与不太完满的关系正如形式与质料的关系。"他认为主动理智与沉思性原则具有同一个主体，即质料性理智——就质料性理智认识它们两者而言。

① *De Anima* 3.1.5, fol.179b［参见上述第 11 页注释 ② 中的文献，p.499］："这种情形对于那些透明的物体也是相似的（例如空气、水、玻璃、瞳孔等），它们同时获得光与颜色；然而，光带来颜色。"

② 同上："于是我们现在确定了，这种理智（即主动理智）最终与我们结合是如何可能的。它不与我们从一开始就结合是因为，主动理智是通过与沉思性的可思之物的结合而与我们结合的。可当沉思性理智潜在地呈现于我们之中时，它显然就是与我们潜在地结合的，而当可思之物现实地呈现于我们之中时，它就是现实地与我们结合的；如果它们其中一些

（12）这就向他开放出全部精神性领域的知识。因为就其本性而言，主动理智具有所有精神性实体的知识。把主动理智全然接受到质料性理智中的人现在通过主动理智知晓了后者所知晓的东西，① 在这种穷尽性的沉思中，他发现了极乐与至福。他已经达到了人能够达到的终极目的。②

这就是阿拉伯人的学说——来自斯塔吉拉的冷静哲学家（即亚里士多德）肯定永远不会向往的学说。不过，尽管这些学说具有古怪的神秘主义以及智者式的表述，不过还是在阿拉伯人中间赢得了巨大赞赏，并且在西方的基督教世界也吸引了不少追随者，以至于伟大的经院哲学家尤其是托马斯·阿奎那认为有必要竭尽全力抨击它。鉴于这些深刻的误解者使我们几乎不再能认出亚里士多德学说的面貌，天使教师（即阿奎那）愤愤不平地说，作为逍遥学派哲学的劫持者，阿威罗伊不应被称为逍遥学派（"Nom tam peripateticus quam peripateticae philosophiae depravator！"）③

9.那么中世纪最伟大的思想家会如何解释亚里士多德的言辞呢？阿奎那富有同情的精神使他能够在有关亚里士多德这个最困难学说的时常错漏

是潜在的，另一些是现实的，那么我们就说它们部分地与我们结合而部分地没有与我们结合；在这种情况下，我们被认为是朝向结合运动的。不过这表明，当这样一些运动完成时，那么理智就立即在每一部分加入了我们。"在被勒南出版的残篇中 *Epistola Averroès de Intellectu*，[Ernest Rénan, *Averroes et l'Averroisme*, 1st ed.(Paris, 1852)]，p.348，这一过程被描述如下："人们最终在自身中领会的正是现实的理智，而这就是所谓的获得性理智。它是从活动以及被称为第一潜能的质料性部分中形成的整体。而出于这个原因，当一种形式被重复时，不同形式之间的潜在性也同时被重复，只有它从一个整体向另一个整体上升或下降，并且是从一种形式到另一种更高贵且更接近于活动的形式，以至于它最终达到那个整体，并且在那种活动中并没有出现与潜在性的进一步混合。"更为一般地讲，残篇包含着不少含混不清的段落，这也对翻译的低劣质量及文本的失轶有影响；我对于这一段也是毫不例外地没有完全理解。

① *De Anima* 3.5.36，fol.180a[参见上述第 11 页注释 ② 中的文献，p.501]："而从中下述情况也开始清楚，即，为何我们不是从一开始而是在最后才与那种理智结合的。其原因就是，只要在我们之中形式是只能潜在地存在的，潜在性就是我们的一部分。且只要潜在性仍然是我们的一部分，我们就不能通过这种理智知道任何东西，除非它（被知晓的东西？）成为现实的形式，而这通过它与一种活动的结合而发生。于是我们通过它知道我们知道（它知道？）的所有东西，并且通过它执行适合于它的行动。"

② *De Animae Beatitudine*，chap.485 [见上述第 20 页注释 ②].

③ *Opusculum* 15:"De unitate intellectus contra Averroistas Parisienses" [in Thomas Aquinas, *Opuscula Omnia*, ed.R.P.Perrier(Paris:Lethielleux, 1949), pp.70-120].

的文本中感受到比所读到的内容更多的东西。他的解释在相当程度上与前面提到的经由特米斯修斯释义的特奥弗拉斯托斯的残篇之所有要点尽量保持一致。

阿奎那不仅把主动理智（intellectus agens）作为非质料的，而且也将潜能理智（intellectus possibilis）作为非质料的（与阿拉伯作家的表述相对照，这就是他称作的潜在地是万物的理智）。① 他不仅将潜能理智，而且将主动理智都归属于人的本质，并且也不认为它们是一种异于人的纯粹精神性实体；这两种理智都是人的灵魂能力。当说到它们是与身体分离的时候，② 亚里士多德只是意味着它们并不像营养与感性部分的能力那样具有一种器官，而只是在灵魂中发现它们的主体。这是由于人的灵魂代表着身体世界与精神世界之间的界限；由于人本性中的高贵部分，灵魂就超出了质料性的接受能力，同时它也不会被完全包含在这种能力中。因而灵魂所具有的能力就不是具有灵魂的身体的机能，而是独特地属于灵魂的能力；灵魂具有一些有形的质料不能分享的活动。因而潜能理智与主动理智以这种方式在其活动与存在上是非身体性的，也是不与质料相混合的。③

潜能理智是理智部分专有的认知能力；我们所有的观念都可被从中发现。不过这些观念并不是从一开始就现实地存在于潜能理智中的；毋宁说，潜能理智起初只是一种思想的能力，而且就像一块上面什么都没写的白板。潜能理智通过一种触动接受可思形式，这就是为何亚里士多德④ 说思想就是一种触动。⑤

---

① 在上面 *Opusculum* 开头，阿奎那说阿威罗伊"试图把亚里士多德称为的潜能理智假定为分离的，不过他使用了一个不太合适的名称'质料性理智'……"（同上，p.71）。毫无疑问，他将之相关于《论灵魂》3.4.429a21："它自身除了具有某种能力之外并无其他本性。"

② 《论灵魂》3.4.429b5；5.430a17。

③ Thomas Aquinas, *In Aristotelis Librum de Anima Commentarium* Ⅲ [ed. A.M.Pirotta, 3rd ed.(Rome:Marietti, 1948), lecture 7, p.167]："他说理智是与身体分离的，因为与感觉不同，它不具有一个器官。这是从下述事实得出的，即，由于其高贵性，灵魂超越了质料性身体的能力，并且不能被完全包含在身体中。因而，其中就存在着某种不与有形之物结合的活动类型。因而它为了那种活动的能力就不具有一种身体器官。而在这种意义上，理智是与身体分离的。"

④ 《论灵魂》3.4.429a13。

⑤ *Summa Theologica* 1.78.2 passim.

可是在思想存在于其中的被触动本体之外，每种触动都预设了一种主动性原则。那么什么是在我们理智中产生可思形式的主动性原则呢？亚里士多德说我们认识的起源在感觉中。① 这也与他在其他地方所教导的一致，即，灵魂离开意象什么都不能认识。② 不过没有什么有形之物能给某种无形之物带来一种印象；因而，根据亚里士多德，仅仅凭借感性身体的能力就不足以产生我们的思想，这需要某种更高级的东西。在《论灵魂》的第三卷他说："主动优于被动。"③

这种高级的主动性是灵魂的另一种理智能力，这就是所谓的主动理智。从感觉获得的意象只是潜在地可思的，因为特殊的质料仍然附着于它们之上。正是通过抽象而使它们成为现实上可思的，也正因如此，主动理智就成为理智性认识专属而突显（活动）的原因，而意象只是伴随性原因，在一种意义上，它也是质料因。④

主动理智照亮了意象，并且从意象中抽象出可思的类。主动理智也照亮了（erleuchtet）这些"类"；意象之于理智就像颜色之于看的意义。主动理智的影响为意象作了准备，以至于理智性概念能够被从意象中抽象出来，这就像感性部分通过与理智部分的结合而达到一种更高的能力那样。主动理智从意象中抽象出了可思的类，即，通过主动理智的能力，我们能够离开个体的限定性而把握和考察事物的一般本质；这些意像被作为形式接受到潜能理智中。⑤

10. 我们已经谈到过，这个与亚历山大及阿拉伯人的看法完全不同的把握（Auffassungen）是与我们从特奥弗拉斯托斯的解释中获得的东西一致的。

不过这里再次出现了看来难以克服的反对，而这已部分地被杜兰德斯（Durandus）所表明，他决定在这部分连同主动理智一同放弃。⑥ 托马斯说主动理智作用于意象；否则意象就不能在理智中产生思想，因为没有什么有形

① 例如《后分析篇》2.19.100a10。
② 《论灵魂》3.7.431a16。
③ 同上，5.430a18。
④ *Summa Theologica* 1.84.6 passim.
⑤ Ibid. 1.85.1, reply to the fourth objection.
⑥ Durandus of Saint-Pourcain, *Commentaria in Quatuor Libros Sententiarum* 1.3.5.

的东西可以作用于一种理智之物。可果真如此的话，那么主动理智只有在下述情况下才能给出所需要的帮助，即，只有当它通过其活动而在意象中创生出某种精神之物——如果它在这一过程中把意象转变为某种精神之物的话。然而，在一种附着于一个器官的感性能力中，并不可能有精神性的偶性被发现。因而已被归之于主动理智的影响显然是不可能的。

不过，让我们假定，主动理智甚至会把意象转化为某种精神之物：它们在转变后的任何情形下都不同于转变前的情形；它们不再是意象。可亚里士多德说，如果我们之中不同时具有相应的意象，我们就不能思考任何东西。① 因而，根据亚里士多德，在认识的那一刻，意象显然尚未被转化为一种更高级——即可思——的东西。

11. 于是，我们发现我们在这里又卷入难题。这解释了苏亚雷斯（Suarez）对托马斯学说重构的缘由；② 当然，苏亚雷斯自己并不认为已经偏离了圣·托马斯的观点。③

苏亚雷斯声称：

抽象活动不应被看作（属于主动理智的）理智认识能力（Erkenntnisskraft）对感性表象的影响，而应被看作一种内在于理性(Vernunft)自身的活动。因为通过感性与通过理性进行认识的是同一个灵魂，感性表象的呈现足以把理智激发为活动，而这种活动正是朝向可感对象的。不过并没有感性表象能对理智的出现产生任何进一步的影响；因为人们必须严格坚持，并没什么质料性事物能够影响与改变任何非质料之物。

因而，人们不必相信：

理智（主动理智）纯化了感性表象，就像它消除了质料性要素一样，这为的是如此这般地将其从意象转化及精神化为自身（潜能理智）。抽象活动根本不能在感性表象中产生任何影响；它只存在于理智在其自身中产生有关

---

① 《论灵魂》3.8.432a8。

② Francis Suarez, *De Anima*, bk.4 [Opera Omnia, ed. M. André(Paris, 1856-61), 3:713ff.]

③ 人们不会不注意到，他们如果把苏亚雷斯的观点（Joseph Kleutgen, *Die Philosophie der Vorzeit verteidigt*, Münster, 1860, p.63.）与下述阿奎那的陈述比较的话，情形更加如此。*Summa Theologica* 1.79.3，reply to the second objection，and *Summa Contra Gentiles* 2.77 [ed. C. Pera(Rome:Maritti, 1961), 2:226]："因而，在理智灵魂中存在着一种能力，其活动是指向意象的，它使这些意象进入某种现实的可思之物中，而这种灵魂的能力被称为主动理智。"

对象——对这个对象具有感性意象——的可思图像的过程中。①

12. 仅仅通过感性表象的刺激或许对柏拉图是足够的，但对于亚里士多德却是永远不够的。因为柏拉图把所有高级知识都作为前生获得从而一生下来就具有的，以至于出生之后灵魂为了将之回忆起来仅仅需要一种刺激。而亚里士多德却关注我们思想的原初获得。根据亚里士多德的学说，精神部分是完全不具有观念的；因而即便是主动理智——如果它属于灵魂的话——其中也不会有思想；那么又如何能够使概念进入潜能理智中呢？可思之物以某种方式被包含在意象的感性表象中确实是正确的，因为普遍之物被具体地包含在特殊之物中；可质料性的意象不会以任何方式作用于理智；于是我们现在显然完全缺乏一种充分的主动性原则，它可以把潜在的思想带向现实。

再者，假定在主动理智被感性表象刺激时，已经具有足够的能力立即在理智中产生观念。显然，果真如此的话，观念必定从一开始就被潜在地包含在主动理智中了，因为意象在其中并不能产生影响。那么我们就不得不反对亚里士多德，正如亚里士多德反对柏拉图那样，② 即，为何感觉的缺乏会通常导致认识的缺乏是不可解释的；甚至人们也很少会理解，为何亚里士多德声称，甚至在知识被获得了之后，现实的认识也只有在人们能够在意象中保留了相应的特殊表象之后才是可能的。③ 那么这种观点在感性认识与精神性认识的关系上显然就是对亚里士多德观点的偏离。

另外，亚里士多德教导说，离开对活动的追求就没有活动。④ 因此，如果主动理智通过其活动会产生精神性认识的话，那么我们就必须在人之中假定对知识的追求。那么这种导向主动理智运作的追求就必须以下述两种方式之一被发现：即，一种方式是以一种无意识的冲动，其结果就像植物的营养性活动以及无生命的自然运作那样。可是显然，果真如此的话，那么感性认识就不会起作用，因为这种活动的唯一前提是呈现以及能够接受触动的正确性潜质（Disposition）。⑤ 可根据这个概念，潜在性理智天生就被作为对主动

---

① Kleutgen, p.125.

② 《形而上学》1.9.993a7。

③ 见上述第 28 页注释 ①，以及《论灵魂》3.8.432a8。

④ 参见本书下篇第一部分第 15 节。

⑤ 《形而上学》9.5.1048a5。因而亚里士多德在《物理学》8.1.251b5 说："因而，如果运动

理智影响的接受，而且是最为内在地与后者结合在一起的。因而，理智部分——甚至在离开所有感觉的情况下——会不得不从一开始就在其自身中产生出思想。另一种方式是，作为主动理智运作而表现出的追求或许会被认为是有意识的。那么这就必定是感性的或精神性的欲求。不过它并非一种感性的欲求，因为感性部分怎么会欲求真呢？并且感性部分的欲求如何会控制主动性精神的运动呢？特别是在一种根本不允许感性作用于精神之物的理论中更是如此。可它也不能是一种精神性欲求，因为正如亚里士多德在《形而上学》卷十二所教导的，[①] 任何精神性意欲都预设了精神性思想，而我们这里所考察的难题是思想在理智灵魂中最初是如何产生的。甚至在理智性灵魂开始思考之后，它首先认识的东西并不是欲求——主动理智行为被认为从中源起——会不得不指向的思想之真；毋宁说，它首先知晓的是外在事物的本性。[②] 因而，这种有关主动理智的观点与亚里士多德的其余学说完全不匹配。

那么我们必须说，中世纪的评注家们看来也没得出令人完全满意的解释，于是我们必须转向更近期的解释者。如果我们在这里考察所有个别观点的话，那就会出现长篇大论。[③] 那么，就像我们对待前面各阶段那样，我们会把自己限定在仅考察亚里士多德哲学研究中最杰出的一些德国与法国专家们的看法上。

通常不在过程中，那么显然它们就不会已经处于下述条件下，即，一个作为能被运动者，另一个作为能导致运动者；而是它们之中这个或那个不得不首先经历一种变化"。

① 《形而上学》12.7.1072a29。

② 《论灵魂》3.4.429b5；亦可参见《形而上学》12.9.1074b35。

③ Cf.Carl Prantl, *Geschichte der Logik*, 4vol.(Munuch, 1855-70), 1:108ff.

第三章

最近的解释

13. 我们在这里首先遇到特伦德伦堡（Trendelenburg），他在其值得称道的对《论灵魂》卷三的评注（耶拿，1833）中讨论了主动理智学说。我们把他的评述总结如下：

（1）亚里士多德学说的困难主要如下：理智（nous）有时被看作与灵魂的其他能力如此紧密结合，以至于如果离开后者（即被动理智），它看来就不能存在。在其他情况下，当理智（nous）被设想为最高级理智的时候，即作为主动理智时，它与人之本质的其余部分就是分离的，且与其余部分相比较而言，主动理智是某种更高级的东西，且是发号施令者。[①]

（2）那么我们是以这两个术语来理解什么呢？我们相信亚里士多德使用被动理智（nous pathētikos）的表述来指谓所有更低级的能力，这种低级能力是对事物进行思考所需要的，这就像把它们打在了同一个结中。亚里士多德称这种能力为被动理智，部分地是因为它们被主动理智引向完成，部分地是因为它们被其对象所触动。[②] 如果有人留意诸感觉的贡献，那么通过对个别性感觉的比较而获得一般性概念就是被动理智的事情。[③]

（3）与此不同的且更为高贵的是主动理智，即便我们不必把它作为神圣理智自身——正如有些已经被特米斯修斯所拒绝的人所做的那样。主动理

---

① Friedrich Adolf Trendelenburg, *Aristotelis De Anima Libri tres*(Jena, 1833, p.168).

② Ibid., p.493.

③ Ibid., p.173.

智属于人的灵魂，① 因而并非对所有人都相同。②

（4）可是亚里士多德并未在什么地方表明主动理智实际上是什么、其领域的限定又在哪里以及它又是如何运用其能力产生知识的。③ 只有一件事情是清楚的，即，主动理智领会知识的首要和最终的原则，而且它也是其自身最终的确证，当我们接受真理的时候，我们就以这种确证去相信。④ 如果离开主动理智我们的知识就不再会有保证——因为其中不再有关于原则的知识——这是由于这些知识是不可证明的；另一方面，被动理智也不会成为确保者，因为它有赖于诸感觉之间的比较。因而如果我们求助于被动理智，我们大概就会犯丐词的错误。那么，剩下的就是，只有主动理智通过其自身的能力而把握了第一原则。⑤ 下述从《形而上学》第十一卷引用的段落指向这种超—感性的原则："有些（科学）通过感知获得'什么'，有些则通过假定获得。"⑥ 如果不从我们自己的理智中获得这种基础，又能从哪里获得呢？⑦

（5）我们说过我们的主动理智并非神圣精神；不过，它是肖似神圣者的东西。神圣精神也是一种主动理智；因为对于一个不会否认神存在的人而言，事物之真只能从理智中流溢而出。亚里士多德在《形而上学》⑧ 第十二卷已经示意了神圣者与人的精神之间的相似性，当然，在这里以及在任何其他地方都没有规定人的精神参与神圣者的方式。⑨

（6）通过将其作为某种神圣之物，亚里士多德也一贯地导向如下假定，即，主动理智不会从质料中产生，而是被从外部添加到其他能力上的。亚里士多德是从神圣者中得出主动理智的；⑩ 主动理智从神圣者那里进入胎儿中；所有这些都是与亚里士多德整个有关精神的学说完全相符的。⑪

---

① Ibid., p.492.

② Ibid., p.493.

③ Ibid., p.496.

④ Ibid., pp.494, 495, 173.

⑤ Ibid., p.173.

⑥ 《形而上学》11.7.1064a7（亦可参见 6.1.1025b10）。

⑦ Trendelenburg, *Aristotelis De Anima Libri tres,* p.495.

⑧ 《形而上学》12.7.1072b18-30。

⑨ Trendelenburg, *Aristotelis De Anima Libri tres,* p.492ff.

⑩ Ibid., p.175.

⑪ Ibid., p.496.

14. 这种解释小心翼翼地试图避免超出亚里士多德明确地主张的东西。不过，这在我们看来也包含了体现下述情况的不少要点，即，当把它们与哲人（亚里士多德）的言词比较时，也会表明这里的理智学说并非以一种与亚里士多德意思完全一致的方式被再现。

我们要搞清这一点就尤其必须把《论灵魂》卷三第五章的理智与主动理智（即制作万物的理智）进行比较。根据亚里士多德，在第四章特别被表明的是某种精神之物，而非某种感性之物；这一整章处理这个理智，并将其描述为属于理智灵魂（psychē noētikē）（429a29 ff.）、作为不与身体混合之物（429a24）、作为与身体的分离之物（429b4）、作为单纯之物（429b22）以及作为无质料之物（430a1 ff）。并没有在这章的任何地方丝毫暗示这种讨论转向了其他能力，[①] 而主动理智直到第五章的开头才被引入。

15. 如果我们理解得不错的话，布兰迪斯（Brandis）也是从特伦德伦堡的这一观点出发的，[②] 后者的概念他也是完全赞同的。布兰迪斯在其《希腊罗马哲学史》（1857）中断言，主动理智属于特殊的人。与其他解释相反，他最近在其《希腊哲学的发展》中更为确定地坚持了这种观点。布兰迪斯在原则知识的归属上也同意特伦德伦堡，即，属于主动理智的原则知识在其自身中就是真的和确定的，[③] 而中转性的思想是属于被动理智的。[④] 从布兰迪斯后部著作（即《希腊哲学的发展》）逐字引述的一个段落中可以最好地澄清其观点。

在指出人的精神并不附属于质料后，他继续说：

---

① 这种转向在任何地方都没能被考察；不过与此不同，在随后的部分存在着某种表述，其中毫不含糊地将理智描述为成为万物的东西。在这一章的最后一段就像在开头一段一样，认识被称为一种触动（参见 429a13、b24 及 b29 的段落），并且相似的比喻是在非常后的地方才发现的；没人会将这个比喻与主动理智关联（429b31）。最后，从这一章中间所给出的属性中，人们清楚地认识到理智成为万物的特性；例如，它被称为（在 429a29 及 b8）具有潜能的某物。

② 策勒也是出于这个原因而批评特伦德伦堡的解释。Cf. Eduard Zeller, *Die Philosophie der Griechen in ihrer geschichtlichen Entwicklung dargestellt*, 2nd ed.(Tübingen, 1856-68), Vol.2, pt.2, p.442, n1.

③ Cf. Brandis, *Handbuch der Geschichte der Griechisch-römischen*(Berlin, 1835-60), vol.2, 2, 2, p.1177.

④ Ibid, p.1178.

与表象结合，它就被描述为被动理智，因为它从中及从感性知觉中借用了为了中转思想的材料，并且这也需要意象（schemata）；在这个范围内，它就没有单纯性和永恒性。换言之：当它作为中转思想的东西时，它就不再具有单纯性与永恒性。只有狭义上的精神，即理论性的或主动（energetiche）的精神——当它被与身体分离时以及现实自我或人的自我依据于它的时候——才被称为(也真正地是)不朽的和永恒的。它是被从外部赋予我们的；据说它自身是我们之中神圣的或最神圣的部分；这显示了它之于有机身体的独立性，可没有显示下述事实，即，普遍的世界精神是被时间性地传递给我们的。①

16.这种对成为万物的理智概念的修改确实可以解决一个困难；不过现在下述问题就不再能够得到很好解释，即，为何它会随着身体消亡而又同时属于人的理智部分。在其运作时或许会被妨碍，可是为何其存在是可被损坏的？

除此之外，还有另外一个困难直接关涉主动理智的概念。因为如果主动理智不是一种更高级的神圣的精神，而是个体性灵魂特有的能力，那么看来就不可能将其解释为一种思想的能力。因为一个人既不会说理智从头开始思想，也通常不会说理智获得了全新的思想。我们不会具有前一种说法，因为这种断定同样会违背经验，它也会与亚里士多德《论灵魂》中的学说对立，这还会与恰好指涉这些经验的逻辑学著作对立。② 而且我们也不能坚持后一种说法，因为对思想的接受恰好是一个可思（notēa）之物的生成、是一种触动，这种触动被归于潜能理智，这是与主动理智相比较而言的。据说那种理智不是成为"中转思想"的东西，而是那成为万物的东西，③ 正如亚里士多德在第八章所解释的那样，它是所有可思之物。④

因而，即使我们尊重这两位亚里士多德哲学优秀专家的判断，这也不会使我们转而采纳这样一种观点——以这种观点来看，亚里士多德清晰而重

---

① Brandis, *Geschichte der Entwicklung der griechischen*(Berlin, 1862-64), p.518.
② 《论灵魂》3.4.430a5："对于理智并不永不间断地在思维的原因仍然有待我们加以探究。"《后分析篇》2.19.99b26。
③ 《论灵魂》3.5.430a14 "一种是成为万物意义上的理智。"
④ 同上 8.431b22；亦可参见 4.429a17 以及 429b13。

要的断定之间不可能被调和。

17.这种解释至少在把主动理智归于特殊的人这方面与特奥弗拉斯托斯一致。不过最近还有其他一些解释转而与亚历山大及阿拉伯的评注家关联更为紧密。其中我们首先要提到的就是拉瓦森（Ravaisson）的看法。

拉瓦森在其《论亚里士多德的形而上学》第一卷中声称，[①] 根据亚里士多德，人只有一种被动理智，这种理智把握所有形式、接受所有观念，并且与原初质料相似，它能够成为万物。他说，"被动理智是观念世界中的普遍潜在性，正如原初质料是世界之中事物的潜在性。"相比较而言，主动理智被说成是"绝对的理智和创造行为，它把所有可能的形式带向现实并产生出所有思想"。

这让我们想起阿维森纳的学说，不过阿维森纳认为每种形式与每种思想都是直接从主动理智流溢出的；相比较而言，拉瓦森认为亚里士多德不会否认，有形存在者作为二级原因产生出其他有形存在者，而且他相应地假定，思想是唤醒我们之中思想的二级原则，因而只有在一种偶然的情况下一个更高级的实体才需要被援引为第一推动者。这种更高级的实体，即神圣者自身，直接分派出原则，而从这种原则的能力中产生出所有知识与推证性思想。对理论领域有效的东西对实践领域也有效；神圣智慧给出了区分善恶的原初光亮，并且也给出相关于意欲的第一推动，因而美德仅显示为绝对思想的一种工具。[②]

在对潜在地成为万物的理智更为细节的规定方面，拉瓦森几乎都赞同亚历山大。感性原则基本上与理智的及理性的原则是相同的；因而理智区分及比较抽象形式（它是其自身的对象）与可感形式。如果不将它们包含在同一个意识中，也就无法区分与比较。于是感性与理智的全部差别就被还原为同一个事物之存在的两种样式。因而理智在其存在上被系于身体就是自然的；没有什么属于特殊之人的东西是不朽的。

18.拉瓦森认为，只有通过这种把握，亚里士多德的理智学说才会不仅与自身也与它在《形而上学》中的含义一致。他认为这种解释自身是与亚里

---

①   F. Ravaisson, *Essai sur la métaphysique d'Aristote*(Paris, 1837-46 [2nd ed., paris, 1913]), 1:586-87;cf.2:17, 19.

②   《欧德谟伦理学》7.14.1248a24。

士多德体系的精神相符合的。看来他很强调潜能理智与原初质料的相似性，他认为，这两者都需要神作为原初推动者。

不过，我们已经表明，理智把握作为一种器官的能力而成为万物与亚里士多德的表述并不兼容。不过即使我们假定这种复述在这点上不会与我们哲人清晰的陈述相矛盾，它也会丧失亚里士多德推荐给我们的所有东西。因为如果成为万物的理智具有一个器官作为其主体，那么作为统治有形世界的原初推动者的力量就会扩展到它，正如它扩展到感官那样。这种能力在任何情况下都不能产生精神性（Geistiges）的东西，这是一种混杂质料的能力。

再者，让我们假定成为万物的理智与感觉是同一的，二者只是状态上不同。那么如果这种理智会把握最初的普遍表象从而感性知觉必定已经呈现了，那么它就不会是一种缺乏所有现实性的能力——这种能力现在领会了其最初形式。因而亚里士多德就会具有更多理由为最初感性知觉的产生假定一种神圣者的新的和直接的调停，而非假定对原初普遍思想的唤醒。即便阿维森纳在相当程度上偏离了亚里士多德的思想，可他在没有否认被动理智的精神性方面还是与亚里士多德更为接近的；他也能更好地坚持在被动理智与原初质料之关系方面与亚里士多德的相似性。

19. 也有其他人可能想把主动理智把握为与人的本质相分离的一种精神。他们在重要观点上是从拉瓦森出发的，不过他们的尝试并不因此而更为乐观，这些观点自身也不更令人满意。

勒南（Rénan）确实想在主动理智的学说中看到像马勒布朗仕（Malebranche）那样的观点。[①]因为他不否认这个学说与逍遥学派哲学的一般精神少有共同之处，他承认亚里士多德在其系统中时不时体现出旧学派的残留，而不会劳心费神地把它们与他自己的观点协调一致。于是有关理智的全部理论就被看作是从阿那克萨戈拉（Anaxagoras）那里借用来的。勒南自己承认，《分析篇》中有关我们理智认识产生的学说以及《论灵魂》自身中大量的陈述都与其理智学说的概念是显然矛盾的；不过他认为，这一点也不会动摇我们。试图让亚里士多德变得一致是幼稚的，因为他自己很少考虑一致不一致

---

① Ernest Rénan, *Averroès et l'Averroisme*, 1st ed., p.96："从这里得出的结论是，这个理论有些像马勒布朗仕的理论。"

这种事情。①

20. 勒南自己的言辞令进一步的批评没什么必要。② 人们或许会认可希腊哲学在其不成熟阶段的一些思想家——例如更早的毕达哥拉斯（Pythagoreans）或恩培多克勒（Empedocles）——通常既没能把从其他人那里借用的学说与他们自己的相融通，也没能与他们自己体系的原则相调和。可亚里士多德是极其审慎周全的；他经常性地指出前人学说的显然矛盾甚至将此作为其进一步研究的动机，这才是他的习惯；因而，勒南的这种假定比之于其他哲学家的看法更为不可辩护。接下来我们就转向近期的另一个评注者。

21. 策勒同样把主动理智作为一种普遍性的精神，即神圣者的绝对思想；不过他既不同意拉瓦森，也不会把亚里士多德作为一个希腊的马勒布朗仕；毋宁说，他开始采纳了一种观点，根据这种观点，我们不得不把一种更为古怪的理论归于我们的哲人，这种理论中包含的荒谬性与使得阿威罗伊在中世纪变得闻名的荒谬性是同样的。

策勒对亚里士多德的理解如下：人的最高思想最终寓于其对象。③ 人在普遍精神的理性中沉思这种思想，因而所有人的沉思活动——除了从经验发展出的——都是同一的，且这事实上是同一于神的沉思活动。根据这种观点，阿威罗伊对亚里士多德思想的偏离在于：他不仅把一些思想，而且把人的所有精神沉思都倚傍于一种分离的实体，这个实体正是通过其思想而与一个人结合在一起的；因而阿威罗伊的过错是由于倍增了，而不是由于扩大了这种荒谬性。

22. 这种理论古怪而荒谬的方面足以令我们怀疑其结论的正确性；一旦人们看到亚里士多德的不少陈述公然反对它，也就不会存在什么推荐它的理

---

① 亚里士多德清楚地反对说，阿那克萨戈拉不论对于理智认识的模式还是其基础都没有给予说明。参见《论灵魂》1.2.405b21。

② Ernest Rénan, *Averroès et l'Averroisme*, 1st ed., p.91.

③ Zeller, *Die Philosophie der Griechen*, vol. 2, p. 441，在这里，被动理智与主动理智的领域都被限制了。在第 438 页，理智被认为在直接认识中把握了最高原则，它不是中转性思想的对象，并且随后的评论表明，这必定被运用于主动理智。因而在亚里士多德观点中被认可的是，我们人是在神圣理智中沉思这些最高原则的。这本身就是奇怪的，可甚至更为奇怪的是，就像策勒所解释的亚里士多德学说那样，如果这种神圣理智绝不沉思我们知识的原则，或是绝不沉思多样的原则，那么它就只能沉思它自身！

由了。甚至策勒也承认这一点，并指出在不少段落中主动理智被描述为属于个体性灵魂的东西。① 他也没有得出有关成为万物的理智的任何结论；他也没有把它与主动理智进行更为切近地结合，因为后者被假定为并非人的本质的一部分，而是绝对的世界精神。因而他发现自己被迫将这种理智与诸感觉一道附属于人的有形部分。② 另一方面，他承认这种理智无法被看成处于有形之物中，也正是出于这种原因，他反对特伦德伦堡的解释，而正是在这一点上，他显然改变了亚里士多德的学说。③

23. 在这一观点上——即主动理智与人的个体性相分离——还可以列举出其他变形。不过这些已经提到的、被如此杰出的学者们提出的解释足以表明：任何这些解释尝试必然会输入到亚里士多德学说中的矛盾，在人们处理特定段落时就会引起更大的困扰。人们在表扬策勒时一定会说，他在这方面比任何人做得都多；正是在他的再现中而非在其他人的再现中，亚里士多德心理学的这一部分呈现为观念上的疑团并达到矛盾陈述的顶点。

如果这确实是亚里士多德的理论，那么被用在他身上的感觉主义者的称呼对于其哲学的荣誉就是恭维性的而非侮辱性的。因为不论感觉主义有什么缺点，它至少是一种观点；而这种牵强附会的解释既没道理也没意义。④

---

① Ibid.p.441，n.3.

② Ibid.p.443，n.4.

③ Ibid.p.442，n.1.

④ 有关 Dénis 的解释尝试，请参见其 *Rationalisme d'Aristote*。（见下文下篇第四部分第 225 页注释③）

下　篇

亚里士多德主动理智学说的发展

回顾及研究纲要

1.我们已经回顾了对亚里士多德主动理智学说从古至今的一些不同解释。我们之所以做这些工作，部分地是为了通过意识到这个学说也是其他人一同关注的而激发我们的兴趣，而更主要的是为了：当我们注意到有关亚里士多德的最伟大评注者们的分歧时，可以更清楚我们任务之困难。而现在我有点担心我没有很好地达到这个目的；因为如果有人注意到最敏锐的评注家们给出了截然不同的解释，而他们之中又没谁达到令人满意的结果，那么他就更可能不是去进一步关注任何这种表面看来徒劳无功的努力，而是以更强烈的兴趣在这一领域跟进其中一种研究。看来只有在一种情况下我们有望把我们的研究带向可喜的结论，那就是在目前引导我们的亚里士多德昏暗不明而零零散散的陈述之外，引入用以确定这一学说的新资源。不过我们对此却无能为力；因为我们的资源正是以前的评注者们可用的亚里士多德的同样著述。

2.虽然如此，还是有不少因素培植我们的希望。首先，对之前各种解释的讨论无疑在相当程度上推进了我们的目标。不同的评注者在不同的方面是对的，而且甚至在他们显然偏离了正确道路的地方，我们对其努力也充满感激，因为我们被其结论所告诫，因而不再尝试走向相同的错误方向。我们的选择更为受限，因而也可能更少错误。

有些尝试——特别是策勒的尝试——已经向我们表明，我们不能把主动理智作为神圣者或是其他与我们本质不同的更高级实体。再者，我们已经从特伦德伦堡与布兰迪斯的尝试中看出，不可能将主动理智设想为灵魂中的特有之物且同时又是某种进行沉思的东西。主动理智是思想的主动性原则这一事实并不意味着它自身具有思想，因为作为一种受动的思想就像运动那样必须在被触动要素而非在主动性要素中被发现。最后，我们从苏亚雷斯的尝试中看到，不能把主动理智作为灵魂的一种主动性能力，这种能力的功效被直接指向灵魂的被动精神能力，并且因而也被作为下述这种能力，即，它自身并不思考，可其直接的影响在思想能力中产生了思想。那么还剩下什么呢？难道只剩下托马斯·阿奎那所假定的那个样子吗？即，主动理智实际上仅仅是理智灵魂的一个主动性原则，不过其行为被直接指向一个更低级的部分。不过甚至在这里我们也受到杜兰笃斯（Durandus）批评的警示，即，不能将主动理智的活动设想为就像是在感性要素中产生某种精神之物的东西。如此看来，每条路都被堵上了。可除非我对亚里士多德的信任欺骗了我，否则必须会留下一条出路，且这条出路将引领我们通达对其学说的正确理解。

3. 我们说过只有在一种条件下才有望对我们的问题得到一种可喜的解答，即，我们如果能发现新的资源从中可以确定主动理智学说的话。不过我们已经指出并不可能出现这种情况；我们的资料除了通过特米斯修斯保存下来的特奥弗拉斯托斯的评注之外，都是亚里士多德被人周知的作品，通常对这一主题的讨论也都诉诸这些著述。在《论灵魂》卷三，亚里士多德只是简要而含糊地谈到这些内容，而在其他著作中，例如在其逻辑学研究中，他毫不犹豫地更为充分而透彻地对自己进行了解释。因而对如此艰深主题的研究过程显然也就需要利用这些著述。

不过我们除了以一种新的方式尽可能地利用这些文献材料之外也没有什么新的东西。到目前为止，解释《论灵魂》3.5 这个含糊不清段落的尝试已经运用了其他著述，其主要意图是找出平行的段落，或者至少是能找出进一步揭示主动理智之性质的陈述，以此也补充我们所具有的有关它的概念。如果亚里士多德在任何地方谈到被他置于重要地位的"理智"，就假定他心中想的是主动理智，那么人们就会马上把这些段落与《论灵魂》卷三的断定关联起来。不过这种尝试只能带来混淆，因为事实上在逻辑学著作（这对于《形而上学》亦然）的任何地方都没有直接讨论主动理智。

我们也想利用逻辑学著作，特别是利用《分析篇》中有关我们首要的精神性认识之起源的学说，不过我们想以完全不同的方式来进行。这不会导致一个快速的结果，不过也不会如此轻易地令我们迷失。我们想留意有关我们精神性认识之源头的特定方面。就其对这方面的考虑而言，亚里士多德发现自己不能完全以成为万物的理智（nous）或是完全以感觉行为来进行解释。他于是感到被迫要引入主动理智。我们不会注意不到赋予它之上的主动性的标记；而通过这些，我们有望发现亚里士多德考察主动理智的意图方面的线索，以及他赋予其上的意义。因为被亚里士多德自己作为必然性所推荐的以及他到处所遵循的方法，就是通过运用诸能力的效果及对活动的认识而发现诸能力的本性。① 因而，通过使用同样的方法，我们跟随着他自己的轨迹，这种方法肯定会更好地适合于将我们引领到其理智的诸能力概念。

4.最后，我们想运用一种我认为可以承诺最好结果的方式。这就是从整体的观点来考察亚里士多德灵魂学说的这个部分。正如亚里士多德在诗学中要求统一性一样，他把现实世界也视为不可被打破的统一体，否则就像一出低劣的剧目。② 因而他必然在其哲学中也追求统一性与和谐性；其灵魂学说不会形成一个整体这种说法是不可信的，即，认为它只是一些论说的汇集，其中前面部分与后面部分没什么关联。而如果亚里士多德的灵魂学说更可能是一个整体，即，它被和谐地组织并且只被一种精神所贯穿，那么对这个整体的考察就会为我们理解困难的细节做出准备。让我们再进一步说，我们会通过理解细节的目的而理解这些细节；整体是诸部分的目的这个陈述在这种情况下也并非没有意义。

在下述两种方式上存在着某种和谐：即，亚里士多德认为的精神之物与感性之物在人的本质中被结合的方式、与亚里士多德所认为的理性认识与感性知觉的关联方式；理解了其中一种方式的人也容易达到对另一种方式的理解。再者，他有关灵魂不同部分的观察也会包含一些类比，这些类比将使我们认识难以领会的晦暗不明段落的正确含义。甚至在我们解释这个段落之前，我们也能知道基于诸类比的力量而可以期待什么。

5.因而，我们会迅速检视一遍亚里士多德心理学的整体。我们时不时

---

① 参见《论灵魂》2.4.415a14 及 1.1.402b9。其原因参见《形而上学》，9.8.1049b10ff. 及 1050b29。

② 《形而上学》14.3.1090b19；参见《形而上学》卷 12 最后。

会抵达已被不同评注者不同地解释了的要点，这多少会迫使我们在这上面花费更多时间。另外，我们会完全忽视某些东西，特别会忽略一些生理学的主题，对我们的研究而言，这些主题不再具有多大兴趣，也不是特别重要。

第一部分

总论灵魂及其诸能力

第一章

灵魂的本质及其与身体的结合

1.我们的首要任务就是跟随着亚里士多德确定，人的灵魂属于什么种属，以及灵魂是什么；它是一个实体，还是一个质或量，抑或它是否可在其他范畴中被发现。① 这个研究的起点于是就不得不是下述问题，即，生物与无生物的区分；因为成为活着的与成为被赋灵的意味着同样的事情，而成为无生物与成为无灵的也意味着同样的事情。② 因而，作为活着的生物显然与无生物在实体上是不同的，那么如此被赋灵的是实体，且灵魂属于实体的范畴，这也成为一种实体性区分的基础。③

诸实体间的区分在于其运动与活动的区分是显而易见的。④ 不过人们从每一种运动类型中并不能得出有关实体之本性的结论。把一块被扔到高空的石头——基于它在上升——算作是轻的物体是错误的，这对于所有被迫的运动都同样成立。只有自然地属于一个实体的运动与运作才能被纳入考虑，因为只有这些运动在事物自身本质中才有其原则。⑤ 因而我们就看到我们的难

---

① 《论灵魂》402a22："首先，无疑有必要来确定灵魂属于哪个类以及灵魂是什么；它是‘这个东西’即是个实体呢，还是一个性质和数量，或是某种我们已区分过的别的范畴类型呢?"参见402a7以及《后分析篇》2.13.96b19。
② 《论灵魂》2.2.413a20："我们再从一个新的立足点回到我们的研究，即，通过留意下述事实；其中具有灵魂的东西不同于其中不具有灵魂的东西，因为前者展现了生命"。
③ 因为一个实体的诸原则必定自身就是属于实体范畴的。参见《形而上学》12.4-5。
④ 这个思想成为亚里士多德不少断言的基础。这里我们只指出《论灵魂》中的几个段落：1.1.403a8；2.1.412a13；2.4.415a16；3.4.429a24等处。
⑤ 参见《物理学》2.1.192b13以及20；还有8.4.254b12；《论天》3.2.301b17；《形而上学》5.4。

题转化为以下问题，即，是否生物在其自然的运作与运动上不同于无生物。只有当这是实情时，生物与无生物之间的区分才能被确立为一种实体性的区分，而且灵魂才能被确立为某种实体性之物的生命原则。

不过，显而易见，特殊的运动属于生物；因为当某个东西思考、感觉、运动、进食以及生长时，我们说它是某种生物，且是否所有这些运动还是只有其中的这个或那个运动在一个生物上被发现其实并无不同。①

看来这些运动无疑也都不是被迫的，而是自然的；确实，看来我们在其他事物中感知的运动并没有像在这些事物中看到的运动那样确定。② 因而被赋灵之物在其本性上不同于无灵魂之物；生命是生物的实体性存在，而作为生命原则③的灵魂就不得不属于实体性领域，灵魂成为实体的原则。④

2.生物在实体上是不同于无生物的；死亡与赋生是实体性的变化；⑤ 灵魂是某种实体之物的原则，它也是实体。

不过并非所有成为一个实体之基础的东西都与这一基础上的实体同一。一只动物生出另一只，而生产的与被生产的就不是同一个实体。因而，问题就是，灵魂是否是被赋予灵魂之物的内在原则，或者灵魂是否是不同于后者的实体，因而在其本质上，一个外在的原则与在被赋予灵魂的事物之中只是在下述意义上而言的，即，船员在他所划动的船之中。⑥

可即使在讲了这些内容之后，这仍是不可能的。灵魂不仅是一种偶

---

① 参见《论灵魂》2.2.413a22："那么这个词具有多种意义，只要这些内容之一在一个事物中被发现，我们就说这个事物是活着的。也即，活着就意味着思想及感知或位移与动静，或是在营养、衰退及生长意义上的运动。"

② 因而，亚里士多德在《论灵魂》1.3中说，即使某人想要假定灵魂被迫的运动，他也难以表明它们是什么，406a26："可对于灵魂这种被迫的运动或静止的意思究竟是什么，甚至是难以想象的。"另一方面，他也不否认，把某种运动归于灵魂自身也是合理的，这就是说，运动是生命的机制，408b1："我们说灵魂是痛苦着或喜悦着的，是勇敢或害怕的，是愤怒着的、感知着与思考着的。所有这些都被认为是运动的样式，并且因而会推断说灵魂是在运动中的。"

③ 同上 2.4.415b13："……在活着的事物中，其存在就是去活，而对于其存在与活着而言，它们中的灵魂就是原因或本原。"

④ 同上 2.1.412a19："因而灵魂必定是一个实体……"

⑤ 《长寿与短命》2.465a26。

⑥ 《论灵魂》2.1.413a8："而且，灵魂作为身体的现实是否是在船员作为船舶的现实的意义上讲的，对于这一难题我们尚不清楚。"亦可参见《物理学》8.4.254b27。

性，也不是与被赋灵之物偶然关联的实体，因为在这种情况下，生命的机制就不会是像我们刚讲到的被赋灵之物的自然运动那样，而是一种被迫，就像被船员发动的船的运动是一种被迫运动一样。生命机制的基础是生物的本性；因而，如果其原则是灵魂，那么灵魂就不能被从那种本性中分离；因而灵魂就必定是生物——这个生物与灵魂形成一个实体——的一个内在原则。①

3.经验教导说地球上的所有生物——就它们能被观察到而言——都是有朽的。生物变成某种无生物，正如反过来生物从无生物中产生一样。死亡与赋生的转变尤其清晰地表明，（尘世间的②）有形存在者并不仅仅承受偶性的变化，而且也承受实体的变化。对于生物与无生物而言，我们说它们是不同的实体；而且，如果一个无生物源于一个生物，而一个生物又源于一个无生物，那么一个实体就转变为另一个实体。

于是，从这里得出，这些生物与无生物由两种原则内在地构成。因为我们已经发现灵魂是生物的一种内在原则，我们看到这导致一种新的困难，即，人们应当把灵魂作为这两个原则的哪一个呢？③

因为在承受变化的万物中都可被区分出两种东西：一种是在变化过程中保留的并作为变化的基础，而另一种则是在这一过程中通过变化消失的。④我们已经说过有某种东西保留下来；因为如果什么也没被保留下来，如果最初是一个东西而接着成为另一个东西，那么我们就不能说一个变成了另一个、或这个事物先前是那个事物。如果一个东西已经完全消亡了，而另一个作为全新的某物占据了其空间；那么一个就不是出于另一个，而是后于另一个。

不过同样清楚的是，在每种变化中必定有某种东西消失了；因为如果万

---

① 《论灵魂》2.2.414a20："……它不是一个身体而是与一个身体相关的某物。"
② 亚里士多德认为天体是不朽的。因而，他在《形而上学》12.1.1069a30说："有三类实体——一类是可感的（其中一类是永恒的而另一类是可消亡的……）；而另一类是不运动的……"
③ 《论灵魂》1.1.402a25："此外，灵魂是属于潜在的存在类别呢，还是毋宁说它是一种现实性？我们对于这个问题的回答是非常重要的。"参见《论灵魂》2.1.412a7以及2.414a4。
④ 对此以及接下来的内容，参见《物理学》1.7.190a14，b10ff；《形而上学》8.1.1042a32；12.2.1069b3。

物都被保留下来，那么就不会有生成和改变，而是完全静止的了。

于是，例如位移就假定了一个物体，它可以潜在地既在这里也在那里，它在运动中保持同一，而其位置的规定则持续变化。相似地，在受热的过程中，潜在地是冷的或热的一个物体，在冷被热取代之后这个物体继续存在。这在任何膨胀与偶性的变化情形中都是相似的；一种偶然形式丧失了而另一种则取而代之，不过实体——它包含着这种以及那种潜在性——作为偶性生成的主体而持存。

可是，是什么奠定了实体性——例如在活着的与无生命的物体之间——变化的基础？是另一个真实的实体还是毋宁说是偶性？两者都不可能。因为在前种情况下，实体不得不成为另一个实体的偶性，这是不融贯的；而在后种情况下，实体与偶性之间的关系便不得不是完全反过来的：偶性会成为实体的主体，而事实上实体是偶性的主体。① 因而就只剩下下述假定：在生成与消亡之间共同的——奠定实体性变化的——东西确实是某种实体性之物，虽然它根本不是一个真实的实体，而只是一种实体的潜在性。在其中我们不会看不到存在的最终主体，因为与偶然的潜在性不同，这种主体不会依附于另一个主体。②

正是这种主体贯穿了各种实体性的现实性，它起初是这一个尔后成为另一个；主体以一种现实性内在地构成了消亡的东西，并且实体从中发展出生成的东西，它以构成它的两种要素之一继续存在于后者之中。③ 亚里士多德称这种主体为质料④、在质料意义上⑤或是在基质意义上的实体，⑥ 或是某物

---

① 参见《形而上学》7.13.1038b27、b29。

② 《形而上学》，7.3.1029a23："[因为存在着某种东西，上面的东西都是谓述它的，它的存在不同于每一种谓词的存在] ——因为不同于实体的谓词都是谓述实体的，而实体是谓述质料的。因此，终极的基质自身既不是一个特殊事物，也不是一种特殊的量，也不是其他否定性的特征……"

③ 要素（stoicheia）一词的这种意义在别处也会出现，例如在《形而上学》12.4.1070a34，以及在这章和下章。这里不是在通常简单物体意义使用的。

④ Hylē；例如《论灵魂》2.1.412a9，a19；《形而上学》8.1.1042a27 以及许多其他段落。

⑤ hōs hylē ousia；《论灵魂》2.1.412a7；《形而上学》8.2.1042b9 以及其他地方。

⑥ Hypokeimenon；《论灵魂》2.1.412a19；2.414a14；《物理学》1.9.192a31；《形而上学》1.3.983a30；7.8.1035a28，31 以及 13.1038b2。作为基质的实体 [hē hōs hypokeimenē ousia]，见《形而上学》8.2.1042b9。

从中得以产生的原则，或是① 容器、② 潜在性或潜在性中的实体、③ 非存在物④
等。与此相应，他称另一个原则为形式、⑤ 现实性、⑥ 完成、⑦ 在其中某物发生
变化的东西（即在其中它转变为它变化成的样子），以及处于现实性中的质
料中的东西、⑧ 实存的基础、⑨ 鉴于此某物是其所是的东西、⑩ 种属、⑪ 概念、⑫ 本
质或首要本质、⑬ 曾是之在、⑭ 以及诸如此类的名称，而这足以表明实体如何

---

① ex hou gignetai；例如《形而上学》1.3.983b24；3.4.999b7；5.2. 开头；7.7.1032a17。《物理学》
　　1.9.192a31；ex hou；《形而上学》7.7.1032a21；5.2.1013b20；参见 5.4 开头；等等。

② Dektikon；《论生成和消灭》1.10.328b10；《论灵魂》2.2.414a10；《形而上学》5.4.1015a16；
　　等等。

③ Dynamei；例如《论灵魂》2.1.412a9；414a16；潜在地存在之物 [hē dynamei ousai]，例
　　如《形而上学》8.2.1042b10；作为潜能的"这个"存在 [dynamei todi ti]，《形而上学》
　　1042a27。

④ mē on；例如《物理学》1.8.191b27；《论生成和消灭》1.3.317b15；《形而上学》4.4.1007b28；
　　14.2.1089a28，亦可参见 7.3.1029a24。

⑤ Mophē；例如《物理学》2.1.193a30，以及 b4，18，19；《论灵魂》2.1.412a8；2.414a9；《形
　　而上学》8.6.1045b18。

⑥ Energeia；例如《论灵魂》2.2.414a9；《形而上学》8.2.1043a12，20；3.1043b1。

⑦ Entelecheia；例如《论灵魂》2.1.412a10；2.414a16，25；《形而上学》7.13.1038b6；参见
　　5.24.1023a34。

⑧ eis ho metaballet；例如《形而上学》12.3.1070a2；a11；参见 9.8.1050a15。

⑨ to aition tou einai；《论灵魂》2.4.415b12。

⑩ to kath'ho；例如《形而上学》5.18 开头；7.7.1032a21；《论灵魂》2.1.412a8。

⑪ eidos；例如《论灵魂》2.1.412a8，10；《形而上学》7.7.1032b1。

⑫ Logos；例如《论灵魂》1.2.403b2，8；2.2.414a9，13，27；《论动物生成》1.1.715a5，8；《形
　　而上学》8.1.1042a28；1043a12；12.2.1069b34；依照界定的实体 [ousia hē kata ton logon]，《论
　　灵魂》2.1.412b10；《形而上学》7.10.1035b15；与事物的界定相应的形式 [eidos kata ton
　　logon]，《物理学》2.1.193a31。

⑬ Ousia；例如《论灵魂》2.4.415b11；prōtē ousia；《形而上学》7.7.1032b2；13.1038b10。对此，
　　可参考 Adolf Trendelenburg, *Geschichte der Kategorienlehre* (Berlin, 1846), p.40。

⑭ to ti ēn einai；例如《论灵魂》2.1.412b11；《形而上学》1.3.983a27；7.7.1032b1，14；
　　10.1035b32 以及 13.1038b3。对于这个术语，参见 Adolf Trendelenburg, "Das *to heni
　　einai, to agathō einai* und das *to ti ēn einai* bei Aristoteles,*" Rheinisches Museum* (Bonn,
　　1828), no.4.Adolf Trendelenburg, *Aristotelis De Anima Libri Tres*(Jena, 1833 [2nd ed., Berlin,
　　1877; reprint, Graz, 1957, see above, Bk.1, n.86] , and *Geschichte der Kategorienlehre*, pp.
　　34ff.;Albert Schwegler, *Die Metaphysik des Aristoteles*(Tübingen, 1846-47 [reprint ed., Frank-
　　furt am Main:Minerva, 1960]), 4:369 ff.; Hermann Boniz, *Aristotelis Metaphysica*, 2 vols.(Bonn,
　　1849 [vol.2 reprinted, Hildesheim: Georg Olms, 1960]), 2:311ff.; Eduard Zeller, *Die Philoso-*

只是通过这种原则而获得存在与本质性规定的，虽然如此这般的质料是未被规定之物。①

现在让我们回顾一下，我们有关灵魂已经确定了什么。我们已经认识到它是某种实体性之物，也是被赋灵实体的一个内在原则；于是被赋灵实体就其属于实体性变化——即就其是有朽的——而言，结果就被两种原则内在地构成，其中一个是在质料意义上的实体，而另一个是在形式意义上的实体。两者之一就是灵魂；可这两者中的哪一个是灵魂呢？

这个问题容易解决：因为在消亡的事物中灵魂就不再存留，而且正是由于灵魂决定生物的本质，这使它进入某种真正活着的事物之中，它显然不会是质料而必定是为了现实地存在而对实体潜在性的实现；它必定是使质料赋生的东西，是实体性的形式，是现实性，是活着的存在者的实现。因而下述就是所有有朽者灵魂的共同概念："灵魂是潜在地具有生命的一个自然物体的首要实现"。②

不过这样一个身体是有组织的，因为甚至植物的诸部分也是器官，虽然其器官比动物的器官简单。于是叶子就是对籽壳的保护，而籽壳又是对籽的保护；根茎相似于嘴，因为通过它们植物摄取其食物；于是把一个有朽存在者的灵魂描述为下述内容也是允许的：即，"拥有器官的自然物体的首要实现。"③

4.我们的这些研究结果解释了一组经验事实，而那些把灵魂设想为一种分离实体——它寓于身体中并且以船员移动船体的方式来推动身体——的人

---

① Aoriston；《物理学》3.6.207a30；《形而上学》4.4.1007b26 及 5.1010a3；7.11.1037a27；参见 3.1029a20。因而它自在地不可认识。《物理学》3.6.207a30。《形而上学》7.10.1036a8："质料自在地不可认识。"亦可参见《物理学》1.7.191a7。

② 《论灵魂》2.1.412a27："这就是为何灵魂是潜在地具有生命的一个自然物体的首要实现。"参见 2.414a4；《形而上学》7.10.1035b14；8.6.1045b11；1045b16；12.3.1070a21-27 等处。

③ 《论灵魂》2.1.412a28："如此描述的物体是有组织的。植物的诸部分虽然极其简单，但也是有'器官'的，例如叶片保护果皮，果皮保护果实，植物的根茎就像动物的嘴一样，它们都是用于吸取食物的（参见《物理学》2.7.199a23）。那么，如果我们不得不给出适用于所有灵魂种类的一般公式，我们就必定将其描述为拥有器官的自然物体的首要实现。"

对此几乎不能给出一个站得住脚的理由。

于是，如果这种观点是正确的，那么任何质料被赋灵从而它具有任何灵魂就都是可能的，那么例如为何不是一个动物的灵魂进入一个人的身体，又为何不是一个人的灵魂进入动物或植物的身体、抑或进入一块石头呢？不过，经验告诉我们，只有特定构成的身体才以下述方式具有一个灵魂（事实上是具有某种特定的灵魂①），即，如果身体遭受了一种毁坏其本质的变故，那么特定灵魂在其中就不再能被找到。然而哪里有这种现象呢？哪种普遍性足以确保其必然性呢？这对我们而言回答是容易的：灵魂自身规定了其身体的本质，因为它正是活着的身体的现实性。确实，一个生物的灵魂不可能居于另一个身体中，正如长笛的本性不能进入小提琴中，以至于人们可以拿小提琴当长笛吹。②

---

① 人们会反对这一点说，经验不会告诉我们灵魂的不同种类只能在某类身体上被发现，而只能告诉 [当它们在相异的身体时]，它们永不会通过其活动表明自身。不过人们会想，如果后者永远不是我们经验中的情形，那么它显然就不会是实情。可为何一头狮子的灵魂在一只兔子的身体中不能表现出其专属的勇敢呢？为何一条狗典型的忠诚灵魂不会附着于一只猫的身体上呢？假定人们甚至会就下述问题找出一种原因，即，为何狮子的灵魂与狗的灵魂不能将其特定的能力与优长体现在相异的身体中（在将动物灵魂置入植物的情形以及将植物灵魂置入无机物体的情形中，缺乏适当的器官确实会是一种充分的解释）？不过，这种身体与灵魂的结合显然是没有目的的，且只是出于这个原因它们就可以被很好地拒绝。因而，我们能够限定性地说，某类灵魂通常寓于某类身体之中。因为这是普遍的情形，也是必然的情形，且这种必然性的基础必定要被找出；这必定会从一种被恰当理解的灵魂概念中得出。（这种结合是没有目的这个单一的发现并不会让我们不追问这个问题。）

② 《论灵魂》2.2.414a20："……灵魂并不是身体，只是相关于身体。这就是为何灵魂是在身体中，在一个特定种类的身体中。因而，以前的思想家所认为的是错误的，即，只是把灵魂塞进一个身体之中，也不管是什么种类和什么性质的身体。反思会确证观察到的事实：任何既定事物的现实只能被实现在已经潜在地是这个事物的东西中，也即实现在和它相应的质料中。"同上 1.3.407b13："不论是在我们刚才检验的观点中，还是在大多数有关灵魂的理论中，都包含着下述谬误：人们都将灵魂与身体结合起来，或把灵魂置入身体中，但不去附加这种结合的特别原因、以及由此所要求的身体性条件。可这种解释几乎是不可消除的；因为这种自然的共同体被下述事实所预设，即，一个是作用的另一个是被作用的，一个是运动的另一个是被推动的；这种相互作用通常意味着在两种被考察的本体中存在着一种特殊的本性。然而，所有这些思想家所做的是描述灵魂的特定本性；它们不会试图规定包含灵魂的身体的任何东西，就像在毕达哥拉斯的神话中所讲的东西也是可能的，即，任何灵魂可以进入任何身体——这是个荒谬的观点，因为每个身体看来都具

5. 另一个现象也以这种方式被解释了，这个现象显而易见地附加在对我们灵魂观的确定上。经验告诉我们，在植物中被用于每个分离部分的东西预设了植物生命的功能。且相似的观察可以在某些动物中得出：如果它们被切分为部分，那么各部分都具有感觉且能够移动。因而它们显然都具有意象和感性欲望，因为这些部分是感觉的不可分离的伴随者。因而，在这些情况下，两个被赋灵的存在者就源于一个存在者；[①] 因而不仅身体性的实体倍增了，灵魂也倍增了，灵魂的倍增事实上是通过倍增的身体性实体之分离而实现的。[②] 因为没谁会仍然希望断言，一个部分通过灵魂而具有生命与感觉，可这一灵魂却位于另外的部分。而如果这是不可能的，相反，如果每一部分都包含了其自身的特定灵魂，那么这里的问题是，当突然处于这种随机情况

有其自身的形式和形状。这就好像说木工技艺也可以使自身在长笛中得以体现；每种技艺都必须使用其自身的工具，每种灵魂都必须使用其自己的身体。"

[①] 有些现代心理学家认为，并没有专属的感觉，因而也没有灵魂会被归于这些部分，并且它们显而易见的生命展现——虽然它们被误以为像是出于意识的——应当被看作机械性的反射运动。不过这种解释是非常不令人满意的，正如被那些动物的种类所表明的那样，这些动物的诸部分是长着整体的动物组织的，而这种组织并不缺乏属于原初动物的一种单一的活力。我很好地注意到下述事实，即，为了说明这个事实，人们背离了通常的解释，并且在进一步的假定中寻求庇护（即在一个身体中具有多个动物灵魂），这个假定与原初的假定是完全不相关的。这一进程的随意性与无目的性——尚不讲其古怪性与不一致性——完全证明了人们对于这两种解释都是不满意的。解释的基础在两种情况下必须是同一的，因为在这两种情况下被解释的现象是相同的。亚里士多德并不熟悉任何一种情形，即在其中诸部分是继续存活的。不过在其他情形中，他正确地评论道，并没有这样的结果，即，一个被切分动物的诸部分不会继续存活。他认为这在于维系生命所需要的器官的缺乏。（《论灵魂》1.5.411b22；《长寿与短命》6.467a20；《青年与老年·生与死》2.468b5。）对一个完全活着的存在者断绝其获取食物的器官，再对另外一个切开其静脉。两个东西都不会继续存活；不过谁会希望断言说，出于这个原因，所有在被切开后表现出的生命迹象都仅仅是表面现象呢？事实上，这个解释有助于下述观点，即，我们应当拒绝动物具有灵魂与生命，这个观点是违背所有合理的常识而被坚持的，且这可以被称为部分怀疑论的。

[②] 《论灵魂》2.2.413b16："正如在植物的情形中，当被切分后它仍被看到继续存活，虽然彼此在距离上有所分离——这表明，在它们的情形中，每个个体植物的灵魂在其被切分之前的现实性是一而潜在性是多——因而我们注意到在其他灵魂的变化上也有一种相似结果，比如已经被切为两段的昆虫；其中每一段都既具有感觉也具有位移；而如果有感觉，也就必然具有意象和欲望；因为存在感觉也就会存在快乐与痛苦，那也就必然会有欲望。"参见 1.4.409a9 以及前面注释中引述的段落。

时，第二个灵魂就出现了，如果这个灵魂确实不属于身体自身的本性的话，那么这个灵魂在本质上是与身体分离的吗？且这个灵魂是其自身的实体吗？确实，寻找任何解决这种困惑——它具有各种可能性——的途径都是非常困难的。

不过，对我们而言解释就在手边。如果一个三角形被划分为两个，那么它们就不再是原来那个三角形的形状；在原来一个三角形的地方就偶然地出现了两个新形状。它们从哪里出来的呢？它们都曾潜在地位于一个现实的三角形中。其他偶然的形式以及可朽坏事物的实体性形式在相似条件下也以同样方式运作。如果一个身体性实体被切分为几个身体，那么在切分之前它就在现实性上只包含了一种实体性的现实性，而在潜在性上则包含着多个实体性的现实性，通过这种现实性，被产生诸身体的复多性现在就成为现实的。被产生的身体与被毁坏的身体是否属于同类有赖于特殊的情境。例如当一块石头分散为几块同类的石头时通常便是这种情形；因而，如果在某种情况下从一个活着的身体分离出由其产生的两个同类的活物，这也不是特别奇怪的事情。在现实上具有一个灵魂的地方，潜在地则具有两个灵魂；① 因为这样一个灵魂不是别的，只是被赋灵之质料的实体性形式；它并不是一个分离的实体；它本质上属于身体，而只是通过抽象的理解才被设想为某种分离的东西。这就解释了并从而轻易地把一个现象涵盖在普遍规律之下，而如果有人持有另一种有关灵魂的概念的话，那这个现象看上去就会是非常奇怪的。

6.我们可以看另一个问题，即，已经严肃地吸引一些心智以同样的简单性来解决的问题；我们所意味的是这样的问题，即，灵魂以什么方式与其身体关联并与身体形成了一个统一体。

因为如果灵魂是实体性质料的一种形式，那么灵魂就在质料中并且与质料是合一的，正如偶性质料中的偶性形式与质料是同一的一样。因而为了表明印记与形成这种印记的印章是如何同一的，没必要去进行一种研究；去研究身体与灵魂的统一性及其在身体中的存在方式同样是不必要的，因为没有比存在于潜在性及其现实性中的统一性更为内在的统一性了。②

---

① 参见上个注释。

② 《论灵魂》2.1.412b6："这就是为何完全没必要去追究灵魂与身体是不是一；正如没必要去追究蜡块与被印章在蜡块上给出的印记是不是一，以及一般而言一个事物的质料与以

7. 灵魂是生物的现实性。有朽存在者的灵魂因而自身就不是生物，不过由于生物在这里由形式与质料构成，灵魂只是生物的一个构成部分。①

不过，也存在着不朽的实体，例如，那些不具有质料的东西，即纯粹的现实性；而且它们也能够具有生命，因为正如我们看到的，身体在我们所称为的生命功能中，特别是在思想中并不参与其中的一些运行。因而在这种精神性存在中，灵魂与被赋灵的就是在一起的，因为它们是纯粹形式；灵魂不仅是这样一种东西，即，经由它而使生物成为活着的，而且，灵魂自身就是活着的。②

最后，第三种情形也是可设想的，即，一个生物是部分有朽而部分不朽的，那么其中一部分就是纯形式，而另一个有朽的部分就既由质料也由形

它为质料的一个事物是否是一那样。'一'——正如'是（存在）'一样——具有多个意义，不过二者最专属与基本的意义就是一种现实性与之为现实之物的关系。"参见《形而上学》8.6.1045b7 到最后。

① 在由质料与形式构成的事物情形中，形式不是具有存在的东西；毋宁说，正是鉴于形式，那个具有存在的东西才存在；质料就是通过形式而具有存在的东西。《论灵魂》2.1.412a6："我们来——作为对所是的一种规定——认识实体以及它的多种意义：(a) 在质料的意义上，或者在其自身不是'这个'的意义上；(b) 在形式或本质的意义上，正是有鉴于它一个东西才被称为'这个'；(c) 在前两者结合的意义上。"这也被以下述命题表述：形式不会具有生成（《形而上学》7.8.1033b5-19；8.1.1042a30；12.3 的开头以及其他地方）；这是因为，由于形式不先于生成（12.3.1070a21），那就不会是：只要有生成，就会有生成之物；因而也不会是：在生成已经终止后有某种东西生成。因而形式就是那具有存在的东西，不过只是后者的一个部分；形式是伴随着具有存在的东西且在后者之中的。由于被激活的实体的存在是生命（《论灵魂》2.4.415b12），那么就不是灵魂活着，而是经由灵魂的身体活着。并且由于是身体而非灵魂活着，那么也就是身体而不是灵魂执行生命的功能，只有这种生命才经由（durch）灵魂来实施。因而亚里士多德谈到（《论灵魂》1.4.408b11），说灵魂是愤怒的是不合适的，正如说它建立一个建筑一样不合适；在另一个段落，他拒绝了感性图像是在灵魂中的（3.4.429a27），或是灵魂具有欲望、害怕、欲求、怜悯等（1.1.403a5-6）。

② 参见《形而上学》12.7ff。在 12.7.1072b29 亚里士多德称神为"活着的存在，是永恒且最好的"（参见 5.26.1023b32），并且就此谈到一种神的灵魂。不过由于神是纯粹现实性（12.7.1072a25），这个灵魂同时就是被激活的东西 [empsychon]。因而他不仅称神为"活着的存在"[zōon]，而且也称之为"生命"[zōe]（b28），在讲过神是被赋予生命的以及是永恒持续的之后，他附加道："因为这是神。"（当然，通过生命在他看来更意味着生命活动而不是活着的东西的存在；不过在神的情形中——虽然不是在其他活着的实体中——这两者是一致的。）

式构成。人们不会反对下述假定，即，如果一个单一的实体会包含这两种异质性的部分，那么它就是不一致的。不过，我认为，这也不能反对这种假定的可能性，因为许多明证的事实特别是源于植物与动物世界中的事实，不足以作为例证来否证对不一致的这种反对。正如我们已经看到的，植物与动物是活着的实体，而在它们全部之中，特别是在其中较高级的种类中，器官的复多性和多变性就是非常明显的。因而这里的各部分就具有最异质的属性与最多样的潜质；不同的器官是不同要素的混合，①不过这种变化与对比不会取消生物存在的统一性——即实体的统一性。因而人们不能从可朽与不朽的差别预先得出，它们在一个活着实体中的结合是不可能的。

而在这种情况下，灵魂凭自身既不是完全活着的存在，也不是仅仅激活质料的原则。只有灵魂的一部分与质料混合；于是，灵魂以其一部分激活了质料，而其另一部分自身就是活着的且是生命机制的主体。因而，如果这个实体的身体性部分朽坏了，那么就只有部分的灵魂随之朽坏并且被其他形式——这种取代的形式在质料中就成为现实的——取而代之。那不具质料的另一部分的灵魂就不会被这种朽坏所触动，不过它会作为一个永不终结的实体继续引领一个生命。

正如他们所言，如果灵魂在身体死亡之后不会朽坏，那么人类灵魂就必定是这样一个灵魂。正是如此。我们会从人的活动中表明，人只是部分地不朽的。现在，我们足以把这样一种实体的可能性引入视野，这种实体部分地不朽部分地有朽。②

8.让我们简要概括至此的研究结果。内容如下：灵魂是一个活着的存在

---

① 因而亚里士多德反对恩培多克勒；后者已经把灵魂界定为，诸要素混合中的比率；不过这既不能确定灵魂的统一性，也不能确定属于活着的身体的东西，亚里士多德认识到动物——因为它们能够从一个地方移动到另一个地方——是自己运动的实体；不过他通过其诸部分的复多性与变化性来解释这种自动运动的可能性。（《物理学》8.4.254b13，27）

② 亚里士多德自己也基本承认这一点，例如在《论灵魂》1.1.403a3以及2.2.413b24。他为何如此做的原因在于上面提到的——即他在2.4.415a16中提出的——一般规则。因而在《论灵魂》的前两卷他确实接触到了理智部分的精神性问题。其中有一些段落清楚地表明了其观点（参见下一个注释），而且在一些地方他甚至确定性地阐明了其观点，并且也准备证实它。不过他只有在卷三才能穷尽这个主题——即在对理智活动的探究已经为他提供了所需要的证据之后。

者的实体性实现；因为我们在世上发现的活着的实体都至少是部分地可朽坏的，因而它由质料与形式构成，每个世间存在者的灵魂都是一个实体性的形式，这种形式要么全部地要么部分地是一个潜在地活着的有机身体的现实性。①

---

① 《论灵魂》，2.1.413a4："从这里可以毫无疑问地得出，灵魂与其身体是不可分的，如果灵魂具有部分，那么这些部分也是不能和身体分离的，因为它们中一些部分的实现也正是身体部分的实现。不过有些部分或许是分离的，因为它们根本不是身体的实现。"

第二章

人类灵魂的诸部分

9.我们现在转向与我们刚才讲过的内容紧密关联的几个问题，这会导致我们的一种转变，即，从对一般性灵魂的考察转变为对亚里士多德特殊心理学的考察。

我们首先问道：在世界上活着的存在者中是否存在实体种类上的差异，因而是否也存在灵魂种类上的差异，或者是否它们都具有相同的本质？①

其次，我们问道：是否同一个生物会被赋予几个灵魂，或者这是否是不可想象的？②

最后，我们会问道：在灵魂中，诸部分的复多性是否能被区分出来，以及是在什么意义上被区分的？③

10.为了解决第一个问题，我们必须返回前面提到的原则，即，在自然运动的不同类型中不同自然物之间的区分是明证的。因而，如果生活在世界上的所有东西都分享了同样的生命机能并非实情，那么这就提供给我们有关下述说法充分的证据，即，活着的实体以及相关的灵魂作为规定其本质的内

---

① 《论灵魂》，1.1.402b1：“[我们必须考察] ……灵魂是否到处都是同名同义的；如果不是同名同义的，其变化的形式是种上还是属上的不同。”

② 《论灵魂》，402b9：“……如果不存在灵魂的复多性而只存在一个灵魂的多个部分……”
同上，2.2.413b13：“这些能力（即自身营养、感觉、思想及运动等诸能力）的每一种都是一个灵魂呢，还是它们是同个灵魂的一个部分？”

③ 《论灵魂》，1.1.402b1：“我们也必须考察灵魂是可分的还是没有部分的……”

在原则必定是异质性的。①

于是植物与动物的灵魂属于不同的种类就成为明证性的。虽然动物与植物具有营养、生长以及繁殖等这些共同的植物性功能，可植物不会分有在动物身上发现的感觉。再者，一些动物仅仅具有触觉与味觉，而另一些则将触觉与味觉与其他感性活动结合在一起。最后，并非全部动物都分有位移，而且甚至在这些活着的存在者中也存在着一种区分，其中我们发现了植物性能力以及与位移结合在一起的所有感性能力：它们之中大都缺乏理性地进行思考的能力，而这表现为把人与地球上所有其他生物区分开来的馈赠。② 在生命的各种渐变中，种类上的复多性显然成为引人注目的。

11. 那么每种较高级水平与较低级水平能力的结合便增加了新的能力。这假定了下述思想：这个较高级的生物除了较低级者的生命功能之外，还包含了后者缺乏的某些能力；为何这不会也包含一个相应的生命原则呢？就是说包含一个像较低级生物灵魂的灵魂，即，在这个灵魂之外的另一个对它而言特殊的灵魂。人们会认为较高级与较低级者之间的区分也能以这种方式被解释。

不过，这种假定是不被允许的，而且与我们研究已经得出的结果相矛盾。一种质料永远不能同时被多种形式规定，③ 一个现实的事物永远不能通过多种现实性而成为现实的；④ 因而，正如我们已经看到的，如果灵魂是生

---

① 参见《论灵魂》，2.2.413b32 以及 413b11。

② 《论灵魂》，2.413a22；3.414a29；415a1；3.12.434a22。

③ 《物理学》1.7.190b28："形式是单一的。"《形而上学》12.4.1070b19："这三个本原（即形式、缺乏和质料）对于每类事物都是不同的：例如对于颜色而言，它们是白、黑和面，而对于白天与黑夜而言则是光、暗和空气。"参见《形而上学》5.6.1016a24 和 28；1024b9。因而如果多个形式同时在同样的质料中，它们就不得不属于相同的种，例如立方体与球体这些形状，或者红与绿这些颜色。可如果这些能被结合的话，那么冷也能被与暖结合，例如冷能同时是暖，以及一般而言，每个东西都能够成为其自己的反面。不过这与同一律是冲突的，《形而上学》5.10.1018a22 中的界定正是基于同一律的："……那种不能在受体中同时呈现的两种属性被称为对立的——无论是它们本身还是其构成部分。白色和灰色不在同一时间属于同一事物；因而它们的构成部分是对立的。"如果不是如此的话，我们的思想就会失去所有支撑；因为不会有什么东西支持对同时是错、被肯定的同时是被否定的。《形而上学》4.3.1005b26；5.1009a34；《论灵魂》3.2.427a5。

④ 《论感觉及其对象》7.447b17。

物的实体性现实，那么任何被赋灵的事物被多个灵魂赋灵和激活就是不可想象的。①

实体从其形式中获得了存在与统一性；② 因而，我们不会允许假定人之中灵魂的复多性，这种复多性统一在某种统一体中，只是因为它们共同寓居的场所是在相同的身体中。相反，我们必须说，正是人的灵魂给出了身体诸部分之统一性；这就是在死亡中身体被褫夺了灵魂后我们就看到身体会分解的原因。③

12. 我们现在来看第三个问题：灵魂的诸部分具有复多性吗？这可以在什么意义上被断定？

只要存在诸部分的地方，就存在分离或分离性。④ 这对于一个事物诸部分的逻辑区分与现实区分同样成立；因为种类的概念不需要特别区分就可被发现，虽然相反的情况并不成立，⑤ 且如果一个人用对角线划分一个四边形，

---

① 这显然与我们哲学家的基本理论存在着矛盾。因而在《论灵魂》1.1.402b9 亚里士多德几乎没触及这个问题，他略过了这个问题。他假定在某种程度上熟悉其理论的人在这个方面不会具有严肃的怀疑，他甚至自己报道说，先前的哲学家——例如恩培多克勒如果像其习惯性地将其断定坚持到底的话——已经预设了一种灵魂的复多性。同上，1.2.404b12。

② 同上，2.4.415b12，他说："在万物中，本质就等同于其存在的基础。"不过统一体与存在是聚集在一起的。《形而上学》4.2.1003b22："存在与统一体是同一回事情，它们相互蕴含就像原则与原因相互蕴含一样。"亦可参见《形而上学》3.4.999b21。

③ 参见《论灵魂》1.5，在 411b5 处他说："有人认为灵魂是可分的，且其中一个部分是思想，另一个部分是欲望。那么，如果其本性允许其被分离，那么什么又能把诸部分结合起来呢？确实不是身体；相反，看来倒是灵魂将身体统一在一起；无论如何，当灵魂离去，身体就会分解和朽坏。于是，如果有某种别的东西使灵魂成为一，这种进行统一的主动者最好就要冠之于灵魂之名……"乍一看，这一段看来不属于这里，因为亚里士多德并未谈到一种灵魂的复多性，而是在谈灵魂的构成部分。不过这两个问题之间的差异并没有那么大，因为——作为探究的过程表明——他在一种不同生命原则的秩序总体的意义上谈论灵魂的构成部分。因而他提出了下述问题，即，它要么是一 (hen)（不是"单纯"[haploun] 或"没有部分"[amerēs]），要么就是由多个部分 (polymerēs) 构成的。他在 410b10 反对恩培多克勒的观点时说："可能也会有人提出下述难题，即'将诸要素统一到灵魂中的东西是什么呢？'看来诸要素是与质料相应的；统一它们的无论如何是最重要的要素。但不可能有某种东西优先于灵魂并统治着灵魂……"

④ 因而，亚里士多德在《论灵魂》2.2.413b14 问道："如果是一个部分，是在什么意义上的部分呢？一个部分仅仅是在界定上可区分呢，还是也在位置上可区分？"参见《形而上学》5.25.1023b12。

⑤ 《范畴篇》3.1b16。

那么他实际上就将其划分为它所包含的两个三角形。因为正如我们讲过的，世上所有活着的存在者都由形式与质料构成，灵魂与被赋灵之物并不意味着同样的东西；因为灵魂在这里自身并不是一个生物，而只是一个生物的原则（这个声称甚至在人的情形中也只是遭遇到一种有限的例外）。因而，显而易见且至关重要的是，正如灵魂不是生物，因而走向生命与死亡的以及消解在诸部分中的也不是灵魂，而是被赋灵之物。①

不过下述情形同样显而易见，即，只有被赋灵之物直接处于实体范畴中，而灵魂既能被归入这个最高等的种类概念之下，也能被——只是衍生性地——归入特殊的概念之下；②其原因是，灵魂在这里并不是一个独立的存在者，而只是包含着质料的那个存在者的内在原则。其一个结果是，灵魂并不具有一种独立的界定，而只是能被借助其他构成即质料而得以界定——正如已经在前面给出的灵魂的普遍界定所显示的那样。③因而这就遵循着前面讲到的相似方式，即，人们不能谈论灵魂的诸部分——这些部分专属而直接性地属于灵魂。

不过，灵魂是拥有其所有部分的整体事物的形式。因而，被赋灵之物的这些部分以及我们以前面的方式区分出的诸部分，能够如其所是地被转移到灵魂。灵魂规定了概念及其所有种差；它激活了生物以及生物的所有器官；眼睛随着动物的死亡而死亡，在动物死亡之后它只能被同名异义地称之为眼睛。④

13. 我们因而已经熟悉了两种方式，以这两种方式，诸部分的复多性能够在灵魂中被区分开来。这两种方式为灵魂增加了相关的实体——灵魂正是这种实体的形式——之部分，且一种相似类型的区分对于质料实体的所有形式都是可能的。

---

① 参见上述第 57 页注释②。

② 参见我的论文 *Von der mannigfaltigen Bedeutung des Seienden nach Aristoteles*[Freiburg, 1862;reprint ed., Hildesheim, 1960]，p.138ff.

③ 参见上述第 54 页注释②、③。

④ 《论灵魂》1.4.408a25；2.1.412b17；《天象学》4.12.390a10；《论动物生成》2.1.734b24 以及 735a6。如果人们在被赋予灵魂的存在者中区分诸实体性部分，亦即，如果人们将其作为一个整体与它的两个内在原则质料与形式比较，那么其部分的复多性（即质料与形式）就无法被归于灵魂，因为作为一个整体的灵魂被认为是从质料中抽象出来的。

　　而灵魂作为一种活着的实体的形式同时就是生命功能的首要原则；所有生命能力都根植于此。① 那么生命诸功能的领域以及生命诸能力也都具有诸部分；它们其中有些实际上就是与其他部分分离或可分离的。因而如果我们发现一些这样的部分统一在一个生物中，我们就必须把生命诸能力的总体及其所有部分也都归于灵魂。而鉴于我们也可以称诸能力领域的这些部分为灵魂的诸部分，那么当我们说被赋灵存在者的诸部分时，也正是以同样的方式来讲的。

　　不过这种对诸部分的区分是双重的；一个遵循着物理的区分，另一个是对实体的逻辑划分。(还存在另一种诸部分的复多性，即等同于诸能力的数目，这些能力在概念与存在上都是彼此不同的，② 但它们从不会独自发生。我们无意讨论这种。) 因而剩下的就是诸能力的区分，其中一种能力位于实体的一可分离部分，而另一种能力则位于实体的另一个可分离部分（即对主体的不同部分的区分），③ 且另一方面，诸能力的区分是鉴于：并非所有生物具有其中一部分也就具有其他部分（区分是相对于不同种类的）；这些留待单独考察。

　　就第一方面而言，人的不朽部分的能力与其余部分能力的分离将对我们变得重要。④

　　就第二方面而言，我们已经看到，植物性能力与触觉是可分离的，它与更高级的感觉能力也是可分离的，且感觉能力与位移又是可分离的，而这些又与理性能力是可分离的。当亚里士多德区分灵魂诸部分的时候，他大致是鉴于其诸能力领域来区分这些部分的，而这些能力是通过参考诸物种而成为可分离的。⑤

---

① 参见《论灵魂》2.4.415b21。

② 《论灵魂》，3.10.433a31；参见 2.2.413b29。

③ 对此，亚里士多德使用了"在位置上分离"（chōriston topō）这个用语。同上，2.2.413b14；3.2.427a5；相似地 3.4.429a27："称灵魂为'诸形式的居所'是个不错的主意，不过……"亦可参见《论记忆》2.453a24；《论睡眠》2.456a23。有一个相关的表述"空间上分离"（megethei chōriston）。(《论灵魂》3.9.432a20；10.433b25。参见 2.12.424a26。) 不过这个表述只可用于被与身体混合的诸能力。

④ 亚里士多德既不认为诸感性能力彼此之间在空间上分离，也不认为植物性与感性分离。对此可参见《论动物的部分》2.1.647a24。

⑤ 亚里士多德也称这些为潜能（dynameis），因为它们是与灵魂的诸能力相关的。例如参见《论灵魂》2.4.415a25；416a19；a21。

灵魂的诸部分因而既不是完全依据灵魂诸能力的数目得以区分，也不是完全依据其定义的诸部分得以区分，正如我们说过的，这种区分甚至遵循着后者的模式。诸能力总体的每一部分都是基于本质的一种不同分差，并不是下述相反的情况，即，每种分差是与诸能力数目的区分关联的。① 就一些活着的实体而言，只有在相同生命功能的变形中，一种本性中的差异才变得显而易见。因而，例如马与狮子具有相同的生命功能，可它们是经过变形的；即使它们都具有再生育的能力，可一个生育的是马，另一个生育的是狮子。

下述情况也并非实情，即，作为原则的灵魂在这种为了每种个别能力的意义上构成一种特殊部分；因为某些能力是合在一起而不可分离的，就像感觉与感性欲望不可分离那样。无论如何，拥有它们其中的一个也必然拥有另一个。②

另一方面，亚里士多德不得不——作为人之灵魂的特殊部分而——保留一个营养的部分，因为他相信有些植物与动物属于无性生育，即不具有一个生育的部分；再者，一个部分通过触觉与味觉感知，而另一个部分通过更高级的感觉（更确切地说是通过看的部分与听的部分）进行感知；③ 进而言之，还有为了位移的部分以及最终是理性思考的部分；因为这些部分是在活的存在者的不同种类中被分离地发现的。

14. 不过，在亚里士多德那里并找不到完全例举灵魂诸部分的段落；有时，他显然不希望讲得太过冗长，因为每个知晓其原则且通过亚里士多德的例子看到其已被说明的人，都能够轻而易举地补充这一系列中错失的环节。在其他地方，他省略了完全的例举，因为他意在进行一种向三个主要部分——即植物性的、感觉性的与理智性的——的还原。对于其中第一种而言，人、动物及植物是共享的，第二种只是人与动物所共享的，而所有世间

---

① 参见《动物志》1.1.486a22。

② 《论灵魂》2.3.414b1：“如果这种生物具有感觉能力，它们也必定具有欲求；因为欲求涵盖欲望、激情、希求这些种类；那么所有动物至少具有一种感觉即触觉，而任何有感觉的东西都具有苦乐的能力，并且也具有苦乐对象呈现给它；而当这些呈现了，那么就会有欲望，因为欲望正是对快乐之物的欲求。”

③ 例如，在《形而上学》1.1.980b23中证明了这一点，在那里他也否认了蜜蜂具有听觉。

的存在者中，只有人具有第三个部分。

确实，立刻显而易见的是，这些部分是灵魂的主要部分，是生命的实际水准，而与它们相比较而言，其他部分只能被再细化地和补充扩展地考虑——这就提升到已经开始充斥至其完全高度的水准。①

植物活动没有意识并且只能跟随盲目的冲动——正如无生命的实体那样。植物性灵魂提升至无生命实体之上并提升至无机的物体世界之上只是因为它能——通过其器官的复多性——运动其自身。② 因而，虽然有些人已经否认了植物性灵魂，不过这种灵魂还是属于生物的。③ 然而，在植物生命与动物生命之间显然存在着巨大差别。动物不仅顺从盲目冲动，而且顺从有意识的冲动，因为它们具有狭义上的欲望，并且因而能够有意识地推动其自身以及它物。

不过动物生命与人的生命之间的距离更为巨大，正如亚里士多德教导的那样，如果确实只有在后者中——其主体是灵魂——具有精神能力的话。④ 在灵魂这个词完满的意义上，感性的能力尚不属于灵魂的能力；感性的原则确实属于灵魂，不过其主体是被赋灵的身体。⑤ 因而动物的本质就只是之为质料性之物的最高级构造，而当其身体分解了，其生命也就终结了。对人而言则是另一种情形；人在其存在的统一体中，将自己与动物相关的一部分与相似于神的某种东西⑥——即某种不朽的东西——结合在一起。⑦

---

① 参见《论灵魂》2.4.416b23；3.1.425a9；9.432b23 以及 11.433b31；《论动物的部分》2.10.655b29；《论睡眠》2.455a7。

② 《物理学》8.4.255a12："再者，一个连续的和在本性上被联结的实体如何能推动自己呢？因为只要一个事物一旦是（不只是由于接触而）连续的，那么它就是非触动的：只有一个被分离的东西，才可能在本性上一部分是主动的而另一部分是被动的。由此我们现在考察的这些东西没有一个是推动自己的——因为它们在本性上是被联结的实体——其他任何连续的东西也不能如此：因为在每种情形下，运动者必定是与被运动者分离的，正如在无生物情形中我们所看到的当一个有生命之物推动它们时表现出的样子。"参见254b30以及7.1.242a14。

③ 《论灵魂》8.4.255a6："这（即被其自身推动）是生命特别是生物的一个特征。"参见《论灵魂》2.2.413a25。

④ 参见《论灵魂》3.4.429a27。

⑤ 参见《论灵魂》2.12.424a26。《论感觉及其对象》436a6。

⑥ 参见《论灵魂》1.4.408b29。

⑦ 同上，1.4.408b18；2.2.413b24。

这种生命之塔的每一层都高出下一层的水准，① 这种高出是如此之多以至于较低者与较高者相比就像是无生命的。如果我们把这些差别与所提到的灵魂诸部分的其他区分相比较，后者显然就是不重要的、或是更少重要性的。因为高级与低级感官之间的亲缘性是显而易见的，并且位移和低级部分的关联与高级和低级感觉的关联同样紧密。② 因为所有感性存在者——甚至像植物那样被固定在一个地方的东西——都具有其成员具有的意愿运动，③ 例如，它们会摄取食物；④ 而位移与这些运动的关联正如听和看与触和尝的关联。

可是还有进一步的情境，其中会清楚地表明，被插入植物、动物与人的灵魂划分之间的诸要素并不能打开一个新的生命领域，而只是提供了对一个已经确立领域的补充。如果恰如其分地讲，生命的每种新的层次必定具有下述能力，即，这种能力比在原来层次上所呈现的任何能力都更为高级。不过这绝非那些被插入要素的情形。即使人们承认视觉比触觉更为高级，⑤ 这也并不代表其内感觉能力更高级。⑥ 正如我们后面会更详尽地看到的那样，内感觉知觉与区分外感官的感知。这种能力会在所有动物中被发现，甚至在那些感官领域最被限制的动物中也被发现。相似地，位移确实与听和看不具有相同的价值；正因如此，人们不会比同情盲人更同情跛脚的人。⑦ 因而位移甚至比刚才提到的内感官——即对感觉的感知——更低级，根据灵魂诸部

---

① 《论动物生成》1.23.731a33："因为动物具有感觉，而这就是一种认识。如果我们考察其价值的话，我们会发现具有感觉与无生命的对象种类相比具有更大的重要性，而与对明智的运用者相比则具有更小的重要性。因为与明智者相比而言，只是分有触觉与味觉并没什么价值，可与完全没有感觉的东西相比它却价值很大；宁肯获得这种认识而不愿处于死亡或非存在状态是珍贵的事情。"

② 参见《论动物运动》4.700a23。

③ 这些正是作为活的存在者的感性能力与动物本性之标准的。

④ 《论灵魂》3.13.435b22："……因为存在着甜与苦的东西才有相应的味觉，这为的是在其营养活动中可以感知到这些性质，并因而可以产生欲望去运动……"

⑤ 《论梦》2.460b21。

⑥ 见《论灵魂》3.2。

⑦ 《形而上学》1.1.980a24："因为不仅着眼于行动，即使我们不打算做什么事情，人们也会说，比之于其他事情，我们也更喜欢去看。"如果我们跟随亚里士多德，把沉思作为精神活动中最高级的东西，那么相似地就需要我们把认识（erkennende）活动作为赋有灵魂之身体的最高贵的生命机能。

分的秩序，内感觉是更为高级的。

最后，我们在世界上所有生物中看到，在生命的主要层次中，每种较低级的层次是上一个较高级层次的预备，较低级层次是不会被跳过的。这对于上述的细分并不同样地普遍有效。仍然存在着不能分享较高级感官的动物，不过它们具有位移，① 而根据亚里士多德，不仅存在着不具生殖能力的植物，而且也存在着不具生殖能力的动物。

因而，亚里士多德把人的灵魂的众多部分还原为狭义上植物的、感性的和理智的部分，这看来在每个方面都能得以辩护。在《论动物生成》卷二章3、《论灵魂》卷二章4节1以及卷三章9节3，他只是谈到这些部分。在《尼各马可伦理学》卷一章6与章13也是如此。② 如果人们想搞确切，那么就必须限定在《论灵魂》卷二章3节6中灵魂的那些部分与诸几何图形的比较上。③ 因为每个后来的生命层次都被包含在之前的层次中，这种方式与每个随后的图形被包含在之前的图形中的方式是相同的；三角形被包含在四边形中，且四边形被包含在五边形中。同样，在世间存在的所有生物中，感性生命必然包含着植物性的，④ 理智性生命也必然包含着感性的。⑤ 我们已经看到对于那些被插入的部分通常并非如此，不过，这些部分在广义上也可被称为灵魂的诸部分。在灵魂能力领域中的所有划分（包括其细分）都同样分有灵魂的概念。因而与诸图形的比较如果只是基于诸灵魂的特定差异的划分就是完全有效的，这把灵魂的概念作为一种共同的类概念。⑥ 由此得出，就像图

---

① 《论灵魂》3.11.433b31。

② 《论动物生成》2.3.736b8；《论灵魂》2.4.415a14；3.9.432b6；《尼各马可伦理学》1.6.1097b33；13.1102a32ff。细节参见《论灵魂》2.4.415a23；416a18；b23，那里营养与生殖灵魂（psychē threptikē and gennetikē）被称为一种能力（dynamis）及"首要灵魂"。

③ 《论灵魂》3.3.414b28："图形与灵魂的情形确实是平行的；在两种情形中，每一后继者都潜在地包含了先在的东西，如正方形包含了三角形，感觉能力包含了自身营养能力。因而，我们必须问，在每种生物层次中，什么是它的灵魂，即什么是植物、动物及人的灵魂？"

④ "在有朽物中"，《论灵魂》2.2.413a32。

⑤ 在进行对比时，亚里士多德确实原初地且着重强调这三个要素，不过他也将此适用于其余的。参见随后几节及《论灵魂》3.12。

⑥ 《论灵魂》2.3.414b19："显然，能够给出灵魂一种单一的界定，就像能给出图形的界定一样。因为在四边形中只能区分出三角形，而在灵魂形式中除了刚才例举之外则不存在其

形的概念一样，灵魂的概念对于任何一个灵魂而言都不是一个完全的界定，而对于研究任务而言，进一步的规定尚有待完成。①

他灵魂。我们能够形成一个有关图形的共同定义，这一定义适用于一切特殊的图形而不需要提及图形的特殊本性。对于灵魂及其特殊形式的情形也是如此。"

① 《论灵魂》，2.3.414b25 以及 b32。

第三章

灵魂诸高级部分中的几类能力

15.四边形包含三角形作为其一部分，而这一部分是与作为三角形的另一部分关联着的；当人们通过运用对角线实际地将一个四边形划分为两部分时就发现了这一点。在五边形中，人们可以从一个给定的角的顶点出发画出两条对角线，每一条都联结对应的角；如此五边形就由两个三角形构成的四边形及作为第三部分的一个三角形构成；以这种方式四边形呈现为两个三角形，而五边形呈现为三个三角形。我们发现在植物、动物及人的灵魂中也与此相似。鉴于其诸能力（因为我们这里根据灵魂诸能力领域而考虑其划分），我们应当称动物灵魂为两个灵魂，而称人的灵魂为三个灵魂。一个人的灵魂就呈现为三种能力领域的原则，这三种能力中的每一种在其自身中都把握了属于一个实体的活动内容。

这需要进一步解释。

亚里士多德通常称这种产生出某种东西的原则为：从同名的某物中（即从同名中）产生。① 这个原则对于技艺与自然都成立；他说，因为一个人产生另一个人，且在建筑师理性中被发现的房子的观念也成为在外部世界将要被建造出的房子之原则。② 甚至当某物从自发性与运气中产生时，我们至少在某种程度上发现了在力上的相同规律，③ 即便一个是对技艺的缺乏，而另

---

① 《形而上学》12.3.1070a4：“每个实体从具有相同名称的某物中产生。”

② 同上，4.1070b30。

③ 同上，7.7 及 9；参见下述第四部分的 no.32。

一个是对自然原因的缺乏。① 在另一种版本中，亚里士多德通过说相似之物由相似之物产生而表达了这一点，② 且在特定情况下是潜在地产生，而绝对地讲却是现实地产生。③

第二个活动规律是：每种活动都产生于一个追求（Streben）。④ 这种追求会必然地与它所遵循的形式关联；例如，一个温暖的物体由于其温度而必然具有温暖一个较冷东西的潜质，以至于我们为了确保其实现只需要把两者放在一起就可以了。另一方面，追求会成为一种欲求，它会自由地在相反的方向上运动。⑤ 例如，两个医生会具有相同的健康概念，可其中一个会带来健康，而另一个却会带来疾病。⑥

这种追求必定被设想为效果的最邻近本原。⑦ 追求被一种相似性产生，正如前文所讲，这种相似性有赖于活动者之前所发生的内容。相似者具有一种朝向相似者的禀性（Neigung）；于是我们就不得不承认相似性也是一个原则，它实际上是有关生成的一个先天原则。就效果在活动者中作为一个相似者预先存在而言——即就其被一个目的推动而言——只有当动力因被效果所推动，动力因才会进行推动。亚里士多德说，理智与自然只有意欲一个目的才会活动；⑧ 并且在《物理学》的几卷中以及在《形而上学》的第一卷中，还有在其他地方，亚里士多德区分了生成的四个原则，即，质料、形式、动力因与目的因，他将目的因或目的置于最显著的地位。

从这两种原因产生了效果自身，这种效果在于：被触动的对象现在于现实性上获得了它已潜在地包含的形式；因为效果是在被触动对象之中而不在

---

① 《形而上学》12.3.1070a7：“那么技艺就是处于其他事物中而非处于被推动之物中的运动原则；自然是事物自身中的原则——因为人生人，其他的原因（即运气和自发性）就是这两者的缺乏。”

② 《论灵魂》2.5.417a20 及 418a4。

③ 《形而上学》9.8.1049b17 和 1050b1；《论灵魂》3.7.431a2。

④ 甚至无意识的自然也具有一种追求；例如参见《论灵魂》2.4.415b1；《论生成和消灭》2.10.336b27 以及通篇可以偶尔见到的。

⑤ 参见《形而上学》9.2.1046b4；5.1047b35。

⑥ 在一种意义上，健康的概念同时也包含了其对立面的知识。参见《论灵魂》3.6.430b23。

⑦ 同上，10.433a30。

⑧ 同上，2.4.415b16：“因为自然就像理智一样，它通常的运作都是为了某物，而这某物就是其目的。”

活动者当中——至少不在这类活动者当中。① 不过具有被触动能力的实际上也是被同样事物所触动，通过这种触动，具有运动能力的东西就开始现实地运动。同样的现实性被被动能力所获得，且这种现实性也使相应的活动之物得以实现；通过一个东西的触动，这种现实性也就同时属于作为效果的另一个东西。②

现在回顾一下我们的起点。我们已经说过，通过将人的灵魂诸能力区分为植物的、感性的与理智的，诸能力的领域就被以下述方式区分，即，每一部分都自身包含着一个实体的活动所需要的所有东西，因而人的灵魂无形中就成为三个灵魂。不过我们以此只是说明植物的、感性的和理智的三个部分中的每一个不仅具有一种特殊的活动，而且也是一种对主动性的明确追求，同时也是分享相似性的一种方式——主动者与被造物必定都具有这种相似性。下述情形确实属实，即，理智灵魂在其活动上依赖于感性灵魂，而感性灵魂依赖于植物性灵魂，③ 因为植物性的灵魂为感性灵魂构建器官，后面

---

① 《物理学》3.3 开头；《论灵魂》2.3.414a11："能够发动变化之物的运作终点及基点在被改变之物中。"

② 《物理学》3.3.202a13："对所提出的运动难题——即运动是否处于可运动之物中——的解答是显而易见的。因为运动是这种潜能的实现，并且是被那具有导致运动能力的东西的活动所实现；具有导致运动之能力的东西的现实性无非是可运动之物的现实性，因为它必定是这二者的实现。一个东西能够引起运动是因为它能够做这个事情；它是一个运动者是因为它现实地如此做了。不过能运动的东西在于它是可运动的。因而两个相似的东西只有一种现实性，就像 1:2 与 2:1 具有同样的间隔，朝上与朝下具有同样的差距，因为它们都是同一的，虽然它们可被以不同方式描述。对于运动者与被运动者的情形也是如此。"《论灵魂》3.2.425b25；亦可参见上一个注释。

③ 下述简单事实，即，一般而言如果离开感性灵魂那么理智灵魂就不会被发现，而离开植物性灵魂感性灵魂也不会被发现，这表明高级灵魂必定依赖于低级灵魂。低级部分必定是高级部分的前提和预备状态。确实，这就是为何甚至在同一个存在者中，低级灵魂在时间上是先于高级灵魂的；从发展上看，低级灵魂就是更前期的。不过也正是出于这个原因，高级灵魂在本性的秩序上是在先的（参见《形而上学》13.2.1077a26）；因而低级之物在秩序上也依赖于作为其目的的高级之物（《论动物生成》2.3.736b4）。这对于生命机制也是成立的。感觉只有在植物性灵魂已经形成了诸器官之后才是可能的。器官的畸形构造使得感觉不可能。思想只当感性表象呈现于意象中才是可能的。对意象图像的搅扰能使思想成为不可能的。反之，感性灵魂掌控着植物性的部分即身体，并且根据其欲望而推动身体。并且至少在事物的自然秩序中，理智灵魂掌控着感性表象，并因而掌控着欲望与运动。对此可参见《政治学》1.3.1254a34。

我们也会看到，只要理智灵魂与身体关联，它就不会离开同时性的感性灵魂之活动而运作。反之，下述情形也成立，即，高级灵魂在许多方面决定较低级灵魂的运作，且高级灵魂也只能通过低级灵魂而与外部世界关联：理智灵魂通过其影响作用于感性灵魂的运作，而后者的运作是通过身体器官的运动进行的——身体器官的运动正是植物性灵魂的运作。这表明了人类生命的统一体，但这并不排除在每种新的生命层次上一种全新的生命活动范围被开启了。灵魂的每种较高级部分不仅具有一种新的活动方式，而且也具有一种新的追求方式，① 这种方式是这样一种形式的效果，即通过它效果以一种新的方式先行存在于原因中。

让我们现在考察植物性部分。就像无生物的运动那样，完全的植物性生命活动遵循着一种盲目冲动，这种冲动是从人之身体的本性与组合中生发的，并且它只是指向个体与种的保存与完善。② 在这种情况下，通过它而使得原因相似于效果的形式被包含在原因中，它以同样的方式也被包含在受触动的对象中（在其被触动之后），而追求是一种无意识的自然禀性。另一方面，感性部分以一种形式——即以一种成为被创造物的完全不同的方式——推动、追求和参与。例如，一个动物看到一种将被吞下的食物，它就具有一种吞咽的表象；这个动物欲求吞咽食物且现实地吞咽它。在这里，不仅运动，而且从中得出的有意识的追求也完全与产生植物与无生物的运动之禀性是不同的。运动所指向的形式是作为一个表象存在于作为原因的活动者之中的。最后，理智部分又与感性部分不同，即前者在其活动中以三种方式超出后者，正如感性部分超出植物部分那样。存在于建造者理智中的房子的普遍概念唤醒了其意欲禀性，这不仅与植物性冲动不同而且也与感性触动不同，它与感性触动所处的关系相当于思想与感性表象所处的那种关系。意欲被行动跟随；理智部分推动感性部分，并且通过后者③ 这个中介而推动身体的肢体，于是建筑便根据规划被建立起来了。

16. 植物性部分天生相似于其活动所朝向之物，而这种相似性也与下述

---

① 《论灵魂》3.9.432b6："……而如果灵魂是三分的，欲求就会在三部分中被发现。"

② 参见《论灵魂》，2.4.415a23。

③ 参见下文第四部分 no.28。

相似性是同样的，即，无生物之间发生作用的那种方式。再者，由于植物性部分的追求与盲目的自然驱动——这种驱动也导致无生物实体的运动——没什么不同，显然，所有植物性的灵魂能力都必定是运动力，其活动包含在产生某种相似于活动者的东西中。

具有感性的部分与具有理智的部分是不同的。不论是感性表象、还是观念① 在本性上都是与进行着认识的存在者关联的；不过禀性预设了一个已经被获得的形式，因而欲望预设了认识；于是，感性与理智灵魂显然就其自身而言不仅缺乏所有形式，而且也不能具有任何原初地处于它们之中的现实欲望。因而有必要假定，灵魂的两个高级部分不仅具有运动的能力，而且也具有受动的能力，确实，就这两类而言，有的要去把握将被创造之物的相似性，有的要将其产生出来。因而，对于它们之中的每一个，我们都不得不区分三种能力：首先是获得诸形式的能力，即去表象的能力；其次是欲望能力，即去追求的能力；第三是运动的能力。② 这表明灵魂的生命在其诸能力上更为丰富，而且在其活动的展开上也更为多重。

确实，尽管具有所有这些能力，感性与理智灵魂在为了其活动而配备的方面还是比植物性灵魂更少，后者已经从本性中获得了其完全实现了的形式的活动原则。不过正是这种缺乏成为一个优势。③ 自然已经给予动物所需要的所有武器与工具，而它只给予人以双手，且只给予双手生产满足其需要而所需工具的能力。不过在这样做的时候，自然对待人类也并非不慷慨大方，因为这导致其工具五花八门，从而使他可以通达更为纵深的领域。同样，感性与理智的部分原初地缺乏所有可感的与理智的图像，它只具有为了获得感性知觉与思想的能力。不过它们只是显得比植物性灵魂更为糟糕；因为通过这些能力，它们不仅具有这个或那个形式，而且潜在地具有所有感性与理智形式，④ 以至于

---

① 参见下文第四部分 no.2。

② 我们后面会看到，运动的倾向如何与欲求的能力是同一的，因为现实的欲求如果具有一种实践目标的话，其自身就成为运动的源头。不过，欲求的能力与运动的能力还是保持着区分的，因为它们的行为属于不同的种。

③ 参见下文第四部分 no.2 及 14、15。

④ 《论灵魂》3.8.431b21 ："……让我们再次重复，灵魂以一种方式成为所有存在着的事物；因为存在着的事物要么是可感的要么是可思的，而知识以一种方式是可思的东西，且感觉以一种方式是可感的东西。"

人们能够称感性及理智灵魂为诸形式的形式，[①] 正如手被称为诸工具的工具一样。

植物性部分的禀性通常是现实的，并且是被自然形式决定的；另一方面，在感性的与理智的部分，欲求只是一种追求的能力；不过（对这种显而易见的缺乏）存在着富足的补偿；植物性部分的追求从不会变化，可我们这里却拥有各种各样的欲求；我们会看到，[②] 这些理智部分的欲求已经完全摆脱自然决定的所有束缚，以至于在任何给定的情形下，它能自由地转向这个或那个方向。

17. 在感性的部分以及在理智的部分，我们已经区分出灵魂的三种能力。在这样做的时候，看上去我们好像已经背弃了亚里士多德的学说，因为在《论灵魂》卷二章3，他只是区分了五种灵魂的能力，即，营养的、欲求的、感性的、运动的以及最后的理性思考能力。[③] 如果第一类属于植物性部分，接下来的三类属于感性部分，那么显然，只剩下一类属于理智部分，而这看来就是一种领会诸形式的能力，因为根据亚里士多德，人类精神的思考能力——即理智——就是一种对诸形式的领会能力；它是与可思形式即观念相关的，正如感觉是与可感形式相关的。[④]

---

① 《论灵魂》，3.8.432a1："这得出灵魂就像手一样；因为手是作为诸工具的工具，因而理智就是诸形式的形式，而感觉就是诸可感之物的形式。"参见《论动物的部分》4.10.687a16："人的高超理智并非归属于其手，可其手却归属于其高超理智。最有理智的动物是最能使用其器官的动物；手看来不是一种器官，而是多种器官；因为它是为了使用更多工具的工具。因而这种使用工具的工具即手就可以进行各种运用，它是被自然赋予人的，即赋予所有动物中最能获得五花八门手艺的动物的。
　　有人声称人的构造不仅差劲，而且逊于所有其他动物，这是极其荒谬的；这种看法基于他们看到人是光脚裸体而又缺乏自卫武器的。可其他动物只有一种自卫方式，而且一成不变，它们必须完成所有的生命职能，甚至必须穿着'鞋'睡觉，它们永远不能剥掉它们身体的防卫武器，也不能变换这种单一的防卫武器。而对人而言，多种防卫手段是敞开的，而且也可以随意变化——即能够随时随地地采取他所乐意选用的武器。因为手可以随意地抓、伸、缩。而且也可以随意使用矛、剑或其他武器和工具；这是因为手可以把握它们、持有它们。"
② 参见下面第三部分 no.22。
③ 《论灵魂》，2.3.414a31："我们已经提到的部分有营养的、欲求的、感觉的、位移的以及具有思想能力的部分。"
④ 《论灵魂》，3.4.429a15；参见下述第四部分，nos.2ff。

不过这个段落对我们而言不是决定性的，因为正如亚里士多德清楚地阐明的那样，这只是在处理我们已经讨论过的东西。[1]（他根本没有讨论过精神性部分，或者只是一些预示性的话语时不时地触及过它。）确实，如果理智不具有一种精神性的能力——这种能力的主体与感觉的主体不同——那么就有必要假定，其欲求能力是一种特殊的种类，而相似地这不必要假定一种分离的位移能力。因为我们对于每种特殊的感觉不需要这种分离的假定，而在这种情况下，理智就是其他感觉中的一种。如果理智是某种超感性之物，正如亚里士多德后来讨论中所证实的那样，那么事情就会是另一种样子。[2]因为这显然需要超感性的追求能力的必然性，[3]正如在感性欲望的情形中那样，通过这种追求能力一种恰当的运动就会被联结。[4]如果亚里士多德已经否认了精神性部分的这种能力，他将不得不否认作用于人的身体部分的理智对身体的所有影响；不过他非但远没这样做，而且还承认它对身体有非常显著的影响；确实，亚里士多德使之成为一个原则，由此他区分了一种由这种能力支配的身体诸能力领域，而其他领域对此则是豁免的。[5]随后我们会遇到一些段落，[6]它们将令亚里士多德的这个观点无可置疑。不过，我们因而会希望，没什么人会基于现在所讨论的段落而想对其打折扣，我们会假定这里的理智欲求[7]仍然被包含在欲求的单一体中（orektikon），而运动的能力（kinētikon kata topan）至少在一种意义上包含了精神性运动的能力，且就其间接地规定运动而言，[8]他在它们之间尚未做出区分。

18.我们不但不否认精神性部分与三类感性部分的相似性，而且必须假定亚里士多德也将其归于第四类能力。因为在他的学说中，植物性和感性的关系与感性和理智性部分的关系并不相同；毋宁说，后两者之间的差距更

---

① 他说："我们已经提到的诸能力"，例如参见上述第76页注释③。

② 参见下述第四部分，nos.4ff。

③ 参见下述第四部分，no.24。

④ 参见下述第四部分，no.25。

⑤ 《尼各马可伦理学》1.13。

⑥ 下述第四部分，no.23。

⑦ 《论灵魂》2.3.414b2：他说"欲求"除了包含欲望和激情，也包含着希求。

⑧ 参见同上，3.10。

大，因为正如我们已经注意到的，^①它们不仅在种类上区分，而且也具有不同的主体，而在这方面，植物灵魂与感性灵魂形成了一个统一体；植物灵魂与感性灵魂都与身体相混合且它们都位于同一个身体中。因而，如果一个动物被分切后其两部分都继续存活，那么这两部分就都是动物，即，这两者都具有植物性与感性能力，且其中一个具有植物性而另一个具有感性的情况就不会出现。总之，没人能真正分离一个动物的植物性部分与感性部分，而人的理智部分确实与其余部分是可分离的，而且死亡也就是前者与后者的断绝。^②

之后就会清楚，如果在灵魂的各部分之间具有一种相似性，那么理智的与植物感性作为一体的划分就比理智的与感性的划分或是感性的与植物部分的划分更为完满。那么植物感性部分就包含了四种能力，一种是领会（可感的）形式，其中的另一种是欲望的能力，在欲望能力之上又加了两种活动能力，其中一种是有意识的活动而另一种是无意识的活动；相似地，我们必定期望在理智部分中具有四种相似的能力。其中三种我们已经提到；因而就剩下了所谓的某种无意识活动的精神性能力。

19. 不过，我们真的能得出结论说，仅仅基于与被赋灵存在者之身体性部分的类比就能得出存在着精神性部分的第四种能力吗？对语境的更为详尽的考察会表明，这并不是一个含混而任意的设定。

如果我们来看原初地环绕着人类精神的整个事物世界，那么我们会看到每个实体都会对它物施加一种无意识的影响。一个物体取代另一个，或是挤压另一个，或是温暖另一个，或是进入另一个甚至另几个从而无意识地影响它们。物体世界全部整体化的组织建基于这种恒长的无意识活动。显然，如果一个实体是由诸部分的一种复多性构成，就像有机身体的情形那样，那么在这些部分之间的无意识因果关系就会更加显而易见地呈现。如果这种普遍规律在灵魂精神性部分——这毕竟也是一种实体、事实上是属于人之存在

---

① 参见上述 no.13、14。

② 《论灵魂》2.2.413b25："……理智看来是另一种完全不同的灵魂，其区别犹如永恒之物之于生灭之物；只有它是能够独立于所有其他诸生理能力而存在的。正如我们已经说过的，尽管存在相反的说法，可灵魂的所有其他部分都是不能分离性地存在的，当然，它们在定义上是可区分的。"

的部分实体——的情形中经受一种例外，难道这不会更引人注目吗？抑或精神的概念包含着与这种无意识的活动者相冲突的东西吗？这确实至少是我们所最想明确否认的。因为下述事实即精神能够有意识地作用于身体性部分并不排除一种无意识地影响的可能性。只有当声称同一种效果同时既有意识又无意识地从精神中发出时，才会是矛盾的。这就会被存在着另一种器官——即感觉的基底——这种事实所确证，由于这种底基是身体性的，它对身体的其余部分既具有有意识的也具有无意识的影响；正如亚里士多德教导的那样，甚至当它并不直接就是感性的与植物性生命的中心时也会如此。

不过或许这些评论并不足以说服持有下述观点的所有人，即，精神对具身性的人存在着一种无意识的影响。几乎不能否认，地球上的每个物体都无意识地作用于周围的其他物体，正如它自身就附属于这种影响。不过人们依然会怀疑，某些精神之物——不论它与一个身体的结合多么紧密——会对身体具有无意识的影响，因为人们会论证说，具有无意识推动的身体在效果上并不会对精神造成任何影响。确实，人们并不会设想，身体或是能温暖精神或是能冷却精神，或者是能通过其属性而以任何其他方式阐明它或改变它，正如它会改变一个身体性的实体那样。

不过即便是这样，也没谁会希望否认，精神部分以这样或那样的方式作用于身体，[①] 甚至他也不希望马上承认，精神部分无意识地作用于身体。至少一般而言，我们已经援引了外在生命现象，在这里一种有意识活动的精神能力之统治性影响不能被否认。正是从这一事实出发，如果精神之物对身体之物的影响遵循着必然性又会怎样呢？有意识的精神影响预设了意欲与思考。不过正如感觉与感性欲望那样，上述两种东西起初在灵魂中只是潜在地呈现；于是，为了成为现实的，它们就需要其他某物作用于其主体并且改变它，正如在拥有感性器官中的情形那样。不过，如果这其他部分不是人的身

---

① 否则，这两者的结合看来就是没有目的的。参见《论灵魂》3.12.434b3。也应当顺便提一下，当陶思特里克（Torstrik）声称"尚未被生成产生"（alla mēn oude agenneton）是后来插入的时，我们就不能同意他。（这些表述大概是针对柏拉图的：参见《论灵魂》1.3.406b25ff., esp.sec.19.）因为亚里士多德的论述显然并不全部是针对人世间的存在者，而是针对所有有形的存在者，而且他不会任意地将其限定在这类或那类上。不过这如何能够与他的天球理论以及推动它们的精神相融洽，以及这个与那个理论会是一种什么关系，在这里就不能进一步探讨了。

体性部分，那它又会是什么呢？因而，如果后者作为身体自身并不具有——而是在其自然构成的效果中具有——作用于精神的冲动，那么显然它就必定从其他东西——确实是从某种精神之物——那里获得这种冲动。而且这会成为人自身的精神部分，因为除非是决定性的原因，没人会希望借助一种就像一个机器神（deus ex machina）那样异己的精神实体。

看来最多只剩下一条出路。人们可以假定，人的身体性部分确实不会以一种无意识的驱动而是以其感性欲望来追求一种作用于精神部分的效果。不过这种假定显然是最不合理的，因为如果某人有意识地欲求某物，他就必定已经把握了这个东西的表象；因而，根据这种假设，我们会不得不具有一种有关某种精神之物的感性表象，这肯定是不可想象的。因而，感性部分就不会具有一种作用于精神部分的有意识追求；正如刚才已经被正确地评论的那样，身体也不具有一种内在的驱动去无意识地作用于精神。相似地，精神部分也缺乏这种驱动，这些事实最清晰地意味着一种精神能力的必然性，这种能力无意识地向身体性部分施加一种影响。①

——————————

① 一个世间生物的活动看来比下述范围内的生物是更完善的，即，后者为了这种活动的自然配备是不太完备的。前面我们提请注意了下述事实，即，在植物性机制中，就像从开始就要长成的东西中那样，可当它具有有意识的感性与理智灵魂时，它就会是完全别样的。这里活动所指向的形式原初地只是潜在地呈现在行为者中的。那么其结果就是，在具有感性意识的行为能力与具有理性意识的行为能力之间存在着一种相似的差异。显然，后者是比前者更为高贵的，不过后者看来也是原初地更少行动配备的。虽然具有感觉的行为能力原初地与将被消灭的东西不具有相似性，可自然已经在对象中为生物提供了恰当的原则，通过这种原则，潜在地处于其中的可感形式成为现实的。不过甚至这对于具有精神性认识的活动能力也不成立。这是因为，由于理智通过物理部分的影响而获得认识，并且正如我们看到的，由于原初的理智认识是被直接朝向某种有形之物的，那么在这种情况下，主体与客体之间的不一致就是巨大的。那么后者就像在其他情形中那样，就不能通过其自身的能力而影响理智性灵魂。因而，理智部分自身的活动就必须首先使身体能够成为理智灵魂思想的源头。我们可以把这种比较高级的完备关系——它已经从其顶点有所减少——与处于植物、动物及人的植物性部分中的现象进行比较。植物从自然获得其食物。动物特别是高级动物必须寻找食物，它们寻找满足其需要的东西。最后，人必须通过其工作生产及准备食物。不过人的身体——它通过食物而生长与更新——无疑是所有器官中最完善的。因而，人的植物性机能是最高级的及最高贵的。正如我们所言，正因为如此，无意识地活动的东西天生就具有一种相似性，通过这种相似性，产品在活动者中必定是预先存在的，不过感性的意识必定已经首先吸取了它，并且理智必定随后通过其自身活动形成了它，即通过将潜在的可思之物转变为现实的可思之物。

如果切近地考察的话，人们不会发现关系的单方面性是不一致的；因为精神在其实体上是纯粹能量，而身体是与实体的潜能性混合在一起的。这完全与下述情形一致，即，当精神之物与身体性之物在一种因果序列中相遇时，精神就是更为主动的，身体就是更为被动的，因为主动的原则是一种现实性，被动的原则是一种潜能性。

亚里士多德说，^①主动性原则在尊贵性上超过了被动性；因而，即使在一种情形中存在着精神与身体之间的相互交流，最初的情况大概是——先不必说必然是——活动及其实现原则的优先性将位于精神性部分。

如果原则是位于人的身体性部分，我们就不得不假定它——在已经提到的第四种生命能力之外——包含着第五个即最高的能力种类，即，通过这种能力而推动精神；相较而言，在精神部分这一方面，我们只能发现三个种类。不过我们在每个部分都具有四种能力，它们以完美的类比方式而彼此相应。两个部分都具有领会形式的能力——其他部分则具有欲求——两者都具有有意识的与无意识的推动能力。

于是这就越来越明显，即，一种无意识的假定以什么方式作用于精神能力——这类似于身体性部分的无意识能力——对于亚里士多德而言事实上是必然的。他在《论灵魂》卷三章 5 谈到的正是这种能力；这正是主动理智（nous poiētikos），即所有思想之前的活动，因为它是精神性认识的主动原则。其中的证据必须等待后面的讨论；^②在这一点上，我们只想提请注意下述事实，即，亚里士多德灵魂学说的和谐发展需要这第四种精神能力。

---

① 《论灵魂》3.5.430a18：“因为通常而言在尊贵性上主动者优于被动者，原则优于质料。”
② 参见下述第四部分，no.32。

第二部分

分论灵魂的诸部分，首先论植物性灵魂

1.我们已经一般性地讨论了灵魂及其诸部分；现在我们就诸特殊部分进行详尽考察。这会确证我们的推断并证成预期的评断，而且将特别为所有提到的但到目前还未证明的理智部分之精神性（Geistigkeit）提供一个基础。

我们会首先谈及植物性部分，随后是感觉部分，最后是理智部分。这对于我们特殊的研究任务而言是最为合适的顺序，而碰巧一致的是，这对于亚里士多德学说的阐述也是最为合适的次序。因为植物性灵魂是首要的和最为普遍的，而且它也是感觉性部分的前提，而对于有朽的存在者而言，同样的关系在感性灵魂与理智灵魂之间也是成立的。出于这个原因，亚里士多德自己在其论灵魂的著作中推荐了这一顺序，①并且可以说，他也将这种顺序坚持到最后。确实，直到卷三的后面章节他才开始讨论运动，②因而他是在讨论了理智认识诸能力之后才返回到感性部分的。不过他这样做的时候并未从理智部分移开，因为他同时——甚至主要地——感兴趣的是要确立：理智认识是如何参与到运动中的。相似地，在接下来的考察中，他不仅展现了下述问题的原因，即，为何植物性部分是感觉部分的前提，以及为何更高级的感觉与运动离开触觉就不会被发现，而且也解释了，为何不能分享感觉的无身体的东西会与一种理智灵魂关联。③

① 《论灵魂》2.4.415a23。
② 《论灵魂》，3.9-11。
③ 《论灵魂》，2.4.434b3。《论灵魂》三卷的计划从头到尾都是清晰思考及恰当贯彻的。在

2. 在概念上，活动先于潜能，并且对象先于活动。亚里士多德说，[1] 正因如此，当我们考察植物性部分时，我们必须从对对象的考察开始，这同样也适用于对感性及理智灵魂的考察。因而，我们必须首先谈及营养，[2] 这是所有植物性能力都朝向的活动，即使是以不同的方式；首先，就食物必须被转化进生物自身的实体而言必须处理营养；[3] 其次，因为食物的数量会对动物的完善程度有所贡献；[4] 最后即第三，考察营养是由于食物会被转化进一种其生命形式与其上代相近的新的存在实体。[5]

对于食物而言，较早哲学家们的观点是直接相反的。[6] 有人说食物必须与它所转化进的身体相似，因为相似的进食促进相似东西的生长。另一些人则声称相反的东西喂养相反者；因为他们说，相似的东西不能被相似的东西触动；可食物被转化且发酵，因而就像有所改变的所有其他事物那样被转化为某种相反的东西。他们通过指出下述内容而进一步加强其观点，即，如果食物与进食者相似的话，那么生物就不得不被食物所转化，就像食物被进食者所转化那样，不过这并非实情，因为生物与它的食物的关系正如艺术家与他的媒介物的关系。

亚里士多德通过表明双方的观点在某种意义上是对的而在某种意义上是错的来解决这一争论。他说，[7] 因为"食物"这个词可以意指两种不同的事物，即，首先可以意指在完全预备好之后被吸收进体内的最终产品；[8] 其

理智认识之后对位移的讨论减少了不少重复，而且也被同上 2.2.403b25 中的评论所预期，这可以与 3.9.432a15 中的内容相比较。对最后一章的研究被作为属于后面讨论阶段的下篇提到。（2.2.413b9）

[1] 《论灵魂》，2.4.415a16。参见 1.1.402b10 中的问题。

[2] 《论灵魂》，2.4.415a23；416a19。

[3] 《论灵魂》，2.4.416b11。

[4] 《论灵魂》。

[5] 《论动物生成》2.4.740b34。

[6] 《论灵魂》2.4.416a29。

[7] 《论灵魂》，4.416b3："'食物'是指'完成'的还是指'初级'的产品是有很大差别的。如果我们称两者都是食物，那么其中一种是完全消化了的，而另一种是完全没消化的，对这两种我们都可称为食物；因为当食物没被消化时，相反者以相反者为食；当食物被消化时，那就是以相似者为食。因而显然，在某种意义上我们说这两种观点部分对部分错。"

[8] 特米斯修斯（Themistius）与菲洛普努斯（Philoponus）用 proskrinomenon（联结）取代

次可以指原初的尚未预备好的材料。如果一个人是在第一种意义上用"食物"，那么相似的喂养相似的这个命题就是成立的；而如果是在第二种意义上而言的，我们就必须说不相似的喂养不相似的。

3.我们已经指出，植物性灵魂以三种方式作用于食材。首先，它在专属的意义上是作为营养来使用的，即，是为了个体生命的保存；因为当被赋灵的存在者被剥夺了食物之后就会死亡。① 其次，它是在质料意义上使用的，以至于它成为生长的手段；因为生物不仅需要存在，而且应当成为其种类中的完满存在，这就需要某种尺寸②，这种尺寸并非指它刚产生出来时具有的，而是它逐渐长成时的样子。最后，植物性灵魂以下述方式转变食材，即，它进入可以产生另一个相似存在者的种子中，③ 而这也是一种自我保存的方式，甚至是自我保存的一种更为杰出的方式；④ 然而，通过营养，被赋灵的身体只能设法存活较短时间，而通过自身生殖的繁衍，它至少在物种上可以永远存活和自我保存；在如此做的时候，它分享了有朽存在者能够做的对神圣者之永恒存在的参与。而所有自然物都会尽可能追求去参与到神圣者中。正因如此，亚里士多德称生殖为生命功能中最为自然的活动。⑤

亚里士多德的 prosginomenon（添加）。我还是有些犹豫，从这里就可以得出原初的读法是 proskrinomenon。两个表述在这里都具有相同的意思，并且它们也可以相互解释。见《论感觉及其对象》6.446a14 中的 prosginomenon（添加）。参见特伦德伦堡（Trendelenburg）对这段的讨论。

① 《论灵魂》2.4.416b14。

② 《论灵魂》，416a14。《论动物生成》2.1.733b2。

③ 《论灵魂》2.4.416b15。

④ 对亚里士多德而言，生殖能力属于三种植物性能力中最高级的。正因如此，他就将灵魂的这整个部分以此命名。《论灵魂》，416b23："而由于应当根据事物实现的目的来命名，而这种灵魂的目的就会产生出与它相似的另一个存在，那么首要灵魂就应当被称为生殖灵魂。"

⑤ 《论灵魂》，415a26："营养能力在于摄取食物和生殖，假如生物是完满无残缺的，而且其产生模式不是自发的，那么它们就会产生出另一和它们自身同样的生物来，从动物生出动物，从植物生出植物，它们以此尽量地分享永恒和神圣，这就是所有生物所追求的目标，所有合乎自然而行动的生物都以此为目标来进行活动。'何所为'有两层意思，它要么指（a）所进行的行为要达到的目的，要么指（b）所进行的行为之用处所在。但它们并不能连续地分有永恒和神圣，因为有生灭的东西都不可能在数目上保持自身同等和单一，它们每一个只能以它们所能够的方式来分有这些，而且是在不同程度上分有；而那延续下来的东西并不是它自身，只是类似于它自身——在数目上不是一个，但在种类上是一个。"参见《论动物生成》2.1.731b24；《家政学》1.3.1343b23。

4.这些评论确证了我们有关下述问题已经讲过的原因，即，在植物性部分，除了营养、生长与生殖的能力之外，我们为何不能找到另外一种灵魂的能力。植物性的生物实体只能达到这种；它将其自身的实体形式引进到一种相异的质料中，① 其对象（如果我们使用这个表述来指称其活动目的的话）② 在种类上和它是同一的。我们从上面看到，将要造成的东西必定通过相似性被包含在活动者之中。因而像植物这种活着的实体并不会通过一种特殊的生命活动不得不去获得这种相似性，因而它也不需要任何诸如感性部分在感觉中所具有的能力。它已经具有这种相似性是因为它是其所是，这对于它是自然的，其方式与一个无生命的实体自然地拥有其形式是相同的。

于是这里作为所有活动之第二个前提的追求也不同于无意识的自然驱动，无机实体的自然运动正是从这种自然驱动中发出的；它并不是一种特殊的生命功能。因而，灵魂的第二类能力——即欲求——是必然地被从中排除的，正如形式领会的诸能力必然被从中排除一样。

因而，在植物领域留下来的就只有活动的——即无意识活动——诸能力了。它包含着我们已经讨论过的三种灵魂能力。它们的区别被认为依赖于它们所产生之物间的区别；不过它们回溯到一个灵魂作为其原则，因而正如我们上面所解释的那样，它们因而其实是一个灵魂的诸能力；③ 我们会简短地重复我们那时给出的理由。有时我们把一种自我保存或生长的活动归之于显然不具生命的存在者；不过它归属于它们的方式与归属于植物的方式并不同。因为后者通过一种器官的复多性而完成它，并且通过器官的相互作用而移动自身；而这就是标示所有生物的自己—运动。

于是在《论灵魂》卷二第一章中，亚里士多德从植物的有机体中演证出，有必要预设一种植物性灵魂。④ 在第四章——即在他特别处理植物灵魂的地方——他针对恩培多克勒（Empedocles）而捍卫自己时说，植物向上或向下

---

① 在所有生命活动中，灵魂是"有益于谁"（hou heneka hō），而在植物性活动中也是"为了谁"（hou heneka hou）。《论灵魂》2.4.415b20：" '何所为'有两层意思，它要么指（a）所为，要么指（b）所用。"参见 Torstrik 对这段的考察。

② 这确实就是生产活动的专属对象。因为这就是他们从中得出特殊差异的目标。因而变暖就是这样一种运动，即它导向暖，且治疗就是导向健康的运动。

③ 参见上述下篇第一部分第 13 节。

④ 《论灵魂》2.1.412b1。参见上述第一部分，第 54 页注释 ③。

生长不能从具有相反方向的火与土这些要素中得出，而是从灵魂中得出；他表明恩培多克勒在考察植物的有机体时是完全错误的。① 与试图把所有生长都还原到火的本性——亚里士多德指出在这种情形中所有生物都会无限地扩展——的人不同，他指出，事实上每种植物与动物的生长都具有一种自然限定。他承认，温热确实参与在所有的植物性功能中，不过他说这只是一种同时出现的原因，② 也就是说，这是首要灵魂的一种手段。③

---

① 《论灵魂》2.4.415b28：“在这一点上恩培多克勒是错误的。他认为，植物在生长过程中，其根部向下伸展乃是由于土向下的自然趋势，其枝叶向上生长乃是由于火向上的自然运动，他对向上和向下的解释是错误的。向上、向下对于一切事物来说，不能都一样，就像这对宇宙万物不一样是同样的道理。动物的头部和植物的根部是不同器官，但它们的功能却是同样的。此外，是什么东西把朝着相反方向运动的土和火结合起来的呢？如果没有某种东西加以阻止，它们就会分裂开；如果存在着这种力量，那它一定是灵魂，是营养和生长的原因。”

② 《论灵魂》，416a9：“但有人认为，火的本性是营养和生长的总原因；因为在各种物体和元素中，只有火似乎才能自我获取营养并生长，所以有人认为，火是植物中运行着的元素。事实上，虽然在某种意义上它是一种附属的原因，但并不是不受限制的原因，因此，营养和生长的原因与其说是火，倒不如说是灵魂。我们知道，只要有某种可燃烧的东西，火的长势就是没有界限的，但所有的自然组合物都有界限，体积和生长都要合理；所以，这种情况出现是由于灵魂而不是由于火，更多的是基于形式而非质料。”参见416b27。

③ 《论动物生成》2.4.740b31：“（营养灵魂的能力）致使从营养中生长，运用热与冷作为其工具。”

第三部分

论感性灵魂

1.为了不偏离我们实际的任务很远，我们会就此打住对植物性灵魂部分的快速探讨，并会转移到感性灵魂。正如我们已经提到的，这种被指向更少限定对象的灵魂包含三类生命功能。我们会首先考察第一类感性功能即感觉与意象（Phantasie），因为后者源于前者，所以我们会首先考察感觉。

第一章

总论感觉与外感官的数目

2.我们通过被感觉对象的推动而进行感觉，因而是经由被触动而感觉的。[1] 因而，如果我们问道，进行感觉的本体是否相似于被感觉到的东西，那么答案就遵循着普遍规律，即，在触动之前，被触动之物与活动者不相像，而在触动之后，它们相像。在感觉前，进行感觉的本体与它的——以现实性存在的——对象潜在地相像。因而，当不相像时它被触动，而在被触动之后它就开始与触动它的东西相像且与之肖似。[2]

不过在不同种类的触动之间存在着巨大差别。我们可以在下述专属的意义上以"触动"意指"改变"，即，它通常包含着由相反之物所引起的一种现实事物的消亡，[3] 或者有人也会以它意指这样一种触动，即，发生在没有任何消亡及在被触动主体部分没有任何形式的损失意义上的触动；这种触动仅仅是使潜在地位于主体中的东西现实化，它把未完成的东西带向完成状态。[4] 第一种意义上的触动例如在下述情况中发生，即，当一个红色物体变

---

[1] 《论灵魂》2.5.416a33："正如我们所言，感觉依赖于一种运动的过程或外部的触动（参见4.415b28），因为它被认为是某种质性的变化。"

[2] 《论灵魂》，2.5.417a17；418a3。

[3] 在一种更狭义的与更专属的意义上，我们把触动限定在改变的种类上，其中更适合主体的形式丧失了，例如，如果一个健康的身体生病了会出现的那样。

[4] 《论灵魂》2.5.417b2："'被作用（触动）'这个表述也具有不止一种含义；它既可以意味着（a）两个相反者的其中一个被另一个消灭，或是（b）更多地是指潜在的存在被某种同类的现实活动者所保存，潜能与现实的关系便是如此。"我们现在会看到，感觉属于后一种触动

为黄色、或是一个温热之物变为寒冷之物等的时候；因为这第一种情况中是红色的消失，而第二种情况则是温热的消失等；其中一种情形导致主体中红色的消失，而另一种则导致主体中温热的消失。不过感觉并不是那种触动。它或许确实被与一种改变相关联，例如在下述情况下，即，一只热手在接触到一种冷东西的时候——通过感觉及被感觉对象的影响——就会逐渐变冷。不过就我们开始变冷而言就不会再感觉到冷；否则植物和无机物也将会感觉。[①] 毋宁说，我们是就冷对象性地存在而言感觉到冷，亦即，是就我们之中所识认到的对象[②] 而言感觉到冷，因而，就我们吸收冷而言，我们自身并非其物理主体；物理主体只要通过被改变就会获得任何这种或那种形式。因而，亚里士多德在《论灵魂》卷二章12说，感官接受不带有质料的可感形式，[③] 而且他以蜡块之喻来说明这一点，即，蜡块会接受印章的形式而不会

类型，它是完全现实的，正如质、量等是完全现实的。另一方面，如果前者是承受的话，那么它就是运动，因而是在专属意义上的未完成现实（《论灵魂》2.5.417a16；《形而上学》9.6.1048b28；b33）。如果某物在一段时间内是热的，那么它在期间的每一时刻就都是热的。同样，如果某人在一段时间内有热的感觉，那么他在期间的每一时刻就具有那种感觉。相似地，如果我们看到一个对象，当我们在看到它的那一刻就看到它，这对于其他感官感觉也同样成立。如果感觉是在首要及专属感觉上的运动，那就当别论了。飞着的箭不会在每个时刻都从 a 到 d，它也不会飞到 c 或 b。它确实在每一时间部分中都在移动；不过我们不会说它在一个时间点上都有小小的移动，即便它永远不会静止，而是以巨大速度前进。参见《物理学》6.3.234a24；8.239b1；还有 9 的开头及 b30.

① 《论灵魂》2.12.424a32。

② 这里以及接下来，我们不会把"对象的"这个表述以目前习惯的意义来用，而是在中世纪亚里士多德主义对这个词的使用意义上来用（经院哲学的术语"*objective*"）。这就容纳了亚里士多德学说的精简特征。如果从质料性上讲，正如物理上的质那样，冷性是在冷的东西中的。作为对象——即作为被感觉到的某物——是处于感觉冷的人之中的。参见《论灵魂》3.2.425b25，在那里亚里士多德说"作为现实性的被感觉对象"（aisthēton kat' energeian）是发生在这种感觉中的。

③ 《论灵魂》，2.12.424a17："我们必须在普遍的意义上对所有感觉作出如下的主张：感觉就是对感觉对象的可感形式的不带有质料的接受，就如同蜡接受指环的印记，但并不接受指环的铁或金。蜡所接受的是金与铁的印记，但是，并不是就它是金或铁来说。同样地，每一感觉都承受来自有颜色、味道和声音的可感对象的作用，但是，并不是就每种对象可以被谓述为这些对象中的某一个来说的，而是就其中每一个有着某种特性以及符合比率来说的。"

《论灵魂》，424b2，亚里士多德讲了下述一段话，为的是解释为何植物虽然会变热，但是却没有感觉："这就解释了……它们并不具有下述原则，即，能够吸收可感对象的形

接受金或铁进入其自身。当然，这种比喻并非绝对完美①，因为被塑形的蜡块不会个体性地与印章具有相同的形式，而只是与它相似，可是吸收了可感之物形式的感官却与后者具有相同的形式。而且正因为如此，蜡块是作为一个物理主体并通过消失的形状接受印章形式的，因为它在这一点上丧失了其原来的形状；可感官并非通过现实地改变而接受可感形式的，正如我们所指出的，甚至这种改变也会伴随着对形式的接受。例如进行感觉着的物体，当它接触温热东西时，它就由一个没有进行感觉的物体变为一个感觉温热的物体，并且同时由一个冷的物体变为一个热的物体。它感觉某物是热的，即，它在自己中对象性地具有了一种热；它就是热的，即，它在自身中具有了物理上、质料上的热。第二类接受是一种现实的改变，是一种冷的丧失，即成为从相反者到相反者；第一类接受只是一种潜在地呈现在主体中的东西的简单实现；因而，它肯定不是在专属意义上的触动（paschein），虽然在宽泛的意义上讲来它被包含在触动的范畴内。②

3. 不过我们具有多重感性能力。既然当活动不同其潜能也会不同，而且当其对象不同时活动也会不同；那么要确定每种感性能力的区别与现实特征，我们就不得不考察其对象之间的区别。不过并非其对象间的所有差异都是重要的，假如在一个对象上被发现的某种东西无法参与对感性触动的规定的话便是如此；因为这种要素显然与感性能力无关，它在对其本性的规定中

式而不具有其质料；在植物的情形中，触动是被形式与质料联合在一起的。"《论灵魂》，3.2.425.b22："再者，进行看的东西在某种意义上是拥有颜色的；因为每种感官都能够离开其质料而接受可感对象。"《论灵魂》，8.431b25，亚里士多德说（在 b22 的评论之后）："……而知识在某种意义上就是可知之物，感觉在某种意义上就是可感之物"；"它们要么必定是这些事物本身，要么是它们的形式。前者肯定不可能，因为石头不可能存在于灵魂中，只有石头的形式才能存在于灵魂中。这就得出……理智是诸形式的形式，而感觉是诸可感之物的形式。"亦可参见 3.12.434a29。

① 只有在蜡块只是接受指环的印记而非其所有属性时这才是成立的。相似地，感觉能力例如对温度的感觉并不能在每个方面成为与被感觉对象相似的，而只是在自身中复制可感性质中的这种或那种：作为温度的感觉复制其热或冷，而不复制其甜；作为尝的感觉复制其甜而不复制其颜色等。

② 在后面，当我们处理理智部分时，我们会讨论下述问题，即，为何感官不会总是感觉，即便其自身通常包含着可感的性质。于是我们也会讨论他有关感觉之内在能力的评论，这是与精神性学习——亚里士多德也将之关联于刚才讨论过的问题——的不可或缺性相比较而言的。

就不会起什么作用。再者，如果对象包含了下述内容，即，它确实导致了感性触动中的一种差异，不过这种影响只是通过对象的一些其他特性才具有的，那么这也不会允许我们去识别感性能力的特殊差异。毋宁说，我们必定只需注意对象的下述属性，即这种属性是感觉的现实活动原则，并且正因如此，感觉作为被触动原则才与之处于一种自然关系中。

在《论灵魂》卷二第六章，亚里士多德开始对单个的感觉进行讨论，他评论道，就每种感觉而言首先必须谈及其可感对象。① 随后，他发现在某物可被称为可感的方面有必要区分出三种方式。他说："某物以三种方式可被称为可感的。以第一种与第二种方式被称为可感的是就其自身而言是可感的，而在第三种方式上被称为可感的只是就其偶性而言的。对于前两种而言，一个是每种个别感觉的专属对象，而另一个则对于所有感觉都是共同的。"②

亚里士多德以感觉的专属对象意指被感知对象的属性，它是感觉改变的原则（起源），而且我们必须用它来规定感觉的本性，因为正如已经提到的，它是被动潜能③的自然相关项。因而，显然这种对象不能与其他几种感觉共有。作为一种感觉的特殊特征，亚里士多德提出这些特征不能被其他感觉感知，而且其他感觉也不会拥有任何有关它的假象。亚里士多德通过颜色、声音与味道的例子来说明这些，其中第一类是看的专属对象，第二类是听的专属对象，而第三类是尝的专属对象。④

---

① 《论灵魂》2.6.418a7："为了处理每种感觉，我们会首先不得不谈及每种可感的对象。"

② 同上："某物以三种方式可被称为可感的。以第一种与第二种方式被称为可感的是就其自身而言是可感的，而在第三种方式上被称为可感的只是就其偶性而言的。对于前两种而言，一个是每种个别感觉的专属对象，而另一个则对于所有感觉都是共同的。"

③ 同上，2.6.418a24："就其自身而被感知的对象，就是专属感觉对象的特殊对象，这些正是与每种感觉的本质自然地相关的。"因而亚里士多德以下述内容开启接下来的一章："成为看的东西那么就是可见的，可见的东西就是颜色……""它是"（hou estin）就与"是与它相关的"（pros ho estin）相同。参见同上 3.2.426b8："每种感觉那么都相关于特定组群的可感性质。"下面的例子（即黑与白、甜与苦）表明这指涉着感觉的专属对象（idion aisthēton）。"并且这是白的"（kai hautēleukou）同上，1.425b7，也是以同样方式被解释。白作为最凸显的颜色代表着一般颜色。亦可参见《论题篇》1.15.106a29；《论动物的部分》1.1.641b1。

④ 《论灵魂》2.6.418a11。

　　相比较而言，他用感觉的共同对象来命名一个对象的下述属性，即，这个对象确实转变了感性知觉，不过只是通过我们刚才已经讨论过的真正活动的属性转变的。显然以感觉的这种第二种对象而言，对于为何专属的可感物应当被限定在一种感觉的触动上，是没有理由的。因而它们是被几个甚至是被所有感觉感知的，虽然其中一些感觉会比另一些更多，① 正如已经在其名称中所显示的那样。对于这种感觉的共同对象，亚里士多德在《论灵魂》卷二第六章列举了五种、② 而在卷三第一章则列举了六种，③ 即运动、静止、数目、一（这并未在最初指出的段落中提到，而且它显然是包含在"数目"中的）、形状与大小；在《论感觉及其对象》中，④ 他只区分了四种共同对象，即形状、大小、运动与数目；不过显然其差异并非本质性的；他会把静止还原为运动，因为静止是对运动的褫夺。因而，我们少有理由怀疑，他会限定这个数目，特别是因为在卷三的一个段落中，论证的目的预设了所有种类都应被列出。

　　最后，亚里士多德称下述所有内容为就其偶性是可感的，即，属于一个被感知的对象而不以任何方式规定感觉。⑤ 他通过一个例子来解释这一点。某人看到某个闪亮之物，而这是戴乐斯的儿子。那么，一个人会说，他看到了戴乐斯的儿子，可他并未如其所是地看到他；他只是看到一个白色的对象，而他看到的这个白色之物恰好是戴乐斯的儿子。⑥ 以这种方式，属于一

---

① 《论感觉及其对象》1.437a8。

② 《论灵魂》2.6.418a17。

③ 同上，3.1.425a13："进而言之，不存在一种特殊的感官来感知共同可感之物，我们只是通过这种或那种特殊感觉来偶然地感知这些对象，例如对运动、静止、形状、大小、数目和一这些对象的感知。我们都是通过运动来感知这些对象；例如我们通过运动感知大小，也通过运动感知形状；因为形状是大小（megathos ti）——就像一种声音（phonē tis）是大小——发生的一种方式（参见下述第 116 页注释①）。亦可参见我的 *Von der mannig-faltigen Bedeutung des Seienden nach Aristoteles*，p.102 及，p.135（见上述第一部分的第 64 页注释②）。静止之物是通过运动的缺乏来感知的；数目是通过连续性的否定，也是通过特殊的可感之物来感知的；因为每种感觉都感知一类可感对象。"有关这段的解读及重要性参见下述第三部分，第 11 页注释①。

④ 《论感觉及其对象》，1.437a8。

⑤ 《论灵魂》2.6.418a23："因而，你也不会被这种感觉对象所触动。"

⑥ 同上，418a20。或许这些词语指涉亚里士多德时代所周知的智者的错误。特别是卷三第一章的语境使这种解释更成为可能（425a24，参见下面第 111 页注释①）。如果是这样的

种感觉专属对象的东西也是可被其他感觉感知的；① 人们品尝有色的东西并且看到有声响的东西等。因而，如果亚里士多德像上面那样告诉我们一种感觉的专属对象只能被一种感觉所感知，那么他就不会留意出于偶性的感知；下述情形当然也是正确的，即，只是出于偶性而被感觉到的东西实际上根本不会被感知。正因如此，出于偶性的可感之物在规定感觉能力的特殊差异时几乎难以进行说明。在这种关联中的所有东西就是其自身获得的东西，即，作为感觉的专属对象所获得的东西。亚里士多德说每种感觉的本性都是相关于其对象而得以秩序化，② 且这就是下述情形的原因，即，除了生病的情形之外，感觉就不会被专属的对象所欺骗，③ 因为生病时是本性自身欺骗了自己。

4. 因而我们会不得不界定视觉为有关颜色的感觉，④ 听是有关声音的感觉，其他所有感觉都与此类似。专属对象的特殊本性使得我们识别感觉能力的特殊本性。因而，在探究视觉时，亚里士多德开始于对颜色的考察，探究听觉时开始于对声音的考察；在探讨所有其他感觉时，他也忠实地遵循着这种方法。

不过，在考察全部感觉领域都遵循着这种相同思想的过程中，亚里士多德却得到以下结论，即，认为触觉是单一的感觉能力是错误的。⑤ 因为热与冷都具有感觉的专属对象之标示，正如干与湿那样；因而，如果热与冷的

话，那么这种错误就会是"偶然的错误"，这在逻辑学的教科书中也会发现。你认识伪装的人吗？不。那么你也并不认识你的父亲。参见 De Sophistics Elenchis，章 24，其中便致力于考察这个错误（特别是 179b29）。亚里士多德明确评论说这是智者从事其声名狼藉的活动的主要手段。参见《形而上学》6.2.1026b15；11.8.1064b28.

① 《论灵魂》3.1.425a30。

② 参见上述第 97 页注释③。

③ 《论灵魂》2.6.418a12；3.3.428b18。

④ 参见上述第 97 页注释③。

⑤ 《论灵魂》2.11。在这种讨论的结尾证明了，他对四要素的区分是与触觉是双重的假定相关联的："可被触摸的是物体之为物体的显著性质；通过这种差异，我意味着标示要素的那些东西，比如冷热、干湿，我们在前面讨论要素的时候已经谈到了它们"（423b26；参见 3.13435a21）。不过在《论动物的部分》的 2.1.647a18，亚里士多德使下述问题成为开放的，即在触觉中是否包含着两种以上的感觉。在《论感觉及其对象》中，他例举了"重"（baros）与"轻"（kouphon）作为触觉的对象。

感觉与干与湿的感觉是相同的，那么这就会出现同一种感觉具有两种专属对象的情况；当然，这就会是一个矛盾，因为专属对象规定一种给定的感觉属于哪个种类。

第二章

对感觉的感知

5.不过这种进路必定会将我们带向仍然存在另一种感觉的假定，而且亚里士多德毫不犹豫地得出这个结论。因为我们感知到我们的看与听，那么就出现了下述问题：这是以看和听自身感知到的，还是以其他感觉感知到的。① 如果我们以看的感觉自身感知到我们的看，由于这种感觉活动是看，我们就会看我们的看，② 并且作为进行着看的看就不得不要么属于看的感觉的专属对象，要么属于感觉的共同对象之一。可两者都是不可能的；因为在第一种情形中，由于颜色是视觉的专属对象，并且由于专属对象的复多性对于任何感觉都是不可能的，那么这种进行着看的东西就不得不是有色的；③ 我们已经表明这是个错误。因为某物要成为有色的，只有当它通过一种质料的触动（paschein meta tēs hylēs）④ 而在物理上或质料上接受了颜色才会如此；然而，某个东西进行看是就其对象性地吸收颜色而言的，当然这是在形式上而非在质料上（to eidos aneu tēs hylēs）。⑤ 而在第二种情形中，看就不得不像其他共同感觉对象那样与看到的颜色相结合，即，像大小或形状或运动那样，我们

---

① 《论灵魂》3.2.425b12："因为正是通过感知我们觉察到我们在看或在听，那么这种觉察到在看要么是通过看自身，要么是通过其他感觉。"
② 《论灵魂》425b17："这就出现了一个困难：如果以视觉感知就是看，而所看到的东西是色彩（或有色之物），那么如果我们看进行看的东西，这个进行看的东西原本就必定拥有颜色。"
③ 《论灵魂》。
④ 《论灵魂》2.12.424b2。参见上述第 95 页注释 ③。
⑤ 《论灵魂》424a18。参见上述第 95 页注释 ③。

会发现它必定与颜色结合在一起；它会通过颜色而与颜色一起成为可见的，而且在同样的看的行为中被感知。于是某人看到的白石头就是在进行看的东西，正如它是具有如此这般尺寸和形状的东西那样，这显然是主客关系之间的荒谬颠倒。确实，在一种言谈方式中，每种被看到都是一种看；对一个东西的看就是（这个东西）被另一个东西所看，① 但并不能由此得出，被看到的东西与进行着看的东西是相同的；而且被看到的东西并不通过被看而获得任何东西——通过这些东西被看到的现象会被改变——因为运动是在被运动之物中；② 而且我们这里必定不能依赖于语言，语言对被看到的描述就像它是一种触动，而真实情况是，进行着看的东西是被触动的。③ 因而，显然进行着看的东西只是经由偶性被看，而且如果情况是我们感知我们看，那么这只能通过某种进一步的感觉活动。④

6. 不过，即使我们跟随着其他路径，我们也会被带向这种对感觉的错误假定。

每种感觉都能够感知它所感觉到的对象中的差别。例如，视力能够区分白与黑；品尝能够区分甜与苦。然而，我们也能够区分白与甜，问题在于，是哪种感觉认识到了这两者是不同的；因为我们不会怀疑，这种不同是由一种感觉揭示给我们的，因为这两者都属于可感之物。⑤ 不过同样清楚的

---

① 《论灵魂》，2.2.425b25。参见《物理学》3.3.202a18。

② 《论灵魂》2.2.426a2。参见《物理学》3.3.202a13。

③ 参见《辩谬篇》22.178a15。

④ 这种感觉不能是触觉是显然的，除了其他原因之外，这是由于下述事实，即，在那种情况下，我们会通过触摸进行着看的东西而觉察我们在看。或许这就是《论灵魂》3.2.426b15 晦暗段落的意思："因而肌肤显然也不会是最终的感官，因为如果它是的话，辨别能力离开与对象的直接接触就不再能运作。"如果确实如此，那么"肌肤"（sarx）就是用来意指触觉的，而"最终的感觉"（eschaton aisthēthērion）是用来指称内感觉的。参见"听"（akoē）与"触"（haphē）的不确切使用，3.1.425a4；a7。另一种解释——即以一种相似于 2.11.423b20 的方式被提出——会使这个段落非常不清晰，而且我也不能理解它如何能与语境相适应。Cf. Torstrik, *De Anima* [Adolf Torstrik, ed., Aristoteles, *De Anima* (Berlin, 1862; reprint ed., Hildesheim: Georg Olms, 1970)]，p.169.

⑤ 《论灵魂》3.2.426b8："于是每种感觉都相关于其特定的可感质料；它寓于这种感官中，并且在质料方面辨别出差异，例如视见辨别白黑、品尝辨别甜苦，其他感觉亦然。既然我们也辨别白与甜，而且确实会辨别出每一种可感性质，可我们究竟以什么来感知它们的不同呢？显然是通过感觉；因为置于我们前面的正是可感对象。"

是，这种感觉既不能是看也不能是尝，因为正如我们上面讲到的，它们只能偶然地一个感知到甜而另一个感知到白。因而，我们被迫假定另一种感觉，它与前两种感觉都不同，并且它能使我们做出这种区分。抑或下述情形是可能的吗？即，我们会通过对两种不同感觉的同时性感知而觉知到甜与白的不同。肯定不能！这就像下述情况那样不可能，即，对于两个不同的人而言，每个人都同时性地感觉到一个不同的对象，他们因而会认识到这些对象之间的区别。①

7. 然而，我们一定不要遗漏了对下述反对意见的说明，这种反对是针对这个论证的。人们会说，对看与尝的感觉的分离不同于不同人的感觉的分离；感性部分只有一个。亚里士多德假定不同感觉都从所有方面转移到一个器官，在其中这些感觉被发现是同时的并且是能被统一的。甚至如今心理学的理由也使这成为可能，即便生理学在这个问题上也没什么可靠的发现。而在《论感觉及其对象》中，② 亚里士多德消除了所有针对下述正确评论的假

---

① 《论灵魂》426b17：“因而，两个分离的感觉就不可能辨别白和甜，所辨别的两个性质必须呈现于同一个东西中。否则，我感觉甜你感觉白，这两种东西便不可对比。断定两个事物不同的必定是同一个主体；因为甜不同于白。因而，断定这种差别的必定是同一个主体，作为进行断定之物，它也思想和感知。因而，下述一点就是明显的，即，不可能通过两种分离的主体来辨别两种分离的事物。”

② 《论感觉及其对象》7.449a13：“或是这种在可想象的感觉灵魂情形中发生的内容相似于在事物自身中发生的内容吗？因为在计数上为一的东西是白的也是甜的，而且也具有其他许多性质（而其计数上的一因而也并非偏见），事实上，其对象中的各种性质并不是彼此相分的，而是每种性质的存在都是不同的（即彼此不同）。因而，我们同样也必须假定，在灵魂的情形中，一般的感知能力在其计数上是一和相同的，而在其存在上则不同（被区分的）；这就是说，这在就有些对象的属上而言是不同的（例如对于白和甜），有些是在种上不同（例如白色和其他颜色）。因而，我们也会得出结论：一个人可以感知（计数上的不同对象）同时又与计数上是一和同的能力一致，不过它们之间的关系不同（它们所指向的对象是不同的）。”亦可参见前面有关下述问题的详细讨论，即感觉主体的统一性与复多性（448b17-18）。我们发现了相同的学说，即，最终的感觉器官是一，在《论灵魂》3.7.431a17：“这个过程就像空气以一种方式作用于瞳孔，而瞳孔又作用于其他东西一样；听也是一样（即听的外感官，参见 3.1.425a4）。最后达到的是一，是单一的媒介，虽然它有多个方面的存在。”进一步参见同上 1.5.411b26；2.2.413b27；3.9.432b1；《论记忆》1.450a29；2.453a24；《论睡眠》2.455a20：“因为有一种感觉功能，而控制感觉的能力是一，虽然作为与每种可感种类例如声音和颜色相关的感觉能力是不同的。”（再者，“感觉功能”[aisthesis] 对于“能感觉的东西”[aisthetikon] 而言是个不确切的术语）；《论睡眠》

定之可能性的反对，即：在感觉所指向的一个物体中，颜色、温热以及其他种类的性质在现实上是可以成为同时性的；同样，在进行感觉的器官中，颜色感知与温热感知——在感觉活动的短暂多重性中——能够同时存在。如果

2.455a33；b34。《论梦》3.461b3；《论青年和老年 论生和死》467b21；b25-29；3.469a10；4.469b4；《论动物的部分》2.1.647a24；10.656a27；b24，3.3.665a10；4.666a11；a34；5.667b21；b10；672b16；4.5.681b15；b32；《论动物运动》9.702b20；11.703b23，这里 colon 是放在 aitian 之后的，并且 gar 是插入 tas 之后的，紧跟着 codices P 与 S。（我们认为《论动物运动》是真作。它自身就表明是亚里士多德式的，且在内容上也配得上是他的，而且这也完全符合他的写作方式。这些话在 10.703a10，它们已经被现代的批评者所怀疑，这不需要被解释为从伪作 [《论气息》481a ff] 的引用，而是会很好地指向《论动物生成》2.2.735b37，以及 3.736b37，而它们一点都不包含对亚里士多德学说的偏离。）

确实，并不缺少这样的段落，其中亚里士多德在各种感觉的能力主体中设定了一种区分。不过在某些情况下，当一个人一旦指出亚里士多德以多种意义谈到一种感官 (aisthētērion) 时，表面的矛盾就被解决了。他经常在传递感觉的器官的意义上来使用它，例如眼睛、耳朵以及其他感觉手段，它们是多个。在其他段落中，亚里士多德心中想的是感觉自身的主体，与前者相对照而言，他有时称之为"首要感官"(prōton aisthētērion)（《论灵魂》2.12.424a24；《论睡眠》2.455b10；456a21；3.458a28；《论动物的部分》3.4.666a34以及其他地方），而有时候称之为"最终的感官"(eschaton aisthētērion)（例如《论灵魂》3.2.426b16）。如果我们正确地理解其学说的话，后者就是一。我们也必须允许某种表达上的疏忽，例如把 aisthētikon（能感觉的东西）说成 aisthētērion（感觉器官）等，并且也会容纳通常的谈论，因为我们经常说，眼睛看、耳朵听。不过仍存在一些段落是难以解释的。

然而，尽管亚里士多德把感觉主体作为一，他也没有将其作为一个不可分的单一体，一个数学上的点。它是延展的（《论灵魂》2.12.424a26）；正如我们所展示的，这就是为何被切分的动物仍然具有感觉的原因（参见《论动物的部分》，4.5.682a4 以及 b29）。以亚里士多德的观点看，支撑感觉是一这个要素的假定的原因大概部分地是目的论的，例如被刚才引用的两个段落中第一个所显示的那样，而部分地是经验上的事实。在《论感觉及其对象》2.438b12，他报告了一个例子，即一个勇士因太阳穴受伤而失去其视力。他以这种情况来证明，例如眼睛这种外感官并不具有感觉。他进一步观察到，我们不能同时具有有关颜色或声音的两种感觉，因为如果视觉之轴偏离了直线，那么一个图画就会干扰另一个；如果两个人同时说话，那么一个进入一个耳朵，另一个进入另一个耳朵，那么我们就都不能理解它们。这使他得出下述结论，即，视觉与听觉每个都是不可分割的；这当然也确立了看的统一体与听的要素的统一体，并暗示了一种一般意义上的感觉要素的统一体（《论感觉及其对象》7.448b22；449a2；447a17）。最后，他的观点也被下述事实所加强，即，如果一个人睡着了，他并不是一部分睡着。永远不会出现下述情形，即，视觉睡着了可听觉却醒着，反之亦然。可这是为什么呢？因为睡眠是具有共同的感觉的首要感官之触动。如果它们不具有共同的主体，那么它们就不必然全分有睡眠中的不运动与抑制的状态。（454b20）《论睡眠》2.455a25。

这是正确的，那么我们对感觉对象异质性的辨别看来甚至在离开一种新的感觉能力的假定时也会得以解释。诸感觉并不是分离的，它们是在同一个主体中，而这个主体通过不同的能力同时性地参与到两种不同的对象中，这就使得一种感觉与另一种感觉进行区分——至少这是人们会想到的。①

这甚至看来就像这个难题能被以这种方式解决，这比假定一种区分的能力——它感觉到两者——更为容易和彻底地解决。因为同一种感觉能力在给定的时刻只能有一种感觉；当然，在一种感觉中潜在的不同感觉不会相互排斥，因为正如温热的东西同时也是潜在地寒冷的，因而感觉到温热的感觉同时也是其中潜在地感觉到寒冷的感觉。不过在现实性中，人们在感觉中只发现了这两种感觉之一，这正如没有东西同时既是热的又是冷的。② 没有质料同时具有两种形式，也没有潜在同时具有两种现实。③

8.还有另一个更为深刻的反对。如果我们假定我们通过一种感觉认识到甜与白之间的区别，那么只有在当我们把感知甜与白之如其所是的能力归于这种感觉时才是可能的。因而，对于同一种感觉能力而言，我们必须假定它有多个专属对象，这就推翻了一个我们作为坚实基础的原则，即，我们不得不把触觉区分为两种感觉。

9.这种反对看上去确实具有很好的依据。不过，我们不能被它转移了视线。在两种已经针对我们的假定做出的反对中，第一个是表面上的，第二个是不可能的。因而，我们首先想研究的是：感觉主体的统一体——或是如亚里士多德所讲的位置统一体——是否确实足以区分多种感觉对象；随后我们会致力于下述问题，即，针对亚里士多德理论的反对是否以及如何能被消除。

首先看第一点，很容易看到感官的统一体并不足以认识两个对象之间的区别，除非它具有这种作为器官的统一体，即除非它是感觉能力的主体。④ 因为区分就是对差异的感觉，⑤ 不过每种感觉都是一种感觉能力——确

---

① 《论灵魂》3.2.427a2。

② 《论灵魂》427a5。

③ 《论感觉及其对象》7.447b17。参见《论题篇》2.10.1114b34 以及前面第一部分第 62 页注释 ③ 引述的段落。

④ 《论灵魂》3.2.426b9："……每种感觉被如其所是地在一种感官中发现……"

⑤ 《论灵魂》426b14。

实是一种感觉能力——的实现，因为没有现实性能存在于不止一种潜在性之中；没有一种形式可以实现两种质料。那么根据反对我们自身的假定，我们就会通过两种能力来区分甜与白；因而我们就会通过两种现实（即有关差异的两种现实感觉）来区分两个对象，即我们会区分它们两次。这样做的时候我们会不得不识认它们两次。尝与看这两种能力都不能使我们具有这种（有关差异的）感觉，这种情况难道不是显然的吗？难道我们就因而不能从根本上区分出甜与白吗？

10.可我们会如何回应这两种反对呢？这两种反对试图确立亚里士多德的断定是不可能的以及它与稍前的规定是相矛盾的。为了坚持这两种对象的感觉之不同是可被认识的，我们应当否认它们必定会同时发生——就像其必定在同一个感觉着的存在者那里发生那样——吗？绝不！亚里士多德明确评论道，不仅同一个主体识认到一个东西与第二个东西的区别，而且它也正是在注意到第二个对象不同于第一个时识认到第一个与第二个是不同的。① 不过他的对手难道不是必定承认一种感觉能力能感知几个对象之间的不同吗？正如我们上面所言，他们确实不会否认品尝识认了苦与甜的不同，听识认了高音与低音的不同。因而，在这种情形下承认这些感觉肯定不是一种荒谬的假定，因为那种能力可以区分甜与白并且可以区分所有感觉对象。②

可这个难题该如何解决呢？因为它还没被解决，虽然我们已经表明它是可被解决的。因为对于所有识别的能力都同样具有这种难题，它们都是以同样的方式被解决的，即，通过考察时间的当下——即现在——有什么特别之处。如果让两条线在一个点上相交，那么我们在一种意义上称这为一个点，而在另一种意义上称这为两个点；对于"当下"也是如此。曾是之物和将是之物、过去之物与未来之物在"当下"交织；因而许多人简单地称之为一个点。③ 相交的点是其中一条线的终点而且是另一条线的起点，且在这个意义上

---

① 《论灵魂》b22："因而，下述一点就是明显的，即，不可能通过两种分离的主体来辨别两种分离的事物；而且从下面可以看到，在分离的时间点也不可能做出这种辨别。因为断定好与坏不同是由同一个主体断定的，断定这个是不同的及那个是不同的时间点，对于断定而言也不是偶然的。"

② 《论灵魂》3.7.431a20。参见第 109 页注释 ③。更好的理解可参见第 107 页注释 ③。

③ 在《物理学》4.10.218a33，亚里士多德报道说，有人声称天球本身就是时间。我们可以假定，因为他们认为时间自身就是空间上的大小，他们就把当下作为其中的一个点。不

是两个点且是被分开的，虽然它现实地是一且是不可分的；以一种非常相似的方式看，"当下"确实是一且不可分，不过作为过去的终点与未来时间的起点，它又是二和可分的。因而，如果一种变化发生在其中，例如，当两个表象前后相随，那么它就包含着两个东西的边界，即包含着两个表象之间的边界，它就像所有边界那样是一和不可分的，同时在另一种方式上又是二和可分的。

因而，就点（时间点即当下）是不可分的而言，区分（能力）是一且在一个时间瞬间上；① 可就它是被分割的而言，它立即是在两种方式上使用同一个点。就它是被用作两者的边界而言，它区分了两个对象并且是个被分割的东西，因为它感觉相区分的事物；② 不过就它是一个东西而言，它通过一并且在一个时间点上进行区分。③

过亚里士多德自己也将其称为一类点。例如参见 218a20；4.11.220a4 直到本章的结尾（这一段是对所讨论内容——即《论灵魂》3.2.15——非常好的评论，参见下面注释46）。亚里士多德也将其与《形而上学》中的一处进行比较 3.5.1002b5。不过在《物理学》4.13 他说，只是这不是一个确定的点。在同一章参见 222b1，以及 4.1.231b6, 3.233b35, 234a24, 8.1.251b20，他以一种与我们的段落中相似的方式谈到"当下"。成问题的点是"当下"也解释了下述表述即"有人称之为的点是什么"（hēn kalousi tines stigmēn），虽然这此前看来是不可解释的。参见特伦德伦堡有关这段的论述。

① 即它里面具有一种感觉；它通过一种行为作出了区分，而且在一个瞬间辨别。

② 亚里士多德说，进行区分着的东西就是被分开的，即它之中具有两种感知（aisthēmata）或思维（noēmata），它们并非同时的，而是一个接着一个。

③ 《论灵魂》3.2.427a9：all' hōsper hēn kalousi tines stigmēn(ie., the nun[now])，hē mia kai hē duo, tautē kai dihairetē.hē men oun adihaireton (ie., the nun[now]，刚才被表述 hēn kalousi tines stigmēn[有人称为一个点] 所限定，这在 426b28——即我们这段所指涉的——中被明确提到。否则，我们不得不认为 semeion[点] 是主体)，hen to krinon esti kai hama, hē de adihaireton hyparchei, dis tō autō chrētai sēmeiō hama, he men oun dysi（读作 dis，或更好，hōs dysi；参见 Torstrik，他援引《物理学》8.8.263a19；263a22 以及 4.12.220a4）chrētai tō perati,（这里的逗号是被取代的，它不在 tō 前面；这里称之为 peras[边界] 的在《论灵魂》3.7.431a22 中被称为 horos[边界]）dyo krinei kai kechorismena estin hōs kechorismenōn(i.e., aisthētōn aisthanomenon[作为可感的感知者]) hē d' hēn, heni kai hama. 参见《论灵魂》3.7.431a20 以及下述注释49。（牛津亚里士多德 [J.A.Smith] 的版本427a9 是："回答是，正如恰当地称一个'点'是——正如存在同时是一和二——可分的，因而在这里，进行区分的东西是不可分的一，并且是在时间的一个瞬间的活动，就其是可分的而言，这在同一个时刻的同一个点上就一分为二。那么，就将其作为两个东西的界限而言，它在一种可分的意义上区分了两种可分的对象；而就将其作为一个东西而言，它是以一个东西在做这些的，并且在其活动中也占据了一个时间点。"）亦可参见《论灵魂》3.6.430a26。

让我们以一个例子来考察这一点。如果我们听到两个声音，一个紧接着另一个，那么在一个感觉跟随着另一个感觉的时刻就包含着它们的边界；在这个时刻，我们认识到这两种声音之间的变化以及它们的差异。这与品尝与其他感觉是相似的。因而，正如我们所言，这也不会是另外有一种感觉区分白与甜，以及区分任何感性对象与其他对象。以这种感觉，我们在两种感觉中的一种转化为另一种的那一刻，我们不仅感觉到两个对象，而且也识认到它们是不同的。这就消除了第一种反对，我们继续来看对第二种反对的解决。

11. 难题如下：据说如果一个人通过一种感觉认识到甜与白的差异，那么这种感觉就不得不能够感觉二者；诚如是，这种感觉就会具有几种专属对象，而这是不可能的。我们附加到，第二种后果看来会跟随着，即，几种感觉会参与到相同的专属对象中，因为看也会感觉白而尝也会感觉甜。于是稍前的所有规定看来就与这种假定相悖。

不过这种矛盾通过切近的考察会消失。如果我们回看我们的讨论过程，我们已经确立了我们以两种方式谈及的感觉的存在。在第一条论证线索上，我们从下述事实出发，即，在我们的感觉领域，存在着一种感觉的专属对象，它们与每种已经设定的感觉在对象上都是不同的。我们已经说过我们看颜色，不过我们不能看我们看颜色；我们听声音，不过我们不能听我们听声音；尽管如此，我们感知我们看与听，而且我们不能以下述方式感知这些，即，在其中共同的感觉对象被感知到。从中我们推断出一种特殊感觉的存在。

如果我们现在问，这种感觉的专属对象是什么，显然我们必须把这个对象等同于我们的感觉。其对象不是外在之物。不过由于感觉之间的差异相似于对象之间的差异，这就得出，其中一个的差异必定要在与其他的差异中被确认。因而，这就得出，异质性对象之间的差异会被追溯到这种感觉的能力。

而且这里存在着对上面所述反对的解决。我们的假定不会导致任何声称它会产生的矛盾；因为从中得出的既非如下感觉，即，在与其他感觉的共同感觉中区分具有一个专属对象的异质性对象；也非它具有不止一种专属对象。其专属对象是感觉而非任何其他东西，正如颜色是看的专属对象；通过感觉我们看白与尝甜，并且通过区分这些感觉，它同时告诉我们白与甜本身之间类似的差异。①

如果一个黑色的物体与白色的物体被看所感知，那么不是它们自身，而是它们的相似性② 在看的感觉中；而且由于它们被结合在一个感觉中，且出于与外在对象之间差异的相应区分，这种感觉就通过它们区分了外在对象。令 A 是白的，B 是黑的，且令 C 之于 D 就像 A 之于 B，反之亦然。那么如果 C 和 D 是在一种感觉中，即，是在看的感觉中，那么这种感觉就不仅包含着 C 之于 D 的关系，而且也包含着 A 之于 B 的关系。③

我们必须以相同方式来思考对不同种类的感觉对象——例如白与甜——的区分过程。当我们区分一个种类中相反的对象时，问题本质上是相同的。④ 令 A 是白的且 B 是甜的，且令 C 和 D 是相似于白和甜的感觉，其中一个出现在看的感觉中，另一个出现在尝的感觉中，并且令 E 和 F 是这两种感觉，就像它们是其对象。现在如果 E 和 F 在一种感觉中，即在感知感觉的感觉中，那么这种感觉不仅包含着 E 和 F 的关系，而且也包含着 C 与 D 的关系，因而也包含着 A 与 B 的关系，即包含着白与甜的关系，而白与甜的区分正是现在所考虑的问题。⑤ 这大致就是其方式，以此亚里士多德

---

① 这里参见《论记忆》1.450b20ff，特别是 451a5。这段表明，我们的解决几乎肯定切中了亚里士多德的意思。因为记忆被包含在"共同感觉之中"（koinē aisthesis），这正是我们所考察的感觉。这可被称为"一般的"，就其与每种可感的对象区别开来而言，因为它成为对这个或那个（特殊感觉？）进行影响的效果之活动。参见同上 450a10。

② 《论记忆》2.452b12。

③ 《论灵魂》3.7.431a20："对于灵魂自身用哪个部分来辨别甜与热前面已给予解释，现在可以再次表述如下：它是我们上述所讲意义上的统一体，即作为一个结合点。它所结合的两种能力，从类比与数量上看是一，这两种能力的结合就像它感知对象的结合。……这与我们问灵魂如何区别不同类的事物，或是如何区别像黑与白这种相反的事物没什么不同。假设 A（白色）与 B（黑色）之比，等于 C 与 D 之比，那就会得出 C 比 A 等于 D 比 B，如果 C 和 D 属于一个主体，则 A 和 B 也具有同样的关系，A 和 B 是同一的，虽然它们的存在具有不同方面。C 和 D 也是如此。如果我们把 A 当作甜，将 B 当作白，也可进行同样的说明。"

④ 《论灵魂》3.7.431a24："这与我们问灵魂如何区别不同类的事物，或是如何区别像黑与白这种相反的事物有什么不同呢？"

⑤ 在这一段（即第 109 页注释 ③ 引述的一段）的末尾，亚里士多德也加了下述文字："如果我们把 A 当作甜，将 B 当作白，也可进行同样的说明。"

可以回答针对其下述学说所提出的反对，即，一种内感觉与所有外感觉都是不同的，亦即，它是一种指向感觉部分自身之内在运动的一种特殊感觉。一定是这种感觉不仅感知到我们所感觉到的东西，而且也感觉到其余的感性活动，比如感性欲望，也正是这种感觉给予我们属于感性部分范围内的东西之自身意识。① 因而，毫无疑问，它是所有感觉中最为杰出的。

12. 不过或许并非每个人都意识到，这种使我们区分任何感觉对象的感觉对我们而言是多么重要；因而我们相信我们应当在这上面多说几句以引起注意。必须注意的首要一点是，如果没有这种内感觉，我们就不仅不能感知不同感觉能力的专属对象之间的差别，而且也不能感知下述对象之间的差别，即，它们确实能被多种感觉感知，可事实上它们每个只能被一种外感觉所把握。例如，假定一个人通过触觉感知到一个有角物体并且同时看到一个圆的东西，并且假定他可识别这两种形状的差别。那么他既非通过看的感觉，也非通过触的感觉来区分它们。根据我们的考察，只能通过内感觉才能使这种区分对他而言是可能的。因而通过触以及通过看我们能感知到两个事物的空间分离，② 不过在某人现实上只能看这个与只能感受那个的情形中，又是内感觉自身告诉他两个东西在空间上的分离。

不过每种在一个对象中注意到区分的感觉也处在识认缺乏这种区分的位置上。因为内感觉由于感知到两个对象的空间分离，其中一个对象被触觉所领会，而另一个对象被视觉所领会，内知觉就会注意到，当触与看同时发生，并且其对象是同一个时，这种区分就不会存在；③ 以这种方式我们会识认到，被触的对象与被看的对象是同一个，因为它们在空间上是重合的。

例如，从这里也会得出，当热与红在一个基体上共存并且同时被我们感知时，我们确实感觉到热的东西是红的且红的东西是热的，不过我们既未看到也未摸到这种情况，而是通过一种不同于这两者的感觉活动即内感觉活动感知到它的。如果没有这种感知，我们就只能偶然地感觉热与红的统一体，因为看的感觉只能偶然地识认热的事物，而触的感觉只能偶然地识认白

① 参见《论感觉及其对象》7.448a29。
② 参见《论灵魂》2.6.418a16，以及《后分析篇》1.31.87b30。
③ 《论灵魂》3.1.425a18。

的事物；因而，确切地讲，我们根本不能感觉这种统一体。①

---

① 我们被很好地建议要更为仔细地考察亚里士多德提出这个学说的段落，因为其中出现了不少难题。在同上 3.1，亚里士多德力图表明，除了我们参与的那些能力并没有其他感觉能力。这个讨论并不能在所有方面都令人满意，而且也不会如此，假定这是问题本质的话。因为，一个人如何确定地证明不存在一种完全不被我们所知的可感性质呢？然而，只要这没被证明，一种完全相异的感觉能力之不可能性就显然没被确立。（参见 3.1.425a11）

　　另一方面，亚里士多德确实会表明，不能存在一种所谓的共同感觉之对象的特殊感觉，这是我们所缺乏的；事实上，这个论据会从我们早先已确定的内容中轻易得出；没有感觉会感知多于一种可感的性质；不过我们通过它们的每一种不仅感知其专属的可感性质，而且也感知感觉的所有共同对象。因而，显然，共同的感觉对象并非可感性质，即它们并非可以成为一种感觉专属对象的属性。因而下述情形完全是不可想象的，即，会以与存在着一种颜色感觉相同的方式存在着一种大小或数目的感觉。亚里士多德在 425a13-21 中以首先阐明小前提的方式给出了证据；在这点上，他也澄清了，每种感觉知晓所有共同的感觉对象。因为每种感觉——甚至最基本的感觉——在其专属的对象之外都会感知运动；而如果是后者，那么也会感知尺寸、形状、静止和数目（425a14-19）。于是得出大前提（425a19）："因为每个感觉感知一个东西"（即感觉的一个专属对象，参见 2.11.422b32）。最后得出结论（425a20-21），这已经在开始以一种不同方式被陈述过了。（425a13-14）

　　在这之后，他消除了一个反对，而这部分的讨论对我们来说就是最重要的（425a21-64）。因为某人会反对说，论证的大前提是错误的，因为它与经验相悖，这些经验在无数情形中显示，通过一个感觉的感知揭示了另一个专属对象。如果我们看到水，我们不仅认识到颜色而且认识到湿性；如果看到火，不仅识认到颜色而且识认到热；如果看到蜜，不仅识认到颜色而且识认到甜（a22）。亚里士多德只是非常简短地显示了这个反对，并且通过论述下述内容而消除了，即，如果我们通过看识认到甜，那么这是因为我们在看之外还有尝的感觉，这才是可能的。因为这使下述情况成为可能，即，由于对视觉与尝觉的同时感知，我们首先识认到甜性与所看到对象的统一，那么当我们再看到它的时候就记起它的甜性。（我们必须跟随着贝克和特伦德伦堡的有关 anagnōrizomen[我们会识认] 的解读 a22-24。）如果这种同时性的感知并没有被先行具有，那么他会说，我们以视觉识认到甜只是在我们看到一个人是白色的便识认到他是克莱恩的儿子的意义上谈的，这并非识认到克莱恩的儿子，而只是通过偶性而识认的。（a24-27；参见我们在前面注释18谈到这个例子时讲过的内容）。不过当识认我们共同的感觉对象时，就会完全是另外一个样子。并非通过回忆以及借助于另一种听或看等的感觉识认到对象的运动。毋宁说，我们是通过每种感觉自身而认识到它。这独自就表明反对是无根基的（a27-28）。不过尚未证明的下述考察是更为决定性的，即，如果共同感觉对象确实是我们所缺乏的某种感觉的专属对象，那么我们根本就不具有有关它们的认识。因为只是因为我们具有尝觉，所以才可能通过看而识认到一个对象的甜性（a28-30）。

　　在亚里士多德如此消除了反对之后，他就下述情况添加了更为详尽的解释，即，我们如何通过感知另一个东西而识认到一种感觉的专属对象。如果一个人看到胆汁且认识

　　任何人都会从科学、技艺以及所有种类的实践活动中轻而易举地得出这种独立的感性知觉（Sinneswahrnehmungen），因为如果缺乏这种知觉的话，甚至最简单的活动也不再可能。因而，内感觉的极端重要性不仅在于，它给予我们自身意识，而且也在于下述能力，即，它区分开不同感觉的感觉对象。显然，这是一种最高级的感觉，甚至比听与看都高级；正如我们提到的，由于它是所有动物都不可缺少的，它也被发现存在于最低等的动物中，

　　到它是苦的，那么，正如我们所讲的，一种对看与尝的同时性感知必定已经先行了。不过即使这种早先的同时性感觉也会是不充分的，如果可见的与可尝的性质的统一体尚未被识认的话。可是通过哪种感觉我们感知这统一体呢？以这两种之一我们都不能感觉，并且如果内感觉尚未感知到这两种同时性的感觉，我们根本也不能因此而感觉到它。因而正是通过内感觉我们识认到那时的统一体，即在胆汁中有"这种颜色"和"这种味道"；于是通过这种感知，当我们只是看到胆汁时就识认到了苦的味道。在425a30 说："一种感觉感知到其他感觉种类的特殊对象是出于偶然；这不是通过它们自己的本真功能，而是不同种类的感觉作为一个统一体（通过'共同感觉'即对感觉的感知）运行；当它们针对同一个对象同时发生时，就会出现这种情况，就如胆汁的苦味与黄色相结合那样。对二者统一性的断定并非某一种感觉的任务；因而断定一种东西如果是黄的，那么就认为它是苦的，这时的感觉就会骗人。"参见《论记忆》1.451a17 以及上面 450b28。

　　对于这个长注释而言，我们只是不得不添加：

　　（1）在《论灵魂》文本 3.1.425a15 的几个词那里，Torstrik 想以"不是偶然的（ou kata symbebēkos）"来读"是偶然的（kata symbebēkos）"。我相信这种改变是不必要的，如果我们跟随着特伦德伦堡假定亚里士多德这里是在不同于通常的意义上使用"是偶然的（kata symbebēkos）"的话。这也通过其他一些段落而成为可能的，例如《形而上学》7.10.1036a11（参见下面第四部分第 164 页注释①）以及《论灵魂》3.3.428a24；参见《形而上学》9.2.1046a13；1.1.981a20 以及《论灵魂》1.1.402a15。根据这种建议，共同的可感觉之物（koina aisthēta）就会是偶然地（kata symbebēkos）感觉到的，因为它们仅仅是感觉的二阶对象（akolouthounta《论灵魂》3.1.425b5），而非感觉由其本性而构成的一阶对象。

　　（2）我们不得不就"而且是通过特殊对象（kai tois idiois）"（《论灵魂》3.1.425a19）再增加一个评论。我们认为 Simplicius 的建议是最好的，即把从"例如运动（hoion kinēseōs）"到"连续的（synhechous）"（a15-19）作为一个插入语，正如在括号中指明的。（认为 Simplicius 将 a16"通过共同感觉 [koinē]"替换为"通过运动 [kinēsei]"是错误的，他只是给出一种释义。）"偶然地与通过特殊对象（kata symbēbekos kai tois idiois）……"会互相支持而成为一个清晰的表述，其意义是完全恰当的。

　　（3）"我们只能看（all' ē houtōs hōsper horan）"（a29-30）并非一个无用的重复，虽然是不独立的。

　　（4）有关"一个特定的大小（megethos gar ti）"，参见上述第 98 页注释③。

这种动物除了触与尝则不再具有其他外感觉。^① 我们从内感觉中得到感性部分之统一性的根据，这也使我们得以辩护。

① 参见《论睡眠》2.455a15；a22。

第三章

感觉的主体

13. 没有一种感觉——包括这种最高级的内感觉——是在灵魂之中，而是在作为其主体的被赋灵身体中。这是从我们前面已经讨论的一个现象中得出的，亦即从下述事实中得出：如果一些动物被切分，每个部分都会显示出生命与感觉，事实上既显示出外感觉也显示出感觉的自身意识。在这种情况下，一个感觉着的动物就成为两个；随着身体的分离，感觉灵魂就倍增了。如果它是某种精神存在物，这大概就不会发生。①

同样的东西也会从诸感觉的效果中表现出来。如果一个感觉已经感知到一种非常强烈的感觉对象，例如，如果看已经感知到一种非常强烈的光，听感知到一种非常强烈的声音，味觉感知到一种非常强烈的味道，那么接下来一段时间就不能感觉到较弱的对象；如果其本性没被彻底毁坏的话，在这之后也会被削弱。② 这清楚表明，感觉着的主体是某种身体性的和可朽坏的，感性能力是一种被混合了质料的形式，即赋有质料的逻各斯（a logos enhylos）。③ 一个精神性的主体不会如此被改变和毁坏；毋宁说，其能力只能通过这种加强的行为被提高到较大程度的完满。④

---

① 参见上述第一部分第 56 页注释 ②。
② 《论灵魂》3.4.429a29；2.12.424a28。
③ 《论灵魂》1.1.403a25。
④ 参见下文第四部分 no.8 的讨论。我们这里给出的证据并非完全结论性的。毕竟会出现下述情形，即，即使感觉主体是精神性（geistig）的，传导器官的毁坏也会干扰感觉的能力，

最后，我们会从感觉能力与感觉对象的必然亲近性中得出第三种证据。这种证据——由于它是从感觉的真实基础上产生的——将会是专属的绝然证据。我们已经区分了感觉的多种对象；其中最突出的是感觉的专属对象，即，与感觉的活动原则相应的身体性质；由于感觉活动是被直接且通过自身知觉的，所有其他东西都通过它且伴随着它。那么处于其完全本性中的感觉就是以这种对象来排序的（zu diesem Objecte hingeordnet）；①因而它就作为相对于其完全主动原则的触动原则而与这个对象相关。②因而以其本性必然地与它关联，而且也不会如此多地超出它③，就像其中一种情况是无质料的与不朽的，而另一种则是身体性的与可朽坏的。不过这尤其必定是下述情况，即，每种感觉的对象是显而易见地令我们最好地服务于我们感觉的本性与属性的。例如，对于听而言，最可喜的对象是一组和谐的和音，而且由于这存在于某种混合的声音之关系中，那么听也将是感觉中的某种关系，而且也是极端之间的一种中间。因而亚里士多德一再称这种感觉能力为一种适度（meotēs）；④因为一种相似之点也能在其他所有感觉中做出。在它们之中，也存在极端和中间，而且可以发现最令人快乐的极端的混合，而这里的原因也无非是，混合的感觉比单纯的极端更适合于感觉能力。感觉的本性给出了这些感觉的尺度。如果这种尺度在一个或几个方向上超出太多，那么感觉就被侵害和受损。正因如此，耳朵不仅被不和谐的声音损害，而且也被太尖和太

或是会使所有感觉成为不可能。确实，甚至在超强的光照之后变盲，仍会具有想象有色图画的能力，这表明感觉能力并没有被完全损坏；正如我们现在会看到的，意象表象是处于恰当的感知能力中的。不过甚至作为想象一部分的意象（phantasie）与记忆也是受动的，并且就像众所周知的那样，这也是随着年龄而衰退的。因而现实的感觉主体也承受着变化，并且是某种具身之物（《论灵魂》1.4.408b25；3.5.430a23）。对此必须附加下述事实，即，在一段生动的感性知觉之后，我们不仅很少会具有其他同类的知觉，而且也会比平时对我们意象的控制要少。有色的（后—）意象保留着，或者毋宁说它根据特殊的生理学规律变化，并且隐藏或是至少干扰情愿性的表象。这同样适用于声音与旋律，正如我们所言，在头脑中信马由缰（参见《论记忆》2.453a28）。

① 见上述第 97 页注释 ③。
② 《论感觉及其对象》6.445b7；参见《论灵魂》3.2.425b25-426a21。
③ 被触动原则并不比主动高贵，可主动比被触动高贵。《论灵魂》3.5.430a18："因为通常而言在尊贵性上主动者优于被动者，本原优于质料。"
④ 例如《论灵魂》2.11.426a4；12.424b1；3.7.431a11；a19；3.13.435a21。当亚里士多德更确切地谈及时，他不是描述能力而是描述感觉主体为适度（mesotēs）。

钝的声音损害；在看中，太明与太暗则会损害眼睛；味觉则会被令人不快的太甜或太苦损坏；触觉则会被太热太冷损坏。[1] 对于器官而言太强的感觉激动会破坏其比例，正如其琴弦被太大力地拨弄时，竖琴便会跑调而其琴弦的和谐会受损。[2] 显然，从所有这些就会得出，[3] 感觉主体与感觉活动不会只是灵魂，而必定也是被赋灵的身体。

14. 进一步的问题恰恰也与这个问题相关：因为一个动物的身体有很多组成部分，那么，是动物有机体的所有部分还是一些部分抑或只是其中一个部分是感觉的承载者呢？没谁会希望断定它们全会感觉；因为这显而易见地是与经验相悖的。不过人们认为它们其中一部分能够感觉，例如眼看、耳听等，这至少设定了感官的某种多重性。不过亚里士多德也拒绝这种观点。根据他的观点，感觉部分在其主体上是单一的；正如一个圆的半径在一个中心上相遇一样，感觉性质的异质性影响最后在一个单一的器官上相遇，它自身就具有感觉所需要的特殊构造。我们已经提到这一点，并且也给出亚里士多德引出这种声称的几种理由。[4] 它们部分地基于目的论本性，部分地基于对

① 《论灵魂》3.2.426a27（在这个注释中，布伦塔诺运用了不同于 Smith 的读法；参见 Hamlyn 在 125 页的注释）："如果和谐（如所周知，和谐音调在任何可听的事物中是最愉快的东西）发生在一种声音中"（即某种声音；参见大小 [megethos ti]，第 98 页注释 ③；因而我们的文本大概就不是被看作损坏的），"且如果声音和听在一种意义上是被看作同一的（正如上面表明的那样），如果和谐是比率，那么听与听到的东西也必定是比率。[Smith 的翻译继续：] 由于这个原因，所以无论是高音还是低音，过度都会损坏听。同样，过度的味道会损坏味觉，就颜色而言，过度耀眼或过度昏暗也会损坏视觉，嗅到过于强烈的气味，无论是甜还是苦都会损坏嗅觉，这表明感觉就是比率。当纯净不混的东西，如酸、甜、咸被置于这一比率中时，它们就会变得使人惬意；因为如果那样的话，它们就是令人惬意的。但一般而言，混合的构成要比单纯的高音或低音更为和谐，对于触觉而言，能热或能冷的事物更令人愉悦；感觉是比率，过度便会伤害或破坏感觉。"

② 《论灵魂》2.12.424a24："'感官'意味着这种能力最终位于其中的东西。感觉与它的器官事实上是相同的，不过其本质又不同。当然，进行感知的东西是具有空间大小的，可不论是感觉能力还是感觉本身都不具有大小；它们只是某种比率或一种有体积之物中的能力。这就说明了，如果对感觉对象的感觉过分强烈，为何会损坏我们的感觉器官；因为，一旦对感官的刺激太强，那么其协调的比例（这正是其感觉能力）就会被破坏，正如琴弦拨得太猛，其音调与和谐就会受到破坏。"

③ 亚里士多德将这看作显而易见的，以至于他并不认为这真正需要证据。《论感觉及其对象》1.436b6。

④ 见上述第 103 页注释 ②。

现象的观察，这种现象证伪了下述通常的观点，即，外在器官是感觉器官，而且这使感觉主体的统一性至少成为可能的。亚里士多德没有诉诸下述事实，即，如果感觉不全在一个器官上，那么进行看的东西是一个东西而进行听的东西是另一个东西等；亚里士多德不大会诉诸此，因为根据他的观点，生物的整个身体属于同一个实体。因而在人那里，感觉是某种身体性的，而理智思想是某种精神性的；不过，是同一个存在者思想与感觉。同样，如果看是在一个器官上而听是在另一个器官上，那么就会出现同一个存在者既看又听的情形。亚里士多德不会漏掉这个理由；毋宁说，他基本的心理学观点使他不能应用这个看法。另一方面，亚里士多德给出的理由至今也值得考虑，而且也不会被下述事实损减，即，某种进一步的结合使他把心脏作为实际的感觉基底；众所周知，生理学的进一步发展早已证明这个观点是错误的。

第四章

意　象

15. 狭义的感觉并不只是感性部分的机制，通过这种机制感觉参与到其他形式中；因为甚至离开感性知觉，我们之中也会对象性地拥有（作为表象的）① 可感的形式。② 这被称为意像（phantasmata），而具有意像的能力被称为意象（Phantasie）。③ 意像就其自身而言与通过感性知觉呈现给我们的图像并无不同；④ 就意像被划分为不同的种属而言，取决于它们是否被眼、耳或其他感性手段所知觉，也取决于颜色、声音或其他感觉的专属对象是否是它们的主动原则，因而，意像也就恰好被区分为相应多的种属。⑤ 于是有些意像在颜色中、有些意像在声音中、其他意像在其他感觉性质中形成了其基本的规定因素。也有些意象具有内感觉的特性，这种内感觉指向了感觉自身；特别是，每当我们回忆时，我们就拥有了这类意像；因为一个人可以回忆在前些日子听到或看到的一些东西等等；⑥ 因而我们会记起原来的看或听，并且在我们之中还具有它们的表象，即使它们目前已不现实地存在以及当下已经不能被现实地感知。

----

① 　见上述第95页注释②。

② 　《论灵魂》3.3.428a7；a15。参见《论梦》1.459a15。

③ 　《论灵魂》3.3.428a1。

④ 　《论睡眠》2.456a26。

⑤ 　《论灵魂》3.3.428b11；"……并且意象被认为是……感觉……"（参见下述第119页注释①）

⑥ 　《论记忆》1.450b20ff.；尤其是451a5。

显然，因为意象与感觉是完全相似的，它们就处于同一种能力与同一个主体中。因而，意象也就如此这般地处于诸感觉以及首要感官中。①

16.我们必须承认意象与感觉之间的差异；两者之间具有哪些差异呢？两者都是同一种感官②的搅动，它们属于同一种触动。不过，它们的差别在于：感觉是当下可感对象之活动的结果（每种触动同时也是一种活动），而意象在较早的感觉中有其基础。③

因为通常会存在下述情形：即，即使当可感对象不再实施其影响了，由可感对象引发的搅动也会以一种相似的搅动形式继续存在。在响着的铃停了之后，如果空气继续震动，那么在（一阶的和二阶的）④感觉途经中声响就会继续响，它也会在最终的感官中被持续地听到。⑤确实，表象的搅动通常不会直接跟随着感性知觉；不过即使在这种情况下，从一种感官搅动中也会产生另一种搅动，前种感官搅动会在感官中留下一种持续的印象，也会在其中留下一种特定的性质、一种持续的潜质；⑥由于上述原因，在特定情况下，

---

①　《论梦》1.459a1："也许真实的情况是，做梦者没有看到什么东西，但认为其感性知觉的能力未受触动则是错误的，或许视觉和其他感觉受到了某种触动，而这种触动就像醒着时一样，即以某种方式给予其感觉能力以触动，虽然不是以与醒着时完全相同的方式。有时对睡梦的人显示的意见正如对醒着的人显示的，即它们都是虚幻的。"《论灵魂》1.4.408b17。

②　不过表象的能力（参见《论灵魂》3.3.428a5；《论梦》1.459a16）必须在概念上与感性知觉区分开来，因为意象行为与感性知觉行为不同，并且因为效果在概念上是被其行为规定的（参见《论灵魂》2.2.413b29）。在几个段落（例如刚提到的《论灵魂》3.3）中亚里士多德看来在怀疑所有动物都具有意象，亦即所有动物在感觉消退之后都能产生其感性图画。不过这不是他真实的观点（参见同上2.2.413b22；3.11434a4）。他甚至也将意象——虽然只是初级的表象——归给缺乏高级感觉的动物。不过即使并非所有动物都具有意象，我们仍不会认为感觉与意象是不同的能力。因为这并不能通过任何方式得出，如果一个动物在感性知觉已经消退后仍保留了一个表象，那么这个表象在某些地方就必定不是感知能力。从中得出的全部是，一些感知能力在其种类上是如此完满，以至于只有当对象作用于它们时它们才能够保留一个表象。

③　《论灵魂》3.3.429a1："……意象必定是从一种感觉能力的现实实施中得到的一种活动。"参见428b10。

④　《论梦》2.459b5。

⑤　亚里士多德把这种现象与一个物体在被推动之后的继续运动相比较（同上458a28）。

⑥　亚里士多德称它们为hexis（状态）（《论记忆》1.450a30；2.451b3），不过并非在通常所谓才能的意义上，例如认识那样；下文对此有更多讨论。

特别是当其他感性表象作为刺激的时候，感觉中较早的可感形式也会再现。在意象中出现的无论什么东西都是早先在感性知觉中获得的，即使它们是以不同方式结合的。

意象作为感性知觉的后—效果是比感觉微弱的，亚里士多德因而也称之为弱感觉。① 于是，欺骗也就会经常而变化多端地出现在意象的情形中。②

由于意象与感性知觉的相似性，它们也会在可感对象不在场时推动欲望，正如感性知觉在场时推动欲望那样。这就是为何亚里士多德说具有感觉的生物经常由其意象引导其活动；动物经常被如此引导是因为缺乏理性，而人被如此引导是由于其理性被激情、疾病以及睡眠所遮蔽。③

---

① 《修辞学》1.11.1370a28；《论梦》3.460b32 以及 461a18。
② 参见《论灵魂》3.3.428a11 以及特别是 428b18。
③ 《论灵魂》429a4。参见 3.10.433a9 以及下面整个一章。

第五章

感性欲望以及身体的情愿运动

17.前文表明，感性欲望与运动能力依赖于感觉能力。我们只想简要地涉及它们，而这部分地也仅仅是重复我们在一般性地讨论灵魂诸部分时所讲过的东西；更为详尽的考察会使我们偏离我们的探究目标。

我们上面已经指出，感性灵魂属于追求生命力的种类，并且指出在每个感性存在者那里都会发现一种欲望能力。① 再者，我们已经发现了这种现象的基础，也发现了在这方面发生的感性灵魂与植物灵魂（仅限于生命力的单一种类）之差异性的基础。后者不会具有形式领会的生命力，因为与其活动对象相似的某种东西是它天生就具有的。正因如此，和自然形式相应的动力取代了追求生命的活动。②

感觉与感性欲望是在一起的；其中一个必然地与另一个结合在一起，就像自然的形式与自然的追求相结合一样。因而就有理由认为，感性欲望的主体必定不只是灵魂，而是被赋灵的身体，特别是与作为感性的主体相同的器官。③ 我们所列举的有关感觉与身体混合的几种理由也可以用以表明感性欲望能力也是与身体相混合的；确实，我们能够诉诸不少现象，这些现象表明

---

① 《论灵魂》2.2.413b23 ；3.414b1。

② 参见这一节第一部分的相关讨论（no.16）。

③ 《论灵魂》3.7.431a13 ："欲求能力与回避的能力彼此并非不同，它们与感性知觉的能力也并非不同。不过它们的所是是不同的。"参见本部分第 122 页注释 ③。

这比在身体也被触动的情况下的感觉更为清晰和剧烈。①

18. 我们已经谈到了感性欲望能力是个统一体。这与一些古代和最近有关亚里士多德的解释有所不同，这些解释者相信亚里士多德追随着柏拉图而在感性部分区分出两种欲求能力，即，欲望能力（epithymia）与愤怒追求能力（thymos）。我们并不认为这种观点很能站得住脚，这部分地出于论灵魂中的某些段落，而部分地出于亚里士多德用于判定诸能力的统一性与多样性的整个方式所不得不基于的更为一般的理由。

在《论灵魂》卷三章9，② 他说意象能力之于感觉能力的差别甚于欲望能力之于追求能力的差别。既然我们前面的讨论已经表明，意象的表象在他看来都是在同样的感官中通过感知领会可感形式。那么这些表述就向我们足够清楚地表明，根据亚里士多德，欲望与追求并未被看作两种不同能力的活动。

在这同一本书的另外一个段落，亚里士多德说快乐（Lust）与欲望以及感官搅动虽然彼此都相对立，可它们却是对同一种能力的触动。③ 如今，人们通常引入一种特殊的快乐与不快乐的能力，即所谓的情感（Gefühl）；那么如果依据亚里士多德，情感是在同一种能力中的触动，而在这种能力中也会发现作为另一种触动的感官欲望，那么亚里士多德就应该不会为愤怒设定一种特殊的能力，以至于它看起来离上述两种能力中的一个比其中一个离另一个更近。

而且还有其他的观察确证这个观点。下述内容首先会支持这个观点：所有感性追求活动都依赖于同一种形式领会的能力，即内感觉；这显然可以从下述事实中得出，即，一个欲求的受益者（hou heneka hō）④ 不会与进行追求的存在者自身不同，虽然所欲求的东西（hou heneka hou）与进行追求的

---

① 参见《论灵魂》1.1.403a16-27。

② 《论灵魂》3.9.432a22；参见 10.433a31。

③ 《论灵魂》3.7.431a8："感知于是犹如单纯的断定或认识，当对象是令人快乐或痛苦的时候，灵魂就会做出准 - 肯定或否定的断定，且追求或回避这个对象。感觉到快乐和痛苦就会按照趋向如此这般好与坏的感性中介而行动。当现实与此相同时，它们就会回避或欲求。"亦可参见下述第 126 页注释 ①。

④ 参见上述第二部分第 88 页注释 ①。

实体是不同的；因而这种追求离开自身意识就是不可设想的。① 再者，所有的感性触动活动都是通过对一些感性的好或坏、快乐或不快的表象产生的，它们以多重混合及渐变的方式发生。② 它们之间的差异并不比诸种颜色之间的差异更大；正如诸颜色的差异并不足以毁坏感性对象以及视觉的统一体一样，可被欲求的对象也是如此，于是感性欲望能力也将保持为一，尽管刺激欲求的事物是多重的；因为正如我们已经多次谈到的，能力的统一体依赖于专属对象的统一体。

我们也应当对此添加说，如果存在着多种感性欲望能力，那么这种活动的多重体就会在我们之中同时发生。③ 但这永不会是实情；无论如何，一个人永远不会确立存在着这种多重体；人们只能说，在这种关联中我们的观察确实是某种不确定的东西，因而也很容易出现一种混合的欲求被当做两个欲求，或是出现相反的情况。因而较早的理由或许就是更有说服力的。

引出相反观点的理由也是很容易被证伪的。主要通过下述两种方式引出相反观点：首先，亚里士多德一再地以使其显得相互协调一致的方式列举出理性的希求、欲望以及激情。④ 不过我们稍后会看到，希求是某种精神性的东西，因而并不是与欲望同种能力的另一种运用；因而我们会看到，根据亚里士多德，也存在着与激情相应的一种特殊能力。

可如果人们注意到其他段落，这种反对意见就会失去全部说服力。例

① 参见《论灵魂》3.7.431b12，在这里他说有关不同于其他东西的可思之善，我们是将其识认为某种绝对之物，它不同于相对于某人的东西（tō haplōs kai tini）。

② 对于欲望（epithymia），亚里士多德在同上 2.3.414b6 说，它就是欲求快乐之物（orexis tou hēdeos）。参见《尼各马可伦理学》2.4.1111b15。在《修辞学》1.10.1369a2，他以 thymos（激情、勇气、怒气）来取代 orgē（情态、怒气、愤怒）这个表述，他在《论灵魂》1.1.403a30 中说，后者是报复的欲求，或是诸如此类的东西（orexis antilypēseōs ēti toiouton）。毫无疑问，报复是快乐的，即便这种快乐并非是纯粹的和非混合的。在前面第 122 页注释 ③ 从《论灵魂》卷三引述的段落中，亚里士多德把感觉中的好与坏等同于快乐和痛苦，并且将其称为感性欲求（orexis）的对象，在他看来在这段中的欲求包含着欲望（epithymia）与激情（thymos）。

③ 这种情形与感性表象相似，对此参见上述第 105 页注释 ② 中引述的《论感觉及其对象》中的段落。

④ 例如《论灵魂》2.3.414b2。

如在《论灵魂》卷三章3，^①亚里士多德并举了感觉、意见、知识以及理智（即原则性的知识），虽然后三种属于理智而第一种属于感觉。相似地，我们发现意象也是如此：它的能力事实上并不与感性知觉的能力相区别，它有时与感觉相提并论，而有时又与不属于同一种能力的其他活动相提并论。^②

第二种反对的论据力量更小；它建基于下述事实，即在《尼各马可伦理学》^③中，区分出被不自制（akrasia）的情感支配的两种类型，即，出于欲望的（tōn epithymiōn）与出于激情的（tou thymou）。我们认为这并不足以确立出存在着两种能力，因为在其他能力中，或许在所有这些能力中，不同的获得性技能都会相应于不同的行为。因而扁琴演奏者的活动技能不同于绘图员的活动技能，数学家的知识也不同于物理学所获得的知识。

不过不论他们对亚里士多德的陈述在解释上有多么不同，可以确定的是，亚里士多德认为所有的感性欲望都统一在同一个主体上，即，统一在感性生命的中心器官；^④而这个事实对于我们而言是至关重要的。

19. 身体的有意识运动能力与感性欲望紧密关联。在《论灵魂》中，亚里士多德只是详尽地讨论了位移，因为这是最重要的运动。而对于位移成立的东西对于进食时嘴和味觉的运动必定也是成立的，同样，这对于构成身体运动的其他要素的自由情愿运动也是成立的。

当心理学考察感觉时，它对首要的器官比次要的器官更感兴趣、对现实的感觉能力比间接的能力更感兴趣；相似地，就身体的运动而言，它发现有关问题的首要及恰当原则比间接手段更为重要。^⑤它会问：这个原则是精

①　《论灵魂》3.3.428a31。
②　例如《论灵魂》9.432a31。
③　《尼各马可伦理学》7.7。
④　上面引述的《论灵魂》3.7（第122页注释③）中的段落已经表明，它包含了欲望能力。它也包含了激情的能力，我们必须将这种能力包含在其中，正如在同上1.1.403a31所表明的那样。因为亚里士多德将心脏作为感觉的核心器官。
⑤　《论灵魂》3.10.433b19："欲求用以引发运动的手段不再是心灵性的，而是身体性的：因而对它的考察就落入身体与灵魂的共同功能领域。"于是他加入了下述有关运动从最初运动器官开始蔓延的简短评论："现在我们可以来做一个简单概括，运动的手段可以在开端和终结相重合的地方发现，就像凸凹的结合处一样；因为凸面和凹面分别是运动的结尾和开端；因而后者静止而前者运动；它们在定义上是相分的而在空间上是不可分的。因为一切事物都由推和拉而被运动。所以，就像车轮一样，必定存在着一个静止的点，运动就

神之物还是身体之物。如果是后者，它是否与感性知觉及欲望能力在主体上不同，或是它是否与它们是结合的，抑或它与它们中的这个或那个是同一的。

那么显然，这就是某种身体性的东西，因为这种运动能力不仅发生在人之中，而且也发生在没有精神的动物中；① 而且同样清楚的是，必定也是在同样的器官中可以发现感性欲望以及感觉的能力，② 因为每种自由情愿的运动都源于一种认识和欲求。③ 而只有当一种能力的概念与本性是由其行为规定的时候，运动能力才能和这两种能力之一合一，而不同种类的活动预设了不同的能力；因为感性触动甚至感觉都毫无疑问与身体及其要素的活动不是同类的。

不过，在某种意义上，人们会把欲求能力同样称作产生这种运动的能力；④ 如果人们不以这种能力意味潜能而是意味着一种或另一种运作的原初倾向的话，那么也会如此。因为欲望的功能是某种被动性⑤ 的东西，因而也

是从这一点开始的。"在《论动物的运动》中，这一点被更为切近地解释，我们在 703a29 处可发现一种著名的相似的比较状态："动物的组织必须被看作一个井然有序的整体。当在其中一旦确立了秩序，就不再需要一位控制每种活动的特殊的独裁者，而是每个个体各尽其职，以其习惯的秩序按部就班地进行工作。因而在动物中，根据自然同样发生着这种过程。每一部分为自然所构造，因而在本性上适合于完成自己的功能。因此在每一部分中不需要都有灵魂，灵魂寓于躯体的核心掌控部分，其他部分通过与其本性相连而存活，并根据自然完成自己的活动。"

① 《论动物的部分》1.1.641b14。

② 参见上述第 124 页注释 ④ 引述的《论灵魂》中的段落。"保持静止的点就像车轮一样"即意味着心脏。《论睡眠》2.455b34："那么，我们已经在其他地方讨论过，动物中所发动的感性知觉和运动是处于有机体的同一部分。"《论动物的部分》3.4.666a11。因而他谈到心脏，因为在心脏中，所有感受的、欲求的以及运动的能力都被统合在一起："心脏就像……居于其拥有者中的一个生物。"（666b17）在不具有心脏的动物中，这种情况对其相似的器官也是成立的。

③ 《论灵魂》3.10.433a9："这两种东西看来在所有情况下都是运动的源泉：即欲求和理智——如果人们把意象作为一种思维……这两种东西即理智与欲求都能够发动空间位移。"

④ 《论灵魂》433b10："……引起运动的必定是一个东西，即如此这般的欲求能力"；b27："那么，我再次总结我所讲过的，即，正如动物能够欲求，它也能够自己运动。"

⑤ 对于欲求参见《论灵魂》3.2.426a4："因为在被触动因素中，主动的或运动的因素之现实性被实现了。"《论灵魂》10.433b17："因为被欲求所影响的东西（to oregomenon，这正如 Torstrik 正确地声称的那样，是一种正确的读法；特伦德伦堡已经倾向于如此做了），就其

是一种潜能，亦即感性欲望的潜能，而运动功能是某种主动，因而是一种现实，而这种现实性正是一种欲望功能自身的活动。因为当欲望加入到感性表象中时就会导致运动；通过感觉活动吸收进的形式作为目的因——欲望作为动力因；① 因而根据亚里士多德物理学的一般教导，效果自身是产生于这两个原则的。

当然，并非每种感性欲望都会导致一种运动，正如并非每种被感觉所吸收的形式都会刺激欲望一样。毋宁说，是下述这种情形，即，被表象的东西对于相应的人而言在某些方面是快乐的或不快的，② 而为了使身体的运动得以发生，就必定同时显示出某种东西是可获得的。③ 如果这两个条件呈现了，即如果欲望被触发了，且如果没有病态的潜质④ 或没有外在障碍物阻挡，那么运动就会以与下述效果同样的必然性发生，即在恰当地处理事务时无意识所推动的那种效果。⑤

20. 然而，我们如何协调这最后的评论呢？即下述事实：只有被激情奴役的软弱者才会进行其欲望所要求的所有活动，而对于具有美德之人而言，不论激情的推动力多么巨大他也不会如此行动——只要理性禁止他如此行动的话。⑥ 难道这不会显而易见地从中得出下述事实吗？即，身体的运动与

在运动中如此现实地被影响而言，以及就其在现实欲求意义上的欲求（energeia as dative，由 Torstrik 校正）而言就是一种运动。"

① 《论灵魂》3.10.433a18："欲求的能力（to orektikon，对于这个在所有手稿中的读法——Simplicius 的读法除外——是正确的。）发起一个运动，而作为其结果，思维产生了运动，欲求的对象（to orekton）就是刺激的一个源头。因而，当意象发起运动时，它就必然包含了欲望。因而进行推动的是单一的能力即欲求的能力（to orektikon，正如 Torstrik 正确地读的那样）"；433b14："'引起运动之物'是多义的：它要么意味着（a）某种自身不被运动之物，或是（b）立即进行推动的和被推动的。进行推动而自身不被推动是可实现的善好；立即进行推动与被推动的是欲求能力（to orektikon）"。不过，根据亚里士多德，因为只存在着一种感性欲求能力，且由于存在着多种欲求，他在上述第 125 页注释④ 引述的段落中说运动原则在种类上是一，而在数量上是多。

② 参见《论灵魂》3.10.433b7。

③ 《论灵魂》433a27。

④ 《尼各马可伦理学》1.13.1102b18。

⑤ 参见《形而上学》9.5.1048a5-21。

⑥ 《论灵魂》3.9.433a6："最后，负责运动的也不是欲求；因为那种自制的人会抵制欲望和欲求，虽然他们也有欲求，可他们却跟随着理智。"

感觉的亲密程度并不会比与精神能力的亲密程度更近。抑或是下面的情况？即，它与精神能力的关系从本性上说是更亲密的，因为显然有德之人是根据本性行动的，而不自制及放纵的人是被视作本性的毁坏。① 那么我们如何协调我们的下述断言呢？即，驱动力属于感性部分，并且其活动原则是一种感性欲望。这个问题可以遵循下述事实简单回答：即，虽然精神部分没有包含位移的直接原则，可它也会影响位移，因为它有时会唤起有时会抑制感性欲望，或是把后者改变为不会导致运动的方式。根据古代的宇宙论，更高级领域的运动携带着较低级领域的运动；相似地，人天生的高级欲求便携带着低级欲望，而通过这种对身体运动的间接决定，这最后一种运动与第三个领域的运动就是可比较的。②

① 《政治学》1.5.1254a36（见下面的注释）。

② 在《论灵魂》3.11.434a12，我们发现了下述话语，评注者们发现对此理解非常困难："有时……欲求战胜希求且将他置于运动中；有时希求如此作用于欲求，就像一个球以其运动推动另一个一样（Torstrik 提出以 sphaira sphairan 替代简单的 sphaira 或 sphairan 也不是没有道理），或者一个欲望战胜另一个欲求，例如在意志薄弱的情况下……"（我们从《尼各马可伦理学》获知，akratēs 是软弱的人，他不是已经采纳了对快乐的追求原则作为最高善且为了快乐而牺牲一切的人。参见《尼各马可伦理学》8.9.1151a11，他只是不自制的人 [akolastos]，8.1150a19。出于这个原因，他通常不会在每种情形下都以理智向其欲望投降为代价——不过他还是容易投降的 [eumetapeistōs]，9.1151a14；参见本章的结尾。不过，当软弱者更为有力时，他通常会克服对诱惑刺激的屈服。因而在这个情况下，欲求有时就会超出理性，而有时理性就会保留在高层位置。胜出的部分携带着被征服的部分，就像举重的部分推动其他部分而运动。）"……虽然出于本性较高级的能力通常是更为权威性的，且会产生运动。"（不过通常是下述情况，即，两个球体中更低的一个推动更高的一个，正如我们已经提出的那样，这个更低的超出更高的原则是非自然的；自然的通常是更高的是原则和推动者。）"因而三种运动就是可能的。"这最后一句是最令评注者困惑的，虽然前面的部分也不是没有困难的。两种运动很容易被命名，人们会问，可什么是第三种运动呢？解释大不相同；我们已经表明过，且我们并不会怀疑，一旦总体地考察这段的目的与语境，我们的解释就会优于其他人的解释。

亚里士多德由以出发的问题以及这整个一章的研究到结束所针对的问题，就是运动——特别是人的运动——的起源问题。而对他而言，运动确实有三种运动构成。因为，第一，行走是一种持续的下降；第二，除去身体的重量，还有感性灵魂及其欲望的影响；并且，第三，由于感性欲望是附属于理智部分影响的，理智欲求即意欲也就是一个决定因素。因而，如果人的理性活动不得不区分为三个领域，其中彼此高于或低于另外的，那么每种低级的就具有更为复杂的运动，因为其中添加了新的运动因素：理性灵魂、感性灵魂与身体。参见《论天》2.12.293a6。在其他解释中，完全的比较仍处于晦暗状态。特伦德伦堡已经拒绝了原先的评注者；不过我们出于几个理由不能同意他，这主要是由于下

我们假定感性欲望遵循着由感觉所吸收进的形式，而这以何种方式是可能的这个问题在我们要马上进行的对精神能力考察之后就会清楚了。这个考察将会表明，精神性部分具有一种能力，通过这种能力能够自由地移动意象的表象，并且也能够转化它们。① 不过在我们谈论这种主动原则之前，我们必须像在感性部分的情形中一样，首先讨论形式领会的精神能力。

述假定是不可能的，即，他这里谈到感性欲求互相斗争。对于那个后果而言，并没有斗争的痕迹；因为欲求（orexis）不意味着理智欲求这一点是错误的。这从不少段落来看都是清晰的，而从前面两章来看也是清晰的。于是他在 10.433b5 说："由于欲望之间相互冲突，这种冲突发生在逻各斯与欲望相对立时，而这种对立只有在具有时间观念的存在者那里才可能（因为理智建议我们出于将来的考虑而抵制某种行为，而欲望却只顾眼前；由于欲望不会看到将来，它就会把暂时令人快乐的东西看作绝对令人快乐的与绝对好的）。"相似地，人们不会反对我们下述解释，即，身体的被推动不能被称为与两种欲求并列的第三种运动，因为它自身并不是一种欲求。因为亚里士多德在章十 433b14 显然是如此做的："'发起运动者'这个表述是多义的，它既可以指自身不动者，也可以指运动者与被发动者。发起运动而自身不动者就是可实现的善好，运动者与被发动者就是欲求（因为被发动者只有在实现欲求时才被发动，而在实现欲求意义上的欲求才是一种运动），被发动者就是动物。"于是就没什么东西挡道了。不过我们的解释通过《政治学》第一卷的一个段落得到进一步支持，我们以此可以作为最终的证据（《政治学》1.5.1254a34）："……在生物中……首先由灵魂和身体结合而成，其一在本性上是统治者，另一则是被统治者。我们应当来考察在那些本性上得以保持的事物中，而不是被败坏的事物中，其本然的目的是什么，所以我们必须了解在最完善的状态下既具有身体又具有灵魂的人，因为在他身上我们将看到这两者的真正关系。虽然在坏的或在败坏的状态下，身体似乎经常支配灵魂，因为那时它们都处于邪恶和背离本性的状态。在对生物的观察中，我们首先发现专制统治与共和统治，灵魂是以专制的统治来统治身体，而理智对欲望的统治则是共和或君主统治。显然，灵魂统治身体、心灵和理智的因素统治情欲的部分是自然的和有益的。相反，两者平起平坐或者低劣者居上则是有害的。"

① 见下述第四部分 no.28。有关《论灵魂》3.9.432a19 中提出的假定，即，位移的能力属于感性部分，亚里上多德提出了另一个反对意见。不过他令其处于未决状态，这大概由于这种解决之于所有人都是显而易见的。他提示说，移动的能力看来不会属于感性部分，因为甚至一些充分发展了的动物组织也不具有它（因为具有繁殖的能力也就是充分发展了的）。简单的答复是，就其植物性生命部分而言，具有繁殖能力的东西确实是完备的（"目的是产生像它自己的东西" Hamlyn，2.4.416b24），不过繁殖能力并不是感性部分的完成，因而可与植物性生命发展中的一种缺陷结合。

第四部分

理智灵魂

第一章

潜存于所有可思之物的理智

1.我们这里要考察的首要问题当然是下述问题：在人之中是否存在一种——不同于已经讨论过的感性认识能力的——认识的能力？即便这种能力不从属于主体，它也是存在的。①

我们知道我们解决这一问题不得不用到的程序，而且当我们不得不确定认识能力的统一性与多样性的时候，我们已经一再地运用了这种程序。我们必须从行为与对象开始，而且如果我们在自身之中发现了一种不呈现我们感觉的任何专属对象的认识活动，那么就会得出，在我们的感觉之外，我们必须拥有另外的把握形式的灵魂能力。情况显然就是这样的。② 我们在自身之中具有一般意义上的颜色概念和声音概念，而这些表象大概不会被算作看与听的感性图像。因为看会识认到白与黑以及每种特殊的颜色，可看不会识认就其自身而言的颜色。因为"颜色"既非白也非黑；因为如果它是

---

① 参见《论灵魂》3.4.429a11；chōriston kata megethos（尺寸上的差异），正如 2.2.413b15，chōriston topō（定位情境中的差异），这指的也就是"就主体而言的差异"。参见上述第一部分第 65 页注释 ③。

② 参见《论灵魂》2.5.417b22；3.4.429b10，对这一段我们现在会详尽探究；6.430b28；8.432a2 及 a12。《形而上学》4.5.1010a1、a24。《后分析篇》1.18.81b6；31.87b37；2.13.97b26；19.100a7、a26。《物理学》1.5.189a5。《形而上学》1.1.981b10；3.4.999a26；7.10.1035b34；11.1036a28。《尼各马可伦理学》6.6.1140b31；10.1142a26；12.1143b4；7.5.1147b4。"能被学习的东西"（mathēmatika）是与"可感的东西"（aisthēta）相比较而言的。例如《论感觉及其对象》6.445b14。

其中一种，那么它就会与另一种相对立，并且也不会被断言为它自身。相似地，一般意义上的声音既非 a 也非 b，既非笛子的声音也非竖琴的声音，它也不是耳朵听到的任何声音。然而，如果这些感觉——其专属对象是颜色与声音——都不能把握颜色与声音的概念，那么更不用指望我们所提到的其他感性能力了。再者，让我们考察数学的概念，例如面与线的概念以及方与圆的概念；显然这些概念并不包含红、热或甜的表象，或者任何专属的感觉对象。最后，数的概念、实体的概念以及其他的概念甚至不包含广延的表象，而广延又形成所有可感性质的必需基础。① 因而，毫无疑问，在所讨论过的感性能力之外，我们必定在自身之中具有另外的认识能力，而对于这种能力我们就称之为理智（Verstand）。

2. 一方面，可以确定的是，理智与感觉不同；另一方面，也不能否认，我们必须认为理智与感觉在诸多方面是相似的。② 通过这两种能力，我们的灵魂区分及认识了事物，③ 而二者一起决定和引导了我们的欲求与行为；④ 这就是为何一些古代思想家忽略了理智行为与感性知觉的区别，并且把其中一个等同于另一个。⑤

因为思维在这方面相似于感觉，它不得不被可思之物触动，⑥ 这种触动是在我们已经在感觉中确定的触动的扩展意义上而言的；一般而言，理智相关于可思之物正如感觉相关于可感之物。⑦ 因而，理智如果不被触动，也潜在地能够获得可思的形式，⑧ 正如感觉能够获得可感的形式一样。如果离开所有潜在的可思之物，⑨ 正如恩培多克勒所相信的那样，在现实中也不会辨

---

① 《论感觉及其对象》6.445b10。

② 《论灵魂》3.3.27a19；4.429a13。

③ 《论灵魂》3.3.427a20；428a4 以及 9；432a15。

④ 《论灵魂》429a4；10.433a9。

⑤ 《论灵魂》3.3.427a21。

⑥ 《论灵魂》4.429a13："如果思维与感觉相似，那么它必定是一个过程，其中灵魂被可思之物触动，要么被其他相似之物触动。"参见 429b24。

⑦ 《论灵魂》429a16："思维必定相关于可思之物，正如感知相关于可感之物。"参见上述第三部分 no.2 的相关讨论。

⑧ 《论灵魂》a15："灵魂的可思部分（虽然不被触动）于是就能够接受对象的形式。"参见 8.431b28。《形而上学》12.7.1072b22；参见上述第三部分 no.2。

⑨ 《论灵魂》3.8.431b20；5.430a14 以及 4.429a18。

识出相关对象。① （因为他认为土被土认识、水被水认识、气被气认识、火被火认识、友爱被友爱认识、冲突被冲突认识）。② 不过我们必须要赞同阿那克萨戈拉，他说为了获得理智的全部，理智就是非混合的，③ 因为理智就其自身而言对于所有形式都是自由的。如果理智中实际上存在着什么天生的东西，那么它就会成为其他对象的障碍，并且会挡住它的入口。④ 这就像人们想用一张用过的纸代替一张想写东西的纸，因为后者上面没有书写任何东西，因而在它上面想写什么就可以写什么——亦即，有时可以写这个东西，有时又可以写那个东西。⑤ 因而在进行思考之前，我们称为理智的灵魂能力在其现实性上不是任何东西，其本性只是一种潜能性。⑥

3. 然而，我们必须如何设想这种能力的主体呢？显然，必须具有一个主体，因为思维是一种偶性能力，它属于触动范畴中一种偶然现实性的潜在性。⑦ 其主体因而就像具有感觉的身体那样是一个赋有灵魂的身体吗？抑或理智是这样一种精神能力，即它的主体就是灵魂自身？我们已经预先提到过亚里士多德的回答，并且已经指出，亚里士多德大致会决定性地赞同后一种观点；他的主张与他伟大的导师所认定的一样，即坚持理智灵魂的精神性。

---

① 《论灵魂》4.429a16："潜在地如此，虽然并非与此同一"（Hamlyn）；参见 6.430b23，在此处他说"在其中"（bekker, Trendelenburg）。

② 《论灵魂》1.5.409b23；3.3.427a26；《形而上学》3.4.1000b6。

③ 《论灵魂》3.4.429a18："因而，由于所有东西都可能成为思维的对象，那么正如阿那克萨戈拉所言，理智为了掌控，即为了知晓，那它必定就是单纯无杂的东西。"毫无疑问，阿那克萨戈拉必定有比这更好的理由声称其理智是非混合的。亚里士多德很好地注意到他在改变"为了掌控"（hina kratē）的意思；这可以从与《物理学》8.5.256b24 的比较中得出；参见特伦德伦堡对这一段的考察。

④ 《论灵魂》3.4.429a20："因为与其本性相异之物便是一种障碍。"

⑤ 《论灵魂》429b30："理智所思之物正如尚未被写在书版上的字，它在未写之前一无所是。"亚里士多德谈到写字版所具有的一种属性，这是其他写字材料所缺乏的。并没有书写持续地保留在上面。因而，通过不断改变写法，有成千上万本书——实际上是所有事情——都能被写在小黑板上。

⑥ 《论灵魂》a21："这也就会得出，理智就像感性部分那样，它除了具有某种能力之外，自身并无其他本性。"参见 b30 以及上述第 132 注释 ⑨ 所引述的段落。

⑦ 如果被动理智是一种实体性能力，那么它就会与接受性质料相同了。不过这是不成问题的，因为实体性质料永远不会离开形式而被发现，此外还有众多理由；可参见《论灵魂》3.4.430a5。

下述说法指涉柏拉图以及他的学生："那些声称灵魂是理念的寓所的人说得不错。不过，他们不应当说这是全部灵魂而只应当说这是理智灵魂，他们也不应当说理念现实地存在于灵魂之中，而只应当说它潜在地存在于其中。"①在这里，亚里士多德显然表明其学说与柏拉图学说的一致与差别之处。他在柏拉图认为理智灵魂是某种精神性的（亦即非质料的）东西时是赞同柏拉图的；理智在他看来是灵魂自身的一种能力，而不是赋有灵魂之身体的一种能力，而他认为精神行为也就是灵魂的纯粹性活动。另一方面，他在下述一点上是不同于柏拉图的，即，亚里士多德确信感性能力的主体及其活动必须是一种赋有灵魂之身体的器官，而柏拉图允许感性灵魂与理智灵魂具有相同的地位。第二，柏拉图认为理念从出生就存在于灵魂中，并且认为理念是在先前的生命中获得的，②而亚里士多德则断定灵魂天生除了具有思维的能力即理念的潜能之外什么都不具有。

那么，亚里士多德对理智灵魂之精神本性的确信是基于什么理由呢？比如，这种确信体现在下述段落的教导中："说理智与身体是混合在一起的是不对的"等。确实还有大量的评论，它们出于《论灵魂》以及其他著作中，其中有时只是暗含、有时则是清楚而毫不掩饰地断定这是他的观点。③他不

---

① 《论灵魂》429a27："把灵魂称为'形式的居所（参见第一部分第 65 页注释 ③）'这个想法不错，虽然这个称呼只适用于思维灵魂，而且这里的'形式'也是潜在的而非现实的。"

② 柏拉图并不相信，诸理念从一开始就是在现实性上、且不被打断地被我们知晓的。他只是假定，由于其先前与身体的结合，灵魂在自身中就保留了一种状态，这就使它在某些情形下记起了诸理念。因而，显然亚里士多德刚提到的论据——即不同意理智就其本性是现实性这个观点——就不是针对柏拉图的。因为即使灵魂如柏拉图所设想的那样从出生就拥有理念，这也不会使思想的变化成为不可能的。人们一般认为亚里士多德对柏拉图的反对集中体现在写字板的比喻上；可这并不与柏拉图的学说矛盾；确实，柏拉图自己已经采用了它——他实际上是在《泰阿泰德篇》（191c9）中使用它的，只是在一种不同的意义上。不过正如我们会看到的，亚里士多德甚至拒绝真实的理念在我们的灵魂中以柏拉图已经设想的方式存在。我们后面会看到他为何如此做的原因。现在可参见《后分析篇》3.19。

③ 确实，人们必定会震惊，任何亚里士多德的注家也会质疑这一点，假如支撑性的段落是如此众多的话。然而，这已经发生了；因而我们这里想引述最重要的段落，并且会将其与下述内容结合，即在亚里士多德看来人的理智部分并非一种与灵魂的其他部分分离的单纯精神性实体，正如被陷入错误的反对者所坚持的那样。

在《论灵魂》第一卷第一章，亚里士多德已经称灵魂为生命的首要原则，在《论灵魂》

1.1.402a9，他说人们必须研究"其属性；有些似乎是灵魂特有的性质，另一些似乎属于拥有灵魂的生物。"于是，在402b9中他继续说："如果除了灵魂拥有多个部分外并不存在多种灵魂，我是先研究作为整体的灵魂、还是灵魂的多个部分？"这些言辞甚至更为确定地表明，理智灵魂与感性灵魂的差异并非像实体之于实体的差异，而是像部分之于部分这种差异。他在这同一章中进一步说（403a3）："关于灵魂的属性还有这样的疑难：所有属性是为灵魂所有者共有呢，抑或任一属性都为灵魂自身所独有？……在多数情况下，无论是主动的还是被动的属性似乎都不能脱离身体而存在，例如愤怒、勇气、欲望以及一般意义上的感觉。思维看来很有可能会例外……如果灵魂的功能或属性中有某种独特的东西，它就能与身体分离而存在，但如若对灵魂来说并没有什么独特的东西，那它就不能脱离躯体而存在。"这里他再次使其统一体的观点令人知晓，不过这部分地是灵魂的理智本性。403a27中以一种相似的方式指出理智部分的非质料性："研究灵魂，无论是研究所有灵魂还是某一类灵魂（即感性灵魂），乃是自然哲学家的事情。"不过在第三章，亚里士多德以毫不含糊的言辞否定了这种非质料性（407a2）："首先，说灵魂具有广延是不正确的（参见2.12.424a26）。因为柏拉图所说的'万物之灵'所意味的是某种类似于所谓心灵的东西——而非像感性或欲望灵魂。"相似地在第四章（408b18），他说："但心灵或理智似乎是生成于我们之中的独立实体，而且是不可毁坏的。如果它会消亡，最大的可能便是由于年老虚弱，事实上，感官也发生着同样的事情；如果一位老人重新获得明亮的眼睛，他也会同年轻人的视力一样好。所以老年人的无能并不是由于灵魂的影响，而是由于灵魂所依存的事物的影响，正如在醉酒和疾病时的情况一样"（参见3.3.429a7）。"所以思维和思辨能力的衰微乃是因为内部某些别的东西腐败了，而它自身并没有受到影响。思维、爱、恨并非理智的触动，而是拥有理智之物的触动。这就是为何一旦这事物消亡了，记忆和爱也就终止了；因为它们并不属于理智，而是属于整个已经消亡的事物。理智无疑是某种更为神圣的事物，而且它不被触动。"亚里士多德这里毫不含糊地澄清，他把理智灵魂当作某种精神性的。不过正是在这之前，他已经表明，在他看来这种灵魂与感性灵魂形成了一个灵魂；这出现在408a16，他认为在一个身体中有几个灵魂是不可接受的："这（即不同意的观点）将得出，有多个灵魂遍布整个身体。"于是，在这一章的最后，即在他想确立灵魂不是一些点的地方，我们十分清晰地感知到，并非每种灵魂都由于其持续地存在而依赖于身体，而是它们有些是与身体分离的（409a28）："再者，如果线不能被分割成点的话，这些点又怎么可能游离于肉体之外并使它们和肉体分离呢？"不过，显然，只有对于理智灵魂而言这些才是他的观点。在第5章，我们也会发现将理智描述为灵魂之一部分的段落，例如410b24："但是，即使我们对这种观点置之不理，假定理智就是灵魂的部分，就像感觉能力那样……"而且也有一些段落显示了其精神性。于是亚里士多德解释了泰勒斯的箴言，即万物有神意味着他把万物都看作被赋灵的（411a7），这显然是由于在他看来，灵魂是像神的东西(亦可参见410b12)。他后面又在411b14说："关于灵魂的部分可能还存在着某些令人迷惑不解的地方，如，身体中某一部分的功能是什么？因为如果整个灵魂将身体整个地结合在一起，很自然地就会推出，它是由灵魂的每个部分将身体的每一部分结合在一起。但这似乎是不可能的；因为理智将什么部分结合在一起，或者如何结合，这都是难以想象的事情。"为何这个困难特别地针对理智呢？显然是因为以他的观点来看，理智是不与身体混杂的，并且其活动也不会运用身体器官。

在第二卷，我们碰到第一章中的下述说法（413a4）："由此可见，灵魂和身体是不能分离的。如果灵魂具有部分，那么灵魂的部分也是不能和身体分离的。因为它们中有一些部分的现实性不过是它们身体的部分的现实性而已。有些部分也许能够分离存在，因为它们根本就不是身体的现实性。"在这里，他非常明确地限定，灵魂的某个部分并非身体的隐德莱希，因而是精神性的。不过在他看来只有一个部分即理智部分是非质料的，那为何他说"不过有些……"而不说"一个或许是可分的"呢？这在我们看来他如此说是因为理智部分包含了一种能力的复多性。他在第二章（413a20）说，理智是属于不朽存在者的东西，它就像"感觉或空间的运动与静止"以及"营养意义上的运动、朽坏与生长"。不过他也提示说，理智是它们与有朽存在者所共有的一种能力。这就是为何它是精神的以及为何有朽存在者参与其中的原因，人必须在这部分中才是精神的与不朽的。在413a31他说："相对于有生灭的东西而言，这种摄取营养的能力可以不依赖其他能力而存在，其他能力则不能脱离摄取营养的能力而存在。"进而言之，理智灵魂被称为灵魂的一部分是在前面确定的意义上，而且我们已给出解释，它与灵魂的其他部分不同不仅是概念上的而且也是实体上的；这并非就像它寓于一种特殊的身体器官，而是因为它是精神性的、不朽的、不毁灭的即它属于一种完全不同的种属及更高本性的实体："目前，我们只满足于说明，灵魂是我们已说过的那些能力的本原，并且由它们来定义。接下来的问题是，这每一种能力都是一种灵魂还是灵魂的一个部分呢？如果是灵魂的一部分，那么它是仅仅定义上能分离呢，还是在位置上能分离呢？"在这些能力的一些情形中，答案是简单的（即在植物性的、感性的以及运动的部分）；在其他部分（即在思维部分这种情形中）则是令人困惑的。因而他在413b24继续说："但是，对理智和沉思能力我们还一无所知，它似乎是另一种不同的灵魂，其区别有如永恒事物之于生灭事物，只有它是可分离的。"在第三章，亚里士多德使用了图形的比喻来澄清灵魂的统一体。在这里，他一口气提到理智以及灵魂的其他能力。这里他再次提到人通过其理智的精神性以及与更高级存在者的相关性（414b18）："仍然存在其他生命存在者序列，比如人；或许也存在与人相似且优于人的序列，它们具有思想的能力即理智。"随后，他又在415a17说："最后，某种少数的生物具有计算与思维能力，例如在有朽的存在者中，那些具有计算能力的具有上面提到的其他所有能力等等。"紧接着，他说："理论性理智（ho thēoretikos nous）呈现出一种不同的难题。"也就是说，它也被发现在缺乏植物性与感性的纯粹精神性实体中。在第四章的开端，与感性部分与植物性部分在一起的思想部分再次作为灵魂的部分被提及（415a17）。在卷三，亚里士多德提到早期诗人与哲人的观点，他们不同于他自己的观点，他们认为思想是一种身体性的活动（427a26）："他们都将思想看作一种身体的过程，就像感知那样。"

因而，正如我们能从《论灵魂》前面的评论中看到的那样，理智在亚里士多德理论中是一种精神性实体的能力，它在人之中是与身体紧密地关联的，并且也是相同灵魂的一部分，这种灵魂的其他部分给予身体存在与生命，因为它们是其实体的现实性。第四章包含与支持了有关理智之自然本性的相同理论。我们会不得不详尽讨论它。这里我们只是从亚里士多德其他著作中证实这个观点的内容中找出几段。

有关理智的精神性，参见《形而上学》4.5.1009b12（《论灵魂》中的平行段落是上述引述的3.3）；《形而上学》6.1.1026a5（《论灵魂》中的平行段落是上述引述的1.1）；

会现成地把柏拉图的论据接受为他自己的论据，因为这些论据的相当部分被亚里士多德认为是错误的，比如上面刚刚提出的观点，即，柏拉图所认为的我们天生就具有理念这种观点。因而亚里士多德必定也通过其他理由而达到了这种确信；确实，在《论灵魂》卷三第四章中，他为我们提供了三重证据，而在这只言片语中，至少其中前两种是容易被误解的。

4.第一个证据是：当他表明理智为了能够知道所有事情而必定在其本性上是纯粹的潜在性之后，他指出："因而说理智与身体是混合的是不合适的；因为这样的话它就不得不获得某种性质，并且成为或是冷的或是热的。"①

这些表述已经以下述方式被解释过了。据说亚里士多德已经注意到，人类理智就其本性而言是能够认识万物的；在所有有形之物中，并不存在着它不能把握的概念。因而就其本性而言，理智是摆脱所有有形之物的灵魂的一种纯粹能力；因为如果理智与身体是混合的，那么它就会具有某种身体属性，而这种身体属性使其不能把握相反的诸形式；理智就会是冷的或热的，这在一种情况下就会有碍于知晓冷，而在另一种情况下则会有碍于知晓热。

然而，如果这是亚里士多德的论证路线，它就一点儿也不会适合于提出理智灵魂之精神性的信念。因为显然，这里的对象性②接受就与对感性性

12.3.1070a26（《论灵魂》中的平行段落是上述引述的 2.1；亦可参见《论灵魂》3.5.430a22；我们随后会讨论这个段落）；《论感觉及其对象》1.436a6（如果理智是赋灵身体的一种能力，而不是灵魂自身，那么它在这里就应当被提到）；《物理学》7.3.248a6；《论灵魂》3.6.430b30；《论动物的部分》1.1.641a22-b10；2.10.656a7；4.10.686a25-29（《论灵魂》中的平行段落是上述引述的 1.4）；《论动物生成》2.3.736b27。（这段特别重要；我们后面会考察。我们现在只是指出，从无进入胎儿的理智，我们必定认为它不仅是主动理智，而且是整个思维灵魂 [736b14]）；《尼各马可伦理学》1.4.1096b29。（包含感性活动的东西是身体，而思维的主体只是灵魂。）《尼各马可伦理学》6.13.1144a29；10.7.1177a15；b28、30；1178a1；a8；1178b26 以及 a9；1179a26。所引述的一些段落非常清楚地教导，理智灵魂与人的其余部分实体性的统一，例如在《论动物的部分》1.1。同样要点亦可参见《形而上学》2.1.993b10："我们灵魂的理智"；12.9.1075a7："人类沉思"；9.8.1050b1（检验力位于下述事实中，即，作为伦理学教导的幸福处于理智活动中，特别是在沉思中）。不过最具结论性的是《尼各马可伦理学》从1168b28到最后的某些段落，特别是1168b35、1169a2 以及 10.7.1178a2。

① 《论灵魂》3.429a24："因此认为它和身体混合在一起是不合理的；如果是那样，它就会变成某种性质，如热或冷……"

② 我们已经在上面（第三部分第 95 页注释②）表明，我们是在什么意义上使用这个词的。

质的物理的或质料的接受是分不清的。下述情况确实是真实的，即，在理智中，在任何一个时间点上只能有一种思维，正如在感性中一个时间点只能有一种感觉表象一样；因而，如果物理性质的概念天生实际上是在理智中的——例如，如果热性天生就对象性地固定在理智中——那么冷的表象因而就会成为不可能的；[①] 因而不论这种性质还是那种性质都必定不是对象性地处在理智之中的。可如果理智并不对象性地包含任何物理性质，而只是潜在地可成为万物，那它必定就在物理上与所有物理性质无关，如此人们就可以得出理智与身体不是混合的吗？看来根本不会得出这个结论；如果能得出这个结论的话，那么触觉也就不能具有身体性的器官作为其主体了，因为触觉区分热和冷并且知晓它们。那么我们已经看到这种能力就是身体性的；其器官的物理性质不会阻止对相反性质的识认；它确实最为强烈地感知到了离它自己最遥远的东西。[②] 因而，如果理智以相似的方式行为，那么看来就不会从中产生出什么障碍。

5. 还有另外一种避免这种不一致性的解释，不过这与上一种解释非常接近。如果我们必须承认同一个器官能够同时包含物理方面的冷和对象方面的热，换言之，一个冷的东西能够感觉一个热的对象，这决不意味着其自身的物理性质对这种感觉毫无影响。如果我们的热手触摸一个同样热的对象，我们就不会感觉到它的热；因而，即使器官处于一种最适合于感觉热的中间状态，以至于我们能够把更冷感觉为冷而把更热感觉为热，由于中间相对于两个极端也就是相反的一端，那么仍然有某种热是不能被感觉到的。[③] 不过，由于这对于理智而言并不成立，理智通常能够设想热的所有程度并且能够判断它们的关系，亚里士多德就会得出结论说，理智是与所有身体性质无关的，因而一种灵魂能力自身就不会把一个器官作为其主体。就此而言，我们必须增加如下考虑：热感的器官是某种身体性的东西，它在物理上包含着会

为了达到表达上更大的简洁性，我们是在经院哲学惯用的意义上使用这个词的，即表明某人在自身中获得了某种东西作为对象，即作为被认识的某物。例如，如果某人感觉到温热，他就对象性地拥有它。相较而言，温热的某人在他自身中物理性地或质料性地具有温热。

① 参见《论灵魂》3.6.430b23。

② 参见《论灵魂》2.11.424a2。

③ 《论灵魂》。

增加和减少的某种热或冷，它也就会把同一个对象有时感觉为热的而有时感觉为冷的。甚至会发生下述情况，即，在感知某个对象的过程中，对这个对象的感觉是变化的，因为器官慢慢变冷或慢慢变热了。可是就理智而言，其概念在所有时间都是确定的，它不会波动和变化。因而就会得出，当亚里士多德说理智不会或冷或热、或是不会具有其他可变化的身体性质的时候，就是完全可辩护的，因而理智必定是完全脱离身体性的。

可以承认，这种解释优于前一种解释，因为它看上去与亚里士多德的其他学说更为融洽。不过，对它而言还是有不少扎实的反对意见。首先，如果这确实是亚里士多德的思想，其表达就会使人们相信，亚里士多德是想提出一个疑惑而非要解决它们。其次，理智拥有这种可感之物——就像热感以及其他感觉能力那样——作为其对象，这是不真实的。当亚里士多德想说明一种内感觉的存在以至于可以使我们区分不同的感觉对象的时候，他从下述论述开始："我们以什么来感觉白不同于甜以及每个可感之物不同于其他的可感之物？必定是以一种感觉，因为需要被感觉的是可感对象。"① 因而，如果他这里是在第四章即理智认识万物的意义上讲的，那么这里的对象就意味着所有可思之物，② 特别是由于他刚刚说理智是与可思之物相关的，正如感觉是与可感之物相关那样。③ 因而接下来他毫不含糊地说："理智以一种方式潜在地是可思之物。"④ 而在第八章的一开始，亚里士多德就对比可感的与可思的，他说："有些事物是可感的，有些事物是可思的；那么知识（语境表明这里他所指的是所有理性知识）在一种意义上就是可思之物，而感觉在一种意义上就是可感之物，"他接着得出：因而"灵魂在一种意义上就成为万物。"⑤

6. 这表明，对我们所提到段落的第二种解释也是不可接受的；不过它同时提示了正确的解释。所有其主体是赋灵身体的认识能力，都会通过一种有

---

① 《论灵魂》3.2.426b12（参见上述第三部分第 102 页注释⑤）；参见《论感觉及其对象》6.445b15 以及在第四部分第 131 页注释②引述的段落。

② 《论灵魂》3.4.429a18："它思考万物。"

③ 见上述第 132 页注释⑦。

④ 《论灵魂》3.4.429b30："……理智以一种方式潜在地是可思之物。"

⑤ 《论灵魂》8.431b20："现在让我们总结一下对灵魂的考察，并重申灵魂在某种意义上就是全部存在之物。因为存在之物或是可感的或是可思的，而知识某种意义上就是可思之物，感觉某种意义上就是可感之物。"

形性质的影响而进入一种实际的认识状态，这种有形性质是认识能力的专属对象，有形性质的影响使这种认识能力相似于这种性质自身，正如一般而言的相似者产生相似者。[①] 这种性质代表了主动原则与被动原则的一种相即关系的能力；这就是在这种能力中原初地被呈现的东西；正如我们上面所言，[②] 所有其他东西只能通过这种能力且伴随着它而被呈现。如果在听觉中没有对声音的感知，那么这种听觉中就既没有近和远的表象，也没有快和慢的表象等；如果看没有感知到颜色，那么它既不会看到大也不会看到小，既不会看到圆也不会看到方；总之，当作为一种感觉的专属对象的可感性质在那种感觉中未被发现时，那么这种感觉就根本不会包含任何可感之物。那么亚里士多德就会就感觉能力说，当它实际上感觉的时候，它就是所感觉到的东西，[③] 因而我们可以按照亚里士多德的表述方式将上述观点表述如下：如果视觉没有获得一些性质，如果它既没有成为白的也没有成为黑的，或是也没有获得其他颜色，那么它就根本不会在自身中获得任何对象，且无论如何也不会认识什么东西。

那么，如果理智也是一种赋有灵魂之身体的能力，正如感觉能力那样，如果理智与感觉的不同只像一种感觉与另一种感觉的不同即只像高级感觉与低级感觉的不同那样，那么它也就不得不具有一种专属的可感对象，并具有一种影响它且从而将它导向现实性的性质；这种性质会使理智相似于它，并且会在其所有表象中形成基本的决定性。不过绝不会如此；毋宁说，在其表象中我们无论如何都不会注意到任何这种可感的性质。或者是，当理智把握例如颜色的概念时，是什么可感对象作用于它呢？或许是一种颜色——即白或黑——吗？两者都不是，因为白与黑是相反的，而颜色与二者都不相反；除此之外，伴随着每种表象都会在理智中不得不具有一种颜色；而在声音概念或味道概念中，像颜色这样的东西就不能被发现。不过其他概念也不会带有无论什么可感性质的表象，例如我们已经提到过的概念：线和面的概念、

---

① 参见《论灵魂》2.5.417a17 以及我们前面一般性的讨论（第一部分 no.15）。

② 第三部分 no.3。

③ 《论灵魂》3.8.431b22；2.425b22："再者，进行看的东西在某种意义上是拥有颜色的；因为每种感官都是对可感对象的不带有任何质料的接受。"参见 3.5.430a19，还有 2.5.417a20 以及 418a4；11.424a1；3.4.429b5。

方和圆的概念、数的概念、实体的概念、关系的概念以及其他概念等。于是下述说法就是不真实的，即，当理智进入一种认识状态时它就通常会接受一种可感性质；理智不会具有诸如热与冷这样的性质，因而也不会是一种赋有灵魂之身体的能力，因为理智与质料不是混合在一起的。

于是亚里士多德所讲的东西现在对我们而言就是非常简单的和容易理解的。他已经说过，理智成为所有可思之物，因而就其本性而言并不是在现实性中的任何对象。现在他得出了第二个结论，正如我们刚才已经讨论的，它从同样的命题得出："说理智与身体混合是不恰当的，因为如果这样的话，它就不得不获得某种性质，并且会变得或热或冷。"① 因而，理智不会带有任何感觉性质；其对象是可思之物，这特别通过下述事实变得显而易见，即，理智认识所有可思之物；那么即使最为肤浅的考察也不会忽略下述提示：即，没有什么可感性质作为专属对象渗透到其所有概念中。

7. 现在我们来看第二个论据，可以简要表述如下：即，亚里士多德以同样的话语继续，只是增加了下述内容："或许它会像感性能力那样不得不具有一个器官，可现在它却没有。"②

这个论据也是难以理解的；虽然其文本自身已经足够清楚。亚里士多德说，如果理智像感觉那样与身体混合，也就会像感觉那样不得不具有一个器官，然而情况并非如此；不过这也不能轻易地说，他所思考的东西已经被这个陈述表达出来了。因为这个证据看来显然是一种乞题，这个错误是如此粗陋以至于人们不可能想到它是这样一位敏锐的哲学家所犯。如果有人假定理智像感觉那样是在赋有灵魂的身体中，他必定也会假定理智就像感觉一样具

---

① 见 429a24。这个解释比前面一个更符合文本。陶思特里克（Torstrik）对这段评论道："再者，这里就是我所怀疑的以希腊语讲的东西：看来在第 25 与 26 之中我们不得不写'这会获得某种性质（poios tis gar an egeneto）'以及'甚至它会拥有器官（kān organon ti ēn）'，我们将其与 27 相关，'现在它不具有（nun d'outhen estin）'。"确实，按照前两个解释，我们必须至少读为 genoito（它已经成为即它会）而非 gignoito（它会成为），因为他们将这个词运用在存在热或冷的意义上，而非像我们这样用作成为热或冷的意义上。根据我们的解释，祈使句看来是更为合适的，至少这是在条件句中，而这第一部分的构建因而就会影响第二部分的构建。

② 《论灵魂》3.4.429a26："……或者理智能力部分会像感性能力部分那样拥有一种器官，可它——如其所是的那样——并没有。"

有一个器官作为其主体；而这恰好是需要被证明的东西，即，并非一种器官而是灵魂才是观念的主体。亚里士多德如何会预设这些呢？或许是因为人们不能在解剖学上确立一种特殊的器官作为理智的基底吗？显然，这什么也决定不了，因为理智的器官不需要与其他感性能力的主体不同。由于我们前面已经看到，外感觉具有最终的器官，这些器官是其主体，这些器官彼此相通且具有内感觉。根据亚里士多德，这些器官确实同时是植物生命与感性生命的核心器官；那么，为何理智不能在其中也发现其位置呢？

这些讨论确实会摧毁亚里士多德的证据；不过在这里以及在其他地方的进一步讨论表明，他不应受到这些反对。那么亚里士多德讲的是哪种器官呢？他所讲的最终器官是所有感觉都共同具有的、即是作为感知的主体吗？抑或讲的是把感性知觉转移到这种最终器官的其他器官？[①] 后者显然是实情。他想说的是，我们不得不具有一种器官，它为我们产生理智概念正如眼睛为我们产生可视影像，可显而易见，我们并没有这样一种器官。

可为何会是如此呢？为何由于内感觉不需要一种外感官而这样一种外感官又是理智绝对需要的呢？其原因是清楚的：理智通过其概念不仅能够识认感觉的自身存在，正如在内感觉的情形中那样，而且能够领会外在事物的本性——这确实不需要任何与主体要素的混合。[②] 我们不仅可以抬眼望天，而且我们的理智也可以测量月亮与星球的轨道，并且考察比较其大小。

不过为了使亚里士多德的思想完全清晰，我们必须考察这个证据与之前证据之间的紧密关联。在之前的证据中，亚里士多德从理智并不像感觉性质那样具有其专属对象这一事实而得出理智的非身体与超感觉本性；这种假定看来是错误的，因为甚至从更为抽象的概念中得出的知识，也会以一致的方式扩展到颜色、声音以及其他感觉性质的范围。现在他使用相同的假定，不过用来支持的却是不同的方式。如果一种对象的物理性质既是理智的活动原则，也是感觉的活动原则，那么当其概念把握某种外在之物时，就不得不

---

① 参见上述第三部分第 103 页注释 ②。应当指出，亚里士多德用 aistheterion 这个词描述中介性的感觉器官，也描述最终的感性器官，而只有前者被称为 organa。且当然它们主要是作为工具而服务。这就使下述说法毫无疑问，即，我们的段落谈论的是中介性的感觉器官。

② 《论感觉及其对象》6.445b16。

通过中介性器官传递到它——就像其他感性知觉那样。如果这是实情，那么理智就不会从其他感觉的表象中产生出来，特别是因为每种感觉只能偶然(per accidens)地识认其他感觉的专属对象。不论是看还是听，无论以哪种方式都不会被理智的专属对象确定——这种理智对象给予其所有概念以一种共同的特征。不过并不存在有关这种理智的中介性器官；因为另一种感觉的器官——例如触的器官与听的器官——同时也能够传递理智性概念；否则，一个天生的盲人由于缺乏相应的感觉表象就不会具有颜色的概念；① 也不会是下述情况，即，理智具有一种特殊的中介性器官——虽然这会是最为自然的假定。因为，除了这种器官不会被表明是存在的这个事实，在这种情况下概念的产生也会独立于低级的感性表象。不过至少可以假定，理智概念及其所谓的可感本性会离开任何器官——通过其所有方面及身体的每个毛孔——而流进心中。因而，显而易见，这种可感本性（在理智概念中）根本是不存在的，所以这种理智并非一种在众多感觉中的一种感觉，而是一种超感性能力；它不会与身体混合。

8.亚里士多德为理智的非质料性② 给出的第三种论据（因为我们可以如此设想）从其自己的言谈中可以更好地理解。我们可以回忆一下，他已经声称感觉可以在一种意义上离开触动，因为感受着的本体之如此这般的运动即感觉并不是一种专属的变化，因而也不是一种专属的触动。于是在这一章的开始，他就从理智之于感觉的相似性得出理智也必定不会具有触动。不过他现在又要求注意下述事实，即，感觉的无触动性并不像理智的无触动性那样彻底。因为虽然感觉并非如此这般地被触动，即由于感知并非触动，它只是在进行感觉时改变其偶性；由于具有感觉的器官通过偶然的形式形成一个统一体，它就通过可感（即能被感觉到的）对象的影响经受了很大程度的变化。一种非常强的声音使听不能感知一种较轻柔的声音；一种非常强的光、一种

---

① 《后分析篇》1.18.81a38。

② 《论灵魂》3.4.429a29：“如果我们考察感官与感觉，就会发现它们在触动性方面与思维能力不同。在强烈的感官刺激之后，其触动性就会受损；例如在受到高声刺激后我们即刻便很难再听得到，而在强光与强味刺激后，我们便随即很难再看得到或闻得到；可是当理智在思考了高级的可思之物后，不仅丝毫不会减弱其自身的思维能力，反倒会增强这种能力；其原因在于，感觉能力依赖于身体，而理智却与身体分离。”

很重的口味使我们至少不能马上看到或尝出其他东西；事实上，作为这样一种强烈感觉印象的效果，感觉就会持续地被削弱或损坏。而与此完全相反的情形就是理智；如果理智认识到一种更高级的可思对象，那么它对更低级的可思对象就不是认识得更差，而是认识得更好。因而原理就比从中得出的命题是更可知的；① 确实，二阶命题是作为原理知识的结果而对我们是可知的。数学真理比物理的更为可知，② 谁又会否认下述情况呢？即，一开始熟悉数学命题的人因而在其物理学研究中也会进展顺利。总之，通过占有数学真理，其理智对每种真理的认识也会得以加强。然而，理智从哪里得到的这种与感觉完全相反的特殊性呢？在《分析篇》中，亚里士多德说，如果对某物的肯定是一种肯定的原因，那么对这个东西的否定就是一种否定的原因。③ 那么一种非常强的对象为何削弱了——暂时的或永久的抑或损坏了——感觉能力的原因在于，感觉作为感官的形式是与身体混合在一起的。因而其原因是什么并非这里所讲的，而是相反的，即其情形是理智必须要在离开器官的地方去找，即在非质料的主体中去找。于是我们再次得出结论，理智灵魂并不与身体混合。

9.如果我们对比理智部分之精神性的三个证据与亚里士多德为了表明感性灵魂之性质相反的三个证据，④ 我们就会发现其中两个是对称性地相应的。第三个证据是有关感性灵魂是实际性的展现，因为它产生于实际性的基础。它相应于这里给出的第一个证据，出于同样原因，这个证据在后者中也是最为突出的。相似地，在这里列出的第三个证据中也有在前面清单上给出的第二个证据的严格对应物。另一方面，前面给出的第一个证据，即，基于具有感性灵魂的一些存在物可以切分为同类的几个实体这个论据，并不能转化为且用以表明理智灵魂的精神性；因为这种切分性的原因并不在于一般而言的感性存在者的本性，而在于某类动物的特殊本性。出于相似的原因，亚里士多德不会为理智部分的精神性——即基于感官的缺乏——而使用相应的第二个证据，这个证据是为了表明存在着一种身体性的感觉主体；因为并非每种

---

① 《后分析篇》1.2.72a27；2.19.99a26 以及 100b9。
② 《形而上学》2.3.995a14。
③ 《后分析篇》1.13.78b17："……如果一个否定陈述给出一个属性所不属于的原因，那么，相应的肯定陈述就会给出其属于的原因。"
④ 参见上述第三部分 no.13。

能力——其认识是通过某种感官的中介——自身都必定是与身体混合在一起的。我们后面会看到，我们的理智是通过感觉的中介才获得了其概念；有些人（比如柏拉图）可以以同样的方式把感觉的专属主体——不顾其中介性的身体器官——作为某种精神性的东西。

10.通过这些理智灵魂之精神性的证据，我们已经为假定的正确性获得了进一步的确证，这种假定就是我们在前面的讨论中一再依赖的。到现在为止，我们已经假定性地讲过的是，理智灵魂的不朽性及其与人的其他部分的统一方式，现在已经通达其全部意义。我指的是我们刚说过的内容。①

———————

① 见上述第一部分 no.7，亦可参见第四部分第 134 页注释 ③。无疑，灵魂在与身体分离后继续作为个体存在，例如，根据亚里士多德，共相在思想之外只能在个体中存在（《后分析篇》1.11 开始）。下述情形也是显而易见的，即，它必定与之前的个体是同一个（只是低级部分的缺失，它不是一个完全的人也不是一个完全的实体；后面会详谈）；因为即使一个个体实体变成同类中的另一个，这也是一种实体的变化，亚里士多德认为这离开质料是不可能的（参见第一部分 no.5）。

　　这已经被认为是在亚里士多德的学说中引入了一种不一致。人是一类生物。因而其灵魂都属于一类。因而如果柏拉图与苏格拉底的理智灵魂在死后继续存在，那么就存在着相同种类的多个单纯实体。不过正如亚里士多德一再地重复的那样，这是不可能的（例如参见《形而上学》12.8.1074a31）。因而就会得出结论说，如果亚里士多德假定了灵魂的不朽性，他就与他自己的原则相矛盾。

　　为了判断这种反对是否是可辩护的，我们必须理解亚里士多德为何拒绝同种非质料存在者之复多性的原因。如果亚里士多德将 eidos 与 to ti ēn einai 两个词——亚里士多德以这两个词都表达形式（morphē）与种类的概念——意味着相同的东西，那么这种原因就是显而易见的。如果种类和形式是相同的，那么甚至质料性的存在——如果它们属于同一种类——也会具有相同的形式，而且复多性会仅是一种质料的复多性。于是，并不奇怪，在存在者之中，一种种类中纯粹形式的多重性是不可思议的。不过事情却是另外一个样子。亚里士多德清晰地区分了 eidos（以及 to ti ēn einai 等）的两种意义，即在种类意义上与在形式意义上。不过前者是某种普遍之物，是一些东西共有的内容，后者则是某种个别之物（参见《形而上学》9.5.1071a27；7.3.1028b33）。两者都是通过抽象而与质料不同，不过是不同类型的抽象（参见第一部分特别是 no.3 和 12 所讲过的东西）。灵魂在第二种意义上是一种形式（eidos），因为它或许不会与这种植物或这种动物的种概念同一。当亚里士多德称 eidos 是事物的一个原则时，他意味着"形式"是在灵魂是形式的意义上讲的；他并不意味着种类的概念。（参见《论灵魂》1.1.402b8）

　　我们必须问，那么亚里士多德为何会拒绝相同种类的无质料的存在者的任何复多性呢？这可被解释如下：虽然亚里士多德不会等同形式与种类，不过在一种意义上形式就是种类的原则（源头），而质料——虽然不等同于个体性差异——只是最终种差的原则（源头），它不再是一种特殊的种差（例如参见《形而上学》7.8.1034a7；12.8.1074a33）。不

不过现在我们再次返回理智及感觉能力的非触动性。我们刚才已经看到，由于理智不会经由其对象受损，那么它就会在一种比感性能力更高的程

_____

过通常并没看出，亚里士多德是在什么意义上让它来扮演这个角色的。为了澄清这一点，我们必须追问，亚里士多德以种类和种差意味着什么。他以种差意味着能够被理解把握的一个事物不同于另一个事物的根本规定性；因而它是最终的可思性差异。不过，由于在其学说中，所有的精神之物都是依据于其最后的本质规定性才是完全可思的（《论灵魂》3.4.430a3；《形而上学》12.9.1074b38），下述内容就是清楚的，即，在精神性事物的情形中，最后的可思性差异即特殊的差异是绝对性的最终差异。因而，在它们的情形中，最终的特殊差异同时就是个体性差异，并且种类与个体是同一的（参见《形而上学》12.8.1074a36）。不过由于在其学说中，无质料之物完全可思地依赖于其最终的本质规定，这里同样清晰的就是特殊的差异即最后的可思差异不同于绝对的最终差异；这里还保留着另一个——仅仅是可感的——差异（参见《论灵魂》3.4.429b10）。因而在这种情况下，种类与个体就不一致；在每个种类中有多个个体（《形而上学》12.8.1074a34）。那么在每个种类中个体复多性的基础是什么呢？显然同样的事物也是下述事情的原因，即，为何事物并非完全可思的，并且这是作为可能区分、非规定性以及波动变化之原则的质料的。在其自身是非规定性的东西（参见第一部分第54页注释①）就是可规定性缺乏的原因（参见《形而上学》4.5.1010a1-15）。因而质料就是个体与类区分的基础。因而，以经院哲学的表述（不过这也是被在其他几种意义上用的）就是个体原则。另一方面，什么是一个事物真正具有一个种类及一种特别差异的原因呢？显然，同样的事情也是一个事物至少在某种程度上是可思的（因为如果不是可思的，它就不会具有一种可思的差异）原因。而且这就是形式，它使事物成为是其所是；它只给出了潜在的现实性（参见第一部分 no.3）；因为万物只有就其是现实的才是可思的（参见《形而上学》9.9.1051a29以及第一部分第54页注释①）；因而它是种类的原则。因而作为种类的原则，亚里士多德通常称它自身为种类（eidos）。

我们现在已经讨论及澄清了亚里士多德思想中形式与种类的关系，并且理解了其有关相同种类之个体的可能性或不可能性学说之基础。那么现在捍卫他对反对者进行的反对就不难了，即当他假定理智部分的不朽性时，他抛弃了其一般原则。因为根据亚里士多德，与所有其他东西不同的不仅在质料中（如果它具有质料的话），而且也在形式中（参见《形而上学》12.5.1071a27）。因而一个人不同于另一个人不仅在于其质料，而且也在于其形式；而且对于人而言，这不仅包含在与身体混合的部分，而且也包含在精神性部分。人的身体性部分作为质料性的就不是完全可思的，不过其理智部分是完全可思的。因而，最终的身体性部分的差异并不是完全可思的，即这不是一种特殊的差异，而精神部分的最终差异是可思的；因而，它是一种特殊的差异，不仅因为它是一种巨大的差异，而且也由于它是一种精神存在者的差异，其可思性依赖于其最后的规定。因而，所有人的身体性部分都属于同一个种类，可每个人的精神性部分都是特别地不同的；这并不意味着在这一部分中我们彼此更远。在身体上及精神上我们构成一个人的种类。那么，如果在死亡中我们的精神部分与身体分离了，那么显然其个体性差异——这也是特殊的差异——就保留了，而且并没有这种反对——即对个体性的人类灵魂在死后持存的反对——能被从这方面提出。

度上被称为非触动的。另一方面，理智也分享了一种触动，虽然是一种非专属意义上的触动，在这种触动中感觉不会参与其中；这就是当理智达到知识的完满状态时所经受的变化。这是一种实际性的变化；不是一种朽坏而是一种其自然条件的完满。① 具有这种现实性的感觉通过本性而实现。② 没人会需要学习看颜色和听声音；当可感物呈现在感觉前面时各种感觉就自然会感知。理智则与此不同。只有当理智接受了潜在（habituelle）的知识时——这或是通过学习或是通过一个人自己的发现而发生——它才能够实际地在自身中领会思想，当理智想如此的时候以及没有外在帮助的时候便是如此。③ 当理智已经认识了所有东西，那么它也就能够认识自身，④ 因为理智能够把自己进行着的思考作为自己的对象，⑤ 并且因而也能够把自己领会为思考活动。⑥ 我们看到我们的哲学家在这方面的断言与柏拉图的学说具有两方面的不同。首先，柏拉图认为我们在后来生活中认识到的所有理智对象之知识在我们出生时就存在；它只是潜伏而隐晦的知识，我们必须首先将其从潜伏状态唤醒；他认为所有的学习都是回忆。其次，他认为我们的知识是相似于我们的感性记忆的，因为我们不需要来自这些对象的影响之任何更新就可以更新我们有关理智对象的意识。亚里士多德在这两方面都拒绝了柏拉图。在他看来，理智并不具有天生的知识，与意象与感性记忆相比，在理智中也不会获得思想蜕化的知识；⑦ 毋宁说，正是被动理智的完善潜质通过其专属活动原则的影响而开始思想，同样，在其中感觉通过其专属对象的影响而开始感觉。因而认识相似于

---

① 《论灵魂》2.5.417b9。参见《形而上学》9.6.1048b28 中有关学习（mathēsis）与知晓（noein）的区分所讲的东西。
② 《论灵魂》2.5.417b16。
③ 《论灵魂》417a27；3.4.429b5："在理智完成了对其对象的诸多思考后——正如博学之士所做的那样（当他能实施其功能时这就会发生），甚至在这时，理智也处于一种潜在的意义——这时的潜在与学习和思考之前的潜在已完全不同。"
④ 《论灵魂》3.4.429b9："理智也就能够思维它自身"。参见《形而上学》12.9.1074b35。
⑤ 《论灵魂》3.4.430a2："理智自身是可思的，正如其他思维对象是可思的一样。"
⑥ 《形而上学》12.7.1072b20："理智思考它自身，因为它分有思维对象的本性；因为它由于理解和思维的活动而成为思维的对象。"
⑦ 这方面甚至没有被研究亚里士多德的最伟大学者充分地注意。前面我们已经描述了阿维森纳有关记忆储存器的特殊理论。他显然是遵循着亚里士多德的轨迹，因为他拒绝了存在着这种理智认识的储存器。见前文上篇第 16 页注释①。

我们天生的看、听以及所具有的其他感性知觉能力。因而，正如我们离开视觉所作用的对象什么也不会看到，即使我们之前已经思想过一种思想上百次我们现在也不会想到这种思想，除非当理智就像第一次思考这种思想的时候那样使其重现，这时通过主动原则的影响，理智接受了这种思想。

11. 亚里士多德在这两点上对柏拉图学说的偏离对理解其认识论是至关重要的；正因为如此，我们后面会再次返回到它们上面；我们会通过进一步的段落证明这些，并且从其基础处确立它们。不过它们都与第三点紧密相连，在这一点上这两位伟大思想家彼此迥异，而通过这一点亚里士多德立刻就会突显出其自身。

苏格拉底已经发现并指出，在定义中领会的东西并不能完全与个别对象一致，这个对象是在我们之外感知的，并且也参与到界定中；因为对物理之物——即使在其最终差异中——的界定仍然是被个别之物的多重性所共同持有的。亚里士多德继续坚持这个真理。根据他的看法，种类与个别在任何物理之物的情形中都不会一致；只有在精神之物的情形中，种类的最终差异才与事物的最终差异是同一的。① 至此为止，他与柏拉图几乎完全一致，后者如此强调理念与可感之物的差别。亚里士多德说："巨大与巨大的存在并不是一回事，水与水的存在也不是一回事，其他许多事情也都是如此；"他附加道："但并非万物都是如此；因为在有些事物中（他意指精神之物）这两方面是同一的。"② 例如，肌肉不是某种非质料的东西，而是由质料与形式构成的，这就会得出刚才说过的肌肉和肌肉的存在是彼此不同的。于是从这里也可以得出，它们是通过不同的事物被知晓的；因为我们是通过在认识能力中得到的东西进行认识的，而我们在认识中得到的东西又正是认识到的对象，③ 这也就是肌肉和肌肉存在的情况。因而，显然这两种情况是通过不同的事物被知晓的。

---

① 因为通过种类他理解了在一个事物中什么是可思的。精神性事物能被理智性地知晓有赖其最终的差异，而非有赖于质料性之物。因而这是在种类与个体是一的情形中，而非在另一个情形中。见第 145 页注释 ①。

② 《论灵魂》3.4.429b10："由于我们能够区分广延与广延之所是、水与水之所是等（虽然不是对所有事物都可以如此区分；因为在某些情况下，事物与它的所是就是同一的）……"（特伦德伦堡通过修改这段的标点而使其成为可理解的。）

③ 参见上述第 140 页注释 ③ 列举的段落。

现在的问题是，我们由以认识一个东西的通道以什么方式不同于我们由以认识另一个东西的通道。它们是与一个东西不同于另一个东西的方式不同呢，还是与一个事物以不同的方式表现自己的时候不同呢？① 在这一点上亚里士多德与柏拉图采取了相反的方向。柏拉图认为我们认识肌肉与肌肉的存在是通过领会两种不同的东西，事实上是通过在实体上分离的两个东西，因为根据柏拉图，理念是凭其自身而与质料事物分离的持存。因而，如果某人以其触觉把一个给定的身体感知为一个热的东西，而他又以他的视觉把这个东西感知为一个白的东西，如果柏拉图是对的，那么我们就会说，他以两种能力感知到同一个东西；确实，这比下述说法更为正确，即，感觉到某物热与同时在其理智中想到热的存在的一个人所感和所知的是同一个事物；因为这种白性与这种热性至少是在同一个主体中，而这种热与热的存在却被说成是彼此完全分离的。

我们已经说过亚里士多德教导了正好与此相反的东西。他确实认为被视觉把握的白的东西、被触觉把握的热的东西在一种意义上是被称为同一的，如果支撑它们的是同一个物体的话；至少它们就属于一个事物的属性而言都是一种偶性。不过这只是一种非专属的同一性；它们在本质上肯定是不同的，因而它们每一个也具有一种不同的界定。相反，被感觉把握的这种热性以及被理智所把握的热的存在，就它们都在一个物体中而言就不是同一个东西；它们也不是这个物体的不同属性；它们在本质上是同一的，而表明热的存在（das Sein des Warmen）这种界定也是通过感觉的把握而界定热性。② 因而根据亚里士多德，种类与个体差异形成一种本质的统一体，正如属与种

---

① 在此处，亚里士多德继续说："……肌肤与肌肤的所是既能够通过不同的能力判别，也能够通过相同能力的不同状态判别；因为肌肤必然包含着质料，正如凹鼻的所是，它通过这一个质料体现这一个所是。"

② 我们确实说："这个热的东西是这个白的东西"（主体的同一），不过我们不能说"这种热是这种白即白色"（性质的同一）。不过我们既可以说"这个热的东西是热的"，也可以说"这种热是热"。因而我们能够谓述个体本质上的种类。它们绝对地是一（hen kath auto），而这种白与这种热以及其他所有东西都以一种相似的方式统一在一个主体中，这可以仅仅在一致的意义上称为一（hen kata symbebēhos）。参见《形而上学》7.12 中的讨论，特别是在《形而上学》8.6，那里亚里士多德援引了下述一些人的窘迫，他们以一种不同的方式看待种和个体的关系（1045b67）。

差所形成的统一体那样。另一方面，柏拉图拒绝认为在上述任何一种情况下都存在统一体；他将种和属作为存在于理念世界的两个不同的假定性精神实体，而他设想在有形世界作为对象的个体事物是不同于种和属的。亚里士多德特别在《形而上学》①中表明，各种不一致性是从柏拉图学说的两个方面得出的。这里他只指出了第二点；亚里士多德从心理学的优势视角提出了下述问题：通过它的接受我们认识到个别肌肉的这种对象如何与通过它我们认识到肌肉存在的东西进行关联。他说其中之一显然是某种感觉—身体性的东西；不过关于理性所领会的对象有两种东西是可信的：他说，或者是某种超感性、非身体性的；或许它是在感觉中的成为相同感觉—身体性的肌肉，不过在其中一种能力中发现的状态与在另一种能力中发现的状态是不同的。②我们应当确定这两个中的哪一个呢？亚里士多德声称第二个可选项就是正确的那个，其原因这里并未给出；这里不需要再次陈述，因为他已经将其放在了《分析篇》，③并且也将在第七章的最后④再次给出。另外，我们在《形而上学》的几个段落中也发现了它。⑤因为下述断言显然是荒谬的，即，某

---

① 《形而上学》1 及 13。

② 在《论灵魂》3.4.429b14，亚里士多德继续说（接前述第 149 页注释①）："那么，我们正是通过感知能力（aisthētō）判别冷与热，也即表明各种要素以某种比率构成肌肤；而判别肌肤的所是，要么是通过某种与感知能力完全分离的东西，要么是与它相关的东西，就像一条弯线被拉直后还是同一条线那样。"这一段由于文本的损坏而招致了许多严重的误解。这几乎使亚里士多德的理智学说通常遭到误解。因为现在保留的文本只是说把握概念的理智与感觉是一个东西。可这与我们在这章以及亚里士多德在其他地方发展出的学说构成显眼的矛盾。另一方面，如果人们以 aisthētō（可感物）来取代 aisthētikō（可感能力），那么亚里士多德有关感觉与思维能力的表面断言就应用在在感觉与理智中领会的东西之关系上。这个缺失相似于章 10 的缺失；大家公认这里必须被读作 orekton（欲求对象），虽然几乎所有的稿本都是 orektikon（欲求能力）。这也表现在，在《论记忆》1.450a14 中 aisthētou（可感物）必须取代通常的 aisthētikou（感觉能力），因为它构成与 nooumenou（可知物）的一种对比。因而我们的猜测就不是大胆的，特别是由于这个毁坏能被轻易解释，因为这个表述是如此不同寻常；因而人们都会说人是通过感觉能力而进行感觉。不过人们通过接受感觉中的可感之物进行感觉是亚里士多德的一种特定表达方式。人们也可以在《论灵魂》3.6.430b16（hō noei：它由以思考的）中看到相关批评。

③ 《后分析篇》1.22.83a32："'形式'可以排除掉，因为它们只是无稽之谈，即使它们存在，也是不相关的，因为证明只涉及我们已经讨论过的这些谓项。"

④ 《论灵魂》3.7.431b16。

⑤ 《形而上学》1.9.991a12（参见 992a24）以及 12.5.1079b15。

人想知道某物，不过他不是通过以其理智领会这个事物从而达到他所欲求的知识。例如，一个科学家想知晓他在地上找到的晶体、植物与其他物体；因而如果他把握了四面体与八面体的概念，以及把握了属于另一个世界的树与草的概念，他将在任何一个方面都达不到其目标。因而亚里士多德说，这不是他的方法。如果理智要认识什么是肌肉，它就不能把某物领会为不同的和非质料的东西，而是必须将其领会为感觉中的相同对象；不过在理智中它是抽象的，在感觉中它是具有个别质料的具体之物。非常巧妙地，他比较了通过感觉的被感知之物与理智中的被思想之物的关系和一根曲线以及同根线被拉直之后的关系。它和原来仍然是同一根线，虽然已经有所不同，但是比之前简单了；同样，在感觉中的有形之物与它处于理智中时仍然是相同的，但其状态在两种情况下则不是相同的。就像线一样，它只是变得更简单了；个别性差异已经被补救了；因而下述情况就会出现，即，即使某些质料性的东西也在理智中，这就像某种非质料性的东西在理智中一样。① 这不仅是针对肌肉的概念，对于其他概念也都是如此，例如对于所有物理性的概念，它们并非完全是从可感性质中抽象出来的；甚至对于数学概念也没什么不同。在感觉中的个别直线，与在理智中领会的直线在本质上是同一的。因而，这里人们就不应相信，理智比感觉更能认识非质料性的东西，理智领会了某些非形体性或至少是某种非感性的东西。绝无这种可能；在理智中的东西也在感性中，虽然在这两种情形中它们的关系是不同的。因而我们必须一般性地断言，理智中的东西能脱离质料只是就理智知识之外的东西是脱离质料的而言的。② 当我们下面谈到思维依赖于意象的时候再返回到这一点。

---

① 参见上述第 150 页注释 ②。

② 《论灵魂》3.4.429b18。亚里士多德继续如下（接着上述第 150 页注释 ②）："再者，在抽象对象的情形中，'直'的所是相似于'凹鼻'的所是；因为这都意味着一种连续性；如果我们可以区分'直性'与'直的东西'，那么构成它们所是的就是不同的（这并非他自己的观点，参见《形而上学》7.11.1036b14 以及 14.3.1090b22）；让我们称此为双重性。因而，我们或是以一种不同的能力、或是以同一种能力的不同状态来把握它。总之，由于实是能够独立于其质料而被认识，那么理智能力也就能够是分离的。"或许最好去掉 kai（与），在不少手稿中都是去掉的，因为只有这样才能开始对下述问题的回答：人们必定会选择这两个假定的哪一个呢？不过由于亚里士多德自己的观点是以他体现在二分法的方式呈现的，kai 也就不是完全不可接受的。

12. 不过在我们进一步推进之前，我们必须暂停片刻来消除下述不安，即，人们会担忧我们已经提出的对理智的规定。

我们说理智就其本性而言不会实际地具有一种东西在其中，其机制是一种触动；我们进一步说理智会认识有形之物，不过它也认识自身；它自身就是精神性的，它自身就是与所有身体性特征相分离的；最后，虽然它能够认识自身，可它也不会经常性地认识或在一开始认识，而是二阶性地认识。

13. 第一点看来已经违反了普遍规律，即，主动者与受动者必须具有某种共同的东西，例如，作为温暖了冷东西的热在种上与冷是共同的，① 因为它们都是可感的性质。那么，如果理智中根本没有什么东西，因而与任何其他东西毫无共同之处，那我们就必须追问它如何能被触动。② 不过我们容易回答这个反对，因为这并非不同于感觉如何能产生这一问题。为了回应这一问题，亚里士多德早在第五章就引入了两种受动之物的区分。③ 其中每种都被某种共同之物触动，不过每种触动都是以一种不同的意义。它们其中的一种触动是通过一种相反之物而毁坏，而在这种情形中，主动者与受动者具有相同的种；例如，在上面的例子中，热与冷是种上同一的。不过他说，另外的触动并非是一种毁坏，而毋宁说是一种潜在之物的持续完善；他说，在这种情况下，受动者与主动者是相似的，它们与潜在性相似于相应现实性的方式而彼此相关。那么感觉就属于这第二种触动，并且理智也是如此；因而这就不会得出，由于理智是受动的，它之中就必须具有某种真实之物；毋宁说，正如我们看到的，如果它是所有思想的潜在性也就足够了。④

---

① 《论生成和消灭》1.7.323b29："但是，既然只有或是相反面、或是有相反性质的那些事物才出于本性地——即不是随机地——承受和活动，那么主动者与承受者就必然在种上相似和同一，而在属上不相似和相反。因为从本性上讲，物体被物体作用，味道被味道作用，颜色被颜色作用，一般而言，同类物被同类物作用。……因而，主动者与承受者必然在一种意义上同一，在另一种意义上彼此相异和不相似。"

② 《论灵魂》3.4.429b22："有人会提出以下问题：正如阿那克萨戈拉所言，如果思维是一种被触动，可如果理智是单纯的并且不与其他东西混杂，那它又如何能思维？"

③ 《论灵魂》2.5.417b2："被触动这个词不能笼统地说，有时它指某事物被对立物所消灭，但更多地是指潜在的存在被某种同类的现实存在所保存，潜能与现实的关系就是这样。"

④ 《论灵魂》429b29："当我们说理智与思维对象潜在地同一，也就意味着只有思维时才同一，否则它一无所是；这就可以解释上面所说的'由于某种共同的要素而被触动'"。正如陶思特里克所认为的那样，这一段文字并没毁坏。在429b22ff的反对中（见本页注释②），

14. 因而这个反对就被克服了；现在让我们来看其他的反对是怎样的。我们已经说过，在认识中，理智在其自身接受了有形之物；不过他也接受了它自身，因为当它去认识其他东西的时候，它也能够认识它自身。看来从这里可以得出，要么有形之物必定具有理智和思维，要么反之，理智必定具有某种有形之物。因为作为具有所有其他接受能力的东西，理智所把握的所有东西都必须具有相同的种类特质；例如，视觉把握的无论如何是有色之物，而听觉把握的必定是声音。[①] 因而，如果它把自身把握为某种思维的东西，那么就会显示出，有形之物为了被把握为某种思维着的东西——就像理智自身那样——那么这个有形之物也就必须具有理智；或者，如果理智基于某种有形的特性而把握了后者，那么理智自身就必定渗入到有形物中；不过这两种可选项都与我们早先的界定相反。[②]

我们应如何回应这个反对？下述说法是正确的，即，理智把握的所有东西必定都是以同一种方式是可思的。不过，被把握之物的理智性与理智的理智性能够是同一个种类，即使被把握之物与理智并没有共同之处。因为可思之物的存在模式就是理智性的；并且理智连同有形对象都被以理智之物思考它们时的方式包含在理智中。这在理智的情形中无需评论，因为就其本性而言就是非质料性的；而有形之物是某种质料性的东西，因而当它即使已经被理智把握时依旧如此，[③] 不过它以一种非质料的方式处在理智中的，而非是以其外在存在的那种方式处于理智中的。因而在理智之外，它是被个别地确定的，因为一种离开个体差异的普遍性甚至是不存在的；而在理智中，它丧失了其个体的确定性。如果运用前面的比喻，就是弯曲的直线又被拉直

"鉴于某种共同之物被触动（paschein kata koinon ti）"是作为一种普遍规律被宣告的，甚至理智的触动也遵守这个规律。亚里士多德认可这一点，不过指出"鉴于某种共同之物被触动"的东西在前面被区分出两种类型等等，见 2.5（参见第 152 页注释 ③）。理智的触动是一种被触动者在种类上不等同于主动者、而只是作为潜在之物与相应的现实之物相关的东西。因而"鉴于某种共同之物被触动"就要被看作单独实体性的不定式；koinon ti（某种共同之物）不必与 diērētai（已经被讨论过的）关联。

① 见上述第三部分 no.3。

② 《论灵魂》3.4.429b26："第二个问题是，理智能够成为它自己思维的对象吗？因为如果理智出于其自身就是可思的，而且可思之物在种类上是同一的，那么要么理智会属于所有事物，要么它就包含着某些共同要素，这就使它像其他事物那样成为思维对象。"

③ 正如我们已经在 no.11 解释过的那样。

了；而在这种状态下，它并不是原初地存在的，有形之物现在也能够处在理智中。

相比较而言，理智能够被如其所是的那样认识；其绝对的最终差异也是其最终的种差，即，其最终可思的差异；这就是我们为何不仅具有一种有关我们理智的普遍概念，而且也有一种有关个别精神的自意识。我们以同样的明证性把握了"我思"，以此我们认识到，存在着一般意义上的思想；我们自己的个体性存在对于我们正好就是清楚的，而且也是确定地如此这般存在的，这就是形而上学的第一原则。因而理智是彻底的且具有最高程度可思的理智性，而有形之物正如已经指出的那样，只允许一种非确定的普遍知识，且在其所有确定性上也不是同样可知的。我们有关它们的知识也是更为确定而清楚的，这种知识以一种更为可思的状态被我们在自身中拥有，通过抽象，它们就更相异于其存在的自然样态。① 这就是为何数学比物理学更是可思的，而形而上学比数学更是可思的；同样，普遍的物理学概念比特殊的物理学概念更可思，属比种更可思，更高的属比更低的属更可思；有关对象②的知识越彻底，它在我们之中的思维就越可思。确实，所有这些都以最为清楚的方式表明，有形之物在理智中是可思的，这并非自然属性的结果，而是通过一种异于其专属状态的转变。我们必须说有形之物就其本性只是潜在地可思的。因而，通过理智是非质料的以及是不具有所有有形属性的事实可以得出，既非有形之物必定具有理智，也非理智不能成为可思的。③

---

① 参见《后分析篇》1.2.72a3："相对于我们而言的'在先'和'更易认识'，我是指与我们的感觉比较接近的东西，而纯粹意义上的'在先'和'更易认识'则是指与感觉最远的东西。"进一步参见《形而上学》2.3.995a14 及《论灵魂》3.7.431b15。

② 单纯种的知识没有属的知识完备。因而《论灵魂》2.3.414b25 说："所以在任何情况下，想找到一个共同的定义都是徒劳的，这样的定义既不表示特殊的存在物，也不涉及自己的不可分割的种，而是把对事物特殊性的定义抛在一边。"

③ 同上，3.4.430a2。这里亚里士多德简短地呈现了我们已经详尽地解释过的东西。他说："理智自身是可思的，正如其他思维对象是可思的一样。"（其可思性与它认识的物理本体的可思性是同一个种类；参见 429b28。）"因为在不包含质料的对象情况下，可思之物在种类上是同一的（参见 429b13）；因为理智出于其自身就是可思的。"（即"不包含质料的对象"是作为它们之所是而是可思的，虽然质料性的构成物只有通过改变才可被接受到理智中——参见同上。出于这个原因，亚里士多德会称它为思想的潜在对象 [dynamei noēton]）。"为何理智通常不是思维的，我们后面必定考察"；（我们会讨论这个插入的部

15. 然而，如果理智是可思的，确实正如我们说过的，即在其自然的存在方式下是可思的，那么在我们的诸断定之间看来又产生了一种新的冲突；因为我们已经说过，理智认识自身既非经常性的，也非从头开始的，而只是二阶性的。经验非常清楚地教导我们所有人，心灵并非经常认识其自身。只有那些毫不犹豫地蔑视所有经验的人才敢于否认这一点。不过我们如何解释这种事实呢？如果理智自身是可思的，因而如果某种可思的东西经常呈现给它，那么为何理智不会经常识认呢？亚里士多德在第四章的末尾提出了这个问题，但并未给出一种回答。① 不过，其中的困难无非是，他在前述一书第

分，参见 no .15。）"在那些包含质料的情形中，每种思维对象都只是潜在地出现。因而当质料对象不具有理智时（因为只有当理智能离开质料时，理智才与它们潜在地同一），理智仍是可思的。"

《形而上学》12.9 包含了质料和非质料对象的理智性与我们理智的完全理智性之差异的相同学说（1074b38）。区别只是，在之前的段落中，亚里士多德是从一般命题——即所有非质料之物都完全是可思的——推演出理智的完全理智性。相较而言，在《形而上学》中，他想归纳性地从我们（实践性的与理论性的）理智知识之理智性这个起点来确保这个普遍命题。那么将其自身作为知识对象而呈现在我们理智中的精神之物就通常是自身处于其各种活动中的理智——至少就其与身体结合而言（见下面第 165 页注释②）——因为一旦它开始其认识，它对自身就成为可认识的。（参见《形而上学》12.7.1072b20）就我们的经验显示而言，所有的精神之物——不论它是理论的还是实践的——都是完全可思的；因而，我们必须假定，其可知性只是基于其对质料的脱离。因而这就得出，无论如何非质料之物都是完全可思的；这里并不存在对象与对对象的思考之间的区分。

我们现在继续亚里士多德自己的说法。针对其神学中的某个观点，他提出下述命题（1074b38）："成为一种思维活动与成为一种思想的对象并不是同一件事情。"于是他限定了这一点，也即上述普遍性的说法是不对的，他说："我们回答说，在一些情形下知识就是对象。"因为对于一些知识对象而言（参见《论灵魂》3.4.429b12），知识就是对象，因为思想与思想涉及的东西之间并没有差别；知识与知识的对象完全是一。"在生产性的科学中，它就是对象的实体与本质，质料被取消了。"换言之，这考察的是技艺；与自然原因相比较而言（这与它的结果是完全同名同义的），我们这里考察的只是形式，而非被完成的质料（参见《形而上学》7.1032a32；b11）。"而在理论科学中，定义或思维活动就是对象。"这意味着技艺 - 认识理智与理论性的理智完全是可思的。在第一种情形中的"实体与本质"（要被生产作品的本质；这就是技艺的所是；参见《形而上学》7.7.1032b14），在另一种情形中，对于理论性理智可知的事物之概念（logos）既是对象也是思想（to pragma kai hē noēsis）。从这里亚里士多德得出一般性的结论："那么，由于思维与思维对象在不具质料的事物之情形中并不不同，那么它们（神圣理智及其对象）就是相同的，即思想与其思想的对象就是同一种东西。"

① "为何理智通常不是思想着的我们后面必定会考察。"见上个注释。

五章的开头已经提出与感性能力的关系，在那里他已经准确地得出他想要的结论。我们稍前已经看到，感觉并非灵魂的一种纯粹能力，不过其主体是一种身体性器官。这个器官参与了所有种类的可感性质；它具有某种热或冷、软或硬，具有某种颜色、某种味道等。亚里士多德因而也在那段中间道，为何我们离开外在对象就不能具有感觉。①他给出答案的文本不可思议地损坏了，幸好陶思特里克（Torstrik）具有抄本。如果用清晰的语言说，就是下述内容。感觉的能力就其本性而言并非一种实际的感觉，而只是其潜能性。那么如果没有一种主动原则就没有潜能性会成为现实性，例如作为一种可燃的对象如果离开燃烧的点燃者就不会实际地燃烧，显然，感觉的情况也是相似的，即，如果没有可感对象作用于感官的话，就没有实际感觉能够从感觉能力中产生。不过这种影响由感觉器官自身通过其自身的可感性质也不能被实施，因为并非下述情形，即，一个热的对象通过自身发热而成为热的，而毋宁说，如果它成为热的，正是由已经成为热的东西暖热的；而这相对于其他可感性质都是成立的。因而人们就不要对下述事实震惊，即，离开外在对象就不会有感觉活动发生。②不过，有人会说，难道这不会是下述情形吗？即，如果感官在自身中具有可感的性质，那么被感觉之物就包含在进行感觉之物中。③以一种方式讲它确实包含在其中。因为当我们谈到进行感觉的时候，我们可以意味着两种不同的东西，即，潜在地感觉与现实地感觉。④以同样的方式，两种被感觉的类型也必须被区分，即潜在地被感觉与现实地被感觉。因为感觉器官在本性上包含了可感的性质，被感觉到的东西（可感之物）就在感觉（感性）之物中；不过，进行感觉与被感觉到都是在潜能意义

---

① 《论灵魂》2.5.417a2：“这里有一个疑问，即，我们为何不能像感觉外在对象那样感觉到感觉自身，或是如果没有外部对象，为何不能产生感觉？虽然它包含了火、土以及一些其他元素，这些元素不论是就其自身还是就其偶性而言，都直接或间接地是感觉的对象。”我们特别注意问题的第二部分，因为对第一部分的解决显然是我们已经说过的有关感性能力的本性。

② 亚里士多德继续说：“显然，感觉之物不是现实地存在，而是潜在地存在。就像燃料一样，如果没有某种东西把它点着，它自身是不会燃烧起来的；否则，即使没有现实的火种，它自身也会燃烧起来。”

③ 看来感觉之物进行感觉是因为在它自身之内具有感觉的对象。

④ 在这个意义上我们说，蜥蜴是能够看的，即使它的眼睛闭着，相比较而言蜗牛是不能看的，也即它缺乏看的感官。

上被使用的；而这决不意味着感性器官感觉其性质。①

　　我们可以把这个论据原封不动地从感觉领域转移到理智领域。理智也不是天生就是实际的思想，而仅仅是思想的可能性，正如感觉能力仅仅是感觉的可能性那样。因而，显然理智能力就像感觉能力那样，需要某种东西作用于其主体，以至于它可以被提升为实际的思想。不过它自己的可思性质能够产生这种影响，正如进行感觉的主体产生可感性质那样(80a)②。因为这些可感性质与感觉的关系就像理智部分的性质与理智的关系：正如理智能够领会自然的可思之物，因而感性能够把握可感之物，它不是以一种异化的、抽象的方式，而是以其最终的个体确定性，就像它外在于感觉那样。

　　如果这里也提出下述反对，即，理智认识的对象在本性上是在理智性地进行认识的主体中的，因为理智的主体具有可思的属性，那么其回答相似于前面的回答。人们确实可以说，在我们的情况中，理智地被认识（可思）的某物就其本性而言处于理智地进行认识（理智）的某物中。而在这种情况下，被认识与进行认识必定正是在潜能的专属意义上讲的，这并不以任何方式意味着，理智主体是意识到其理智属性的。如果情况确实是这样的，那么自意识就是一种自然必然性；那么理智就不能思考任何其他对象。一个东西的持续实现就会取消所有其他东西的潜能性，正如上面更为详细地表明的那样。

　　不过困难并没有这么大；人们必定会奇怪，这么多人相信亚里士多德会顾此失彼地给出一种解决，虽然当他在前面感性领域碰到同样困难时他能够如此简单地进行解释。他不太可能这么快忘记他的证据；毋宁说，从头到

---

①　亚里士多德继续说："我们说的感觉有两种意思，一种是作为潜能的听与看，即使睡着了，也仍然具有听和看的能力；另一方面是作为现实的听与看。因而感觉也就有两种意思，即作为潜在的感觉与作为现实的感觉。相似地，感觉对象也是可以作为潜在的和现实的。"以陶思特里克的看法（与 Bekker 的编辑相对）我们必须读为 aistheton（感知对象）而非 aisthanesthai（被感觉）。注意在其使用的语境中，"感知对象（aistheton）"是与我们《论灵魂》3.4 中讲的"可知之物（noēton dynamei）"相对应的；参见上述第 154 页注释③。在这个最后提到的段落中，并没什么理智之物属于可被认识之物，不论它是不是在事实上是可被认识的。另一方面，我们现在的文本使用"现实的感觉对象（aisthēton energeia）"来指称现实地被感觉之物，这个与同上 3.2.426a23 是相符的。

②　参见《形而上学》9.1.1046b28。

尾的整个章节几乎都类似于第二卷的第五章，这毫无疑问地表明，他在心里是有那个论据的。他这里提出的第一个困难也正是他在那里所触及的那个，而在他的解决中清晰地指向一种他已经做出的区分。① 现在他提出了另一个问题：哪个正好是已经处理过的问题的对应者呢？他不大可能对前面的处理没有意识。这确实是不可想象的，即使仍不存在其他要素表明，在两种情形中亚里士多德心里都具有相同的解决方式。在两段中亚里士多德都提出非常接近的相关问题。在第二卷所引述的段落里，他以询问感觉是否相似于进行感觉的实体而继续探究感觉的主动原则；② 在现在这个段落中，他向自己强调思想的主动原则问题，他说："因为在整个自然中，一方面存在着作为每一类事物的质料的东西（这就是潜在地是这些事物的东西）；另一方面，存在着另外一些作为这些事物的原因与制作者的东西，它制作了所有这些事物（后者之于前者的关系就像技艺之于其质料），同样的差异也必定存在于灵魂中。一种是成为万物意义上的理智；另一种是制作万物意义上的理智，它像一种状态，即像光；因为光也以一种方式将潜在的颜色转变为现实的颜色。"③ 在第一段中，思想的自然过程已经使它探究主动原则；这个探究是由对前面一种情况的解决所产生的，那种情况要求有一个改变进行着感觉的主体的原因。我们必须假定，在我们的段落中，思想之链遵循一种相似的模式。

16. 直到现在我们讲的所有事情都是灵魂的理智部分，我们一步步地跟随着亚里士多德自己遵循的同样顺序，以至于我们的讨论可以被视作《论灵魂》卷三第四章的紧随性评论。我们已经做的这些工作出于两个原因。首先，因为其中几乎没有一句是对主动理智学说不重要的内容。不过我们也想由此确证我们在本文第一卷中所作出的一个断定，④ 即，在整个第四章中，没有一段不是直接支撑主动理智的，虽然这个断言即使在那时也并非完全没有支撑。

在这个结论之外，我们也已经得出下述真理：即，对主动理智学说的探

---

① 见上述第 152 页注释 ④ ；参见第 152 页注释 ③ 。

② 《论灵魂》2.5.417a14。

③ 《论灵魂》3.5 开头；见 no.32 开头。

④ 第一部分 no.13 与第 72 页注释 ③ 。

讨之纲领重要的东西。首先，人的理智是一种与感觉相似的被动的及形式的把握能力，它就其本性而言仅仅是思想的潜能性，因而它就像感觉一样需要一种导向现实性的原则。

其次，这种能力并非一种赋有灵魂的身体的能力，而是灵魂自身的能力，以至于获得思想的理智（潜能理智）是精神性的和不朽的。这对于确定潜能理智与主动理智的统一体尤为重要；在亚里士多德看来，主动理智无疑是一种精神之物。

再次，人们只具有一种理智认识的能力，因为实际的认识并非天生就在人类精神中被给出的，并且由于只有一种理智，这就是精神认识的潜能性。① 这个命题是至关重要的，因为它与下述广为流传的错误保持了距离，即，把主动理智作为人之中的另一种精神认识能力。

因而我们到达这一段就不是没有准备的，在这一段我们是成是败就必定被决定了。不过困难是巨大的，而我们由于不计其数的不成功尝试而变得小心谨慎；所以最好不要立刻先触及第五章，而是先要考察一些其他学说，从中我们可以期待额外的帮助。这特别需要亚里士多德有关潜能理智与意象之关系上的教导。

17. 根据亚里士多德，我们的精神思想是以下述一种方式依赖于感性表象的，即，思想经由表象产生且通常也必然伴随着表象。

这些命题依据于观察与经验。

下述简单事实，即，有形部分的某些状态使理智既不能获得新的思想，

---

① 《论灵魂》3.4.429a18。参见我们前面对此的讨论以及随后的段落（nos.2ff., esp.no.6）。除了这些话，亚里士多德以最为清晰的方式表达了其确信，即，通过讲可思之物是一个种类（hen de ti to noēton eidei，429b28）表明我们的理智认识能力是个统一体。因为他假定了作为其区分几种感觉能力的理智认识能力，他会不得不引入思想（idia noēta）专属对象的一种复多性，这与感知（idia aisthēta）的专属对象的复多性是相应的。最后，在这种情况下，理智自身意识的可能性不会产生任何问题。因为，如果我们已经具有理智认识能力的一种复多性，正如我们具有感性能力的复多性那样，就不得不对人们的自身理智活动（即 nous koinos）具有一种理解，正如具有一种对感觉的感知（aisthesis koinē）那样，以至于我们会在一个位置上于判断中比较及结合或分离各种理智认识能力的对象（见上述第三部分 nos.6ff.）。不过根据亚里士多德，我们只有一种认识能力。这就是下述事情的原义，即，为何我们发现它关注最初的困惑事实：认识的精神对象与物理对象之间的区别不取消可思种类之统一性。因为同一种理智既把握了自身也把握了物理之物的概念。

也不能在自身中实际地更新已经获得的知识，这表明理智在这些方面多大程度上依赖于人的较低级方面。

例如，每个人都知道，幼婴——包括那些随后几年表明其具有最为辉煌的理智天赋的——不能学习任何东西。[①] 可是，显然，作为理智主体的理智部分自身不能生长与发展为从小孩到成年人所变成的样子。只有有形部分生长与发展，这是与理智活动平行的身体的不完满性条件。

另一个与此同样重要的现象是，身体性的疲劳、睡眠、疾病、酗酒等都是某种身体状态，[②] 不过它们也经常剥夺理智的所有思想可能性；这里对身体的依赖再次表明自身，这也可以用于前面已经考察过的思想的更新情况。[③] 下述情况也会经常发生，即，记忆随着年龄的增长而下降，这不仅是因为特殊经历通过感觉而获得，而且也是因为普遍的和科学的真理只有通过理智才是可认识的。[④]

18. 不过更为重要的是下述经验，即，当一种感觉缺乏时，某种科学也就缺乏了，因为这种科学的材料无法获得。[⑤] 一个天生的盲人不仅缺乏感性的颜色意象，而且也不能具有一种颜色的概念，同样，一个天生的聋子不仅缺乏特定声音的感性表象，而且缺乏有关一般声音的知识。我认为，这种经验甚至是更为重要的，因为它不仅表明人的身体性部分以某种方式被卷入理智的活动，而且表明感性认识尤其是理智中相应思想产生的必要前提。

然而，感性表象不仅对于精神认识的获得是不可缺少的，而且对先前已经发现的真理的每种重新考虑也是不可缺少的。我们永远不会想到不伴随一种特殊的感性图像的普遍思想。正如一个数学家想证明一个三角形的内角和等于两个直角的和这个普遍命题一样，他就需要在沙子上画出一个特定的三角形，并且通过观察这个三角形而发现这个普遍真理，同样，如果有人想理智性地沉思某些其他事情，他通常也需要在其感性能力中具有合适的表象。亚里士多德首先具有下述区分，即，通过仔细的自观察而确立这种经验

---

① 《物理学》7.3.247b18。
② 根据亚里士多德，睡眠是首要感官的一种状态。《论睡眠》2.455a25；3.458a28。
③ 《物理学》7.3.247b13。
④ 《论灵魂》3.5.430a23；见 no.32；参见《论灵魂》1.4.408b18。
⑤ 《后分析篇》1.18.81a38；《论感觉及其对象》6.445b16；《论灵魂》3.8.432a8。

性命题。① 这也解释了，当我们持续地沉思甚至即使已经知道了真理的时候，我们最后通常也会感到疲劳。这也解释了，由我们刚才提到的身体性的状态所导致的思想的中断。

19. 然而，我们如何研究理智对于意象的依赖性呢？亚里士多德回答说，理智相关于意象就像感觉相关于外在可感之物。② 感觉通过转向外在对象而获得其图像；理智通过对意象的凝视而获得其观念。③ 而且，正如当看与听的对象从视觉范围或听觉范围消失后听与看就不再可能一样，当相应的意象不再呈现在感觉中，思想也就不再可能。感觉是通过可感之物的一种触动；相似地，思想就是通过可思之物的一种触动，④ 而通过其使理智得以触动的可思之物——正如亚里士多德所言——正是在感性表象之中。⑤ 因而包含着意象的感性部分作用于理智，而正是通过这一过程理智便开始思想。⑥

在《论灵魂》第三卷第七章，亚里士多德给出了一个证据，即，理智是以已显示的方式在意象中把握了其概念；他首先考察了实践理智，在其中这种真是最为清楚明证的。⑦ 他从强调理智与感觉能力的相似性开始。首先，它们都潜在地进行认识。绝对点说，现实性的思想优先于潜能性的思想，⑧

---

① 《论记忆》1.449b30："我们已经在《论灵魂》中讨论过意象。离开意象就不可能思想。在思维中和在图像中具有同样的属性；如果是这样，虽然我们没有利用三角形的大小是一限量这一事实，但我们还是把它画成具有一定限量。同样，当人们思考时，虽然他并没有思考某一限量，但他还是把这一限量放在自己的眼前，尽管他并没有这样去想它。甚至某物的本性是量，但却不确定，然而他还是将其当作一确定的量放在眼前，尽管他仅仅只是把它思想成一个量。为什么离开了连续性就不可能思考任何事物，或者为什么在不借助于时间的情况下就不能思考非时间性的事物，这都属于另外的问题。……因而，记忆甚至理智对象也包含了意象。"《论灵魂》3.5.420a25；7.431a16；8.432a8；a13。

② 《论灵魂》3.7.431a14；参见 2.5.417b19。

③ 《论灵魂》3.7.431b2："思想的能力于是就在意象中思想形式。"

④ 《论灵魂》4.429a13；见上述第 132 页注释⑥。

⑤ 《论灵魂》3.8.432a4："理智对象寓于可感形式中，它们既包括抽象对象，也包括可感之物的全部状态与属性。"

⑥ 《论灵魂》2.5.417b19；《形而上学》12.7.1072a30；《后分析篇》2.19.100b5。这些段落互相解释与补充。

⑦ 他在《形而上学》4.4.1008b26 是以相似的方式使用的。

⑧ 我们后面再对这句进行讨论。

正如一般所谓的现实性优先于潜能性；不过，在个体之人的理智中，潜能性的思想先于现实性的思想。进一步讲，感觉是一种触动，理智思想也是一种触动——不过不是一种专属的触动；理智的触动不是一种实际的转变，而是一种不同类型的运动。① 再者，理智有时把握了概念，而有时通过谓述与否定联结或分离它们；在感性部分我们发现有些东西是相似于二者的。如果感性部分感知某物，那么这就相似于对一个概念的简单把握；而如果它欲求或避免它所感知的东西，那么这就假定了感性表象的联结或分离。② 例如，如果一条狗贪婪地冲向一块肉，那么这就是一个标示，即，这个标示联结了对气味表象的快乐与它所看到的东西。

现在因为相似性如此之多，就必然导致我们相信下述的相似性也在两种能力中存在：正如感觉把握了其对象之中的可感形式，理智也把握了包含于其中的可思形式。因而，正如柏拉图认为的那样，如果理念是作为与可感事物分离的精神性存在，那么理智就会通过这些精神性对象的影响而进行认识；③ 另一方面，如果它们在可感之物中是存在的，那么也会在环绕着我们的可感世界中把握它们，或是在其意象即感性表象中把握它们；这就是说，思想是通过包含着相应意象的可感部分的影响而被转交给理智的。这在我们上面提到的实践理智的情形中确实尤为明显。在对表象为快乐与不快的某物的感知之后，就会跟随对可感形式所归属对象的追求或躲避活动。在考察实践之真的地方，理智认识也正是以同样方式被或是追求或是躲避所跟随，在其中善的概念或是被发现或是被错失。④ 不过在这里，我们也追求或躲避可感之物。因而，显然理智的概念也在这种可感之物中被认识。不过我们并没有直接在可感之物中发现它们，所有这些现象证明了，是什么使理智对于可感部分机制的依赖成为明证的。因而，剩下的也就是假定我们在其意象即感

---

① 《论灵魂》3.7.431a1-7。亚里士多德只是接触了这些比较的要点，正如我们所看到的，因为他前面已经提到这些相似的东西。

② 同上，431a8："感知因而就像单纯的断定或思维；当对象是令人快乐或痛苦的时——灵魂也做出准肯定或否定——就会追求或回避这个对象。"参见第三部分 no .12。

③ 参见《论灵魂》3.8.432a3。

④ 《论灵魂》7.431a15："……那么当它肯定对象为好或否定对象为坏的时候，灵魂就会追求或回避它们。"（参见 6.430b21）

性表象中认识了它们。① 而这也消除了一种反对，这种反对可以就下述假定提出，即，实践理智是从感觉世界得出其概念的，这里的反对就是，在这种情况下，理智连同感觉只能把握与考虑空间与时间上当下的东西，而事实上，对遥远未来的希望与恐惧也被纳入考虑。不过这对于理智成为可能是因为它所认识的恰恰是它在感性表象中把握的，其中包括那些其意象呈现了时空上遥远之物的东西。②

　　因而，所有这种理智认识都是与行动有关的；③ 而它与仅仅是理论性的认识也不是不同的，④ 这是出于下述理由：理论理智说某物是真的或假的，而实践理智则说某物是好的或坏的；在这两种情况下，我们并不具有可思形式的不同种类；差别只是在于，理论之真是全然的，而实践之真只相关于某人有效。理论上真的东西是对所有人都真的，而好的东西并非对所有人都是好的。⑤

---

① 因而亚里士多德继续说："这就是为何灵魂离开意象从不会思。"他会更清晰地阐明这一点。

② 《论灵魂》3.7.431b2："那么思维能力便思维意象中的形式，正如在感觉中追求或回避什么东西是通过意象做出的一样，因而感觉消退之后就留存在意象中，正是它发动了追求与回避。例如一个人感知到一缕青烟，他便领会到那是烽火；随后他以感觉的普遍能力（是在上述 3.1.425a27 意义上讲的）感知到青烟在移动，他便知道敌人来了。而有时通过灵魂中的意象与理智，就像通过它们的'看'一样，它们就立足于当前推算、谋划未来。当它做出一个断定的时候，它就同时会避免或追求，就像在感知的情形中断定令人快乐或痛苦之物那样。在实践中普遍如此。"陶思特里克解释敌人烽火的例子是参考 Thucydides2.94，schol.："烽火是某种木头的火，如果看到敌人临近了，就可以为墙内传达信号并引起注意。这不仅针对敌人，也针对朋友；当看到友军靠近时也可以通过烽火提醒人们不要害怕。当烽火是静止的时，表示的是友军靠近了；当烽火移动时，表示敌人来了。"

③ 参见上面注释引述的段落结尾。

④ 因而亚里士多德也在《论感觉及其对象》1.327a2 中说，通过感性知觉，"有关真、沉思及实践的知识也被产生了。"这意味着理论的与实践的知识，虽然表达不太寻常。

⑤ 亚里士多德继续说："不包含实践的领域即真与假的领域，它与好和坏的领域是同一个领域；它们的差别只在于，其中一个关涉普遍之物，而另一个关涉特殊之物。"一个人的药品是另一个人的毒品，且一个人的义务如果被另一个人做了就是最大的不正义。还有另一种解释与此少有共同之处。根据这种解释，tō ge haplōs diapherei kai tini 意味着理论真理出于其自身之故而被思考，而实践之物充当着一个目的。必须承认，亚里士多德通常正是将理论之真与实践之真的区别落在这个事实上的。因而，在《论灵魂》3.10.433a14说："这里进行推算的理智蕴含着一个目的，即它是实践理智；它在其所追求的目的方面异于沉思理智。"再者，在《形而上学》2.1.993b20："理论性知识的目的是真，而实践

那么人们就会承认，所有这些都与物理知识有关，不过与数学的关系则持有怀疑，因为数学概念与可感质料是分离的，① 虽然它们能够在感性表象中被把握。不过这个反对也不能被正当地提出。在扁鼻子的感性表象中，包含着扁鼻子的存在概念和曲面的概念。在心灵之外，数学概念并不能离开

性知识的目的是活动——因为即使为了实践活动的人也会考虑事情是怎样的，但他们并不研究永恒的东西，而只是考虑相对的东西和在当前的东西。"参见同上 1.1.981b21 及 2.982a30；b27。在《尼各马可伦理学》他谈到《形而上学》1.1，在 6.4.1140a10 有关技艺（technē）他说，那是"去做的能力状态，它包含着推理的真正过程"，并且是有关"实践智慧（phronēsis）"的，实践智慧是"一种关乎实践的（对人而言或好或坏的）、包含逻各斯的、把握真的状态"。于是他在 9.1141b33 中说："知道什么对自己是好的就是一种实践智慧……"这些后面的段落讲的就是我们的解释，其在实质上与其他的读法没什么不同。

① 参见《形而上学》1.10.1036a9。亚里士多德说，数学的概念是不带有可感质料的，可它并非不可思的。这就是说，数学概念确实包含了某种只属于身体的某物，因为尺寸与图形是共通的可感者，不过它们在狭义上不包含可感之物，亦即它们完全是从每种感觉的专属对象中抽象来的。在《形而上学》引述的段落中，他说（a11）："……可思的质料呈现于可感的质料中，但不作为可感物。"

　　这些话确证了读作"凭偶性（kata symbebēkos）"的正确性。《论灵魂》3.1.425a15（参见上述第三部分第 111 页注释 ①。）亚里士多德在《论灵魂》3.1.425b4 中表明，他如何认为这种从感觉的专属对象中进行抽象是可能的：我们具有多种感觉，而且通过它们的每一个我们认识了共同的可感物，这在每种情形下都被不同的专项感觉所伴随。通过视觉我们感知到色块的大小，而不会拥有触觉的质。通过触觉我们感知到它与触觉的质在一起，却没有颜色。这就使理性把握了大小的纯粹概念而离开其混合物："我们可以追问：我们为何具有多种感觉而非一种感觉？这或许是让那些伴随着共同感觉的对象——例如运动、大小、数目——被很好地注意到。如果我们只有视觉，那么就只能注意到白而不能注意到对象的其他方面（白在这里代表所有颜色，正如亚里士多德通常称感性欲望能力为'欲望要素'及称其对象为'快乐'一样，虽然他也倾向于避免痛苦之物；参见《论灵魂》3.7.431a9；a13）；那么大小就会无分别地被融入到颜色中，而对象在其他方面也难以被区分。"这与我们现在碰到的情形即数字与大小的概念是一样的。他不会认为任何大小概念都是从数字概念抽象出来的，也不会认为没有数字概念是完全从大小概念抽象出来的。这就是下述共同错误情况保持的原因，即，不同领域的差别是三角形、四边形等，即使它们在数字上也是不同的。这个领域也可以被区分为二平方尺、四平方尺等等。"事实上，共同的可感之物存在于多种感觉之中就表明每种感觉对象都是不同的。"我们从这里可以看出，根据亚里士多德，我们不能完全从广延中抽象出实体的概念，如果不是基于我们的理解——通过把自己把握为一个思想着的东西——把握了非广延的实体的话。那么就能够从广延的概念及思维的概念中释放出实体的概念，正如能够从颜色的概念及触摸性质的概念抽象出大小的概念一样。参见《形而上学》7.11.1036b2。

可感物体而存在，而是像物理概念那样存在于其中，并且与物理概念一起进入我们的感性表象中。因而把握它们的理智就不能认识与可感质料分离的东西；它只是以一种分离的方式认识了有些东西是不能和它分离的。① 只有当理智要把握一种超感存在的概念时，如果它能认识一种理智实体，那么这种认识就不会在意象中到达。不过这既非数学概念的情形也非其他概念的情形，如果我们排除自身认识以及从一个人自身抽象出的更为普遍的概念的话。其理由是，它与其他的理智存在者不能进行直接接触，至少不能像它与身体进行结合那样。② 不过由于它只能在自己——通过感性部分的影响——成为实际地思想的东西之后才能认识自身，③ 显然这种认识——即使它不是从意象中得出的——也是通过意象的方式而达到它的。而就这种生命而言，亚里士多德的命题是非常普遍的："灵魂离开感性表象不会认识到任何东

---

① 《论灵魂》3.7.431b12；4.429b10；还有《形而上学》6.1.1026a8，以及在第一卷与最后两卷对柏拉图学说的批评。

② 《论灵魂》3.7.431b16："当理智现实地思维时，则与它的对象是同一的。至于理智这种自身非分离之物是否可能思维分离之物，我们后面必定会讨论。"理智认识事物。因而如果所有理智把握的概念，当其被与相关于感性上广延的身体结合在一起的时候，那么它也就从感性上广延的东西即意象之物得出它们。这就是实情（除了自身认识）。因为在柏拉图意义上的理念不会存在。存在的肉并非不同于可感之肉的一种实体（参见上述 no.11）。真正存在的纯粹精神实体是被无身体的理智认识的，这只是因为它从自身认识得出一种有关精神存在的一般概念（参见上述第 164 页注释①）。当它随后观察有关思考着的精神的效果而非在可感之物中的效果时，他就得出了存在着这种精神。这是显而易见的；因为如果我们直接把握可感之物、我们自己以及单纯精神，那么没谁会期待一种怀疑（他们也怀疑广延之物的存在）质疑神的存在；可是有人却怀疑。（参见《论灵魂》3.8.432a3-4；2.1.412a11-12；《形而上学》2.1.993b7-11；3.1005a31；6.1.1026a27；11.7.1064b9；7.1028b18；12.1.1069a31，以及亚里士多德自己确立神之存在的方式，还有在《物理学》与《形而上学》12 中的其他精神性存在。因而他在《形而上学》9.10.1051b32 说，有关纯粹精神的知识："我们确实在探讨它们是什么，即它们是否具有如此这般的本性。"）就像早期的评注者那样，我们不会确定表明亚里士多德所指的是什么讨论。他们大概想得出，亚里士多德想在其《形而上学》中做这个工作，可并没有传递给我们，即使他已经把这个工作做出来了。于是，我们必须满足于下述事实，即，其观点是不能质疑的（参见《论记忆》1.450a4；17，参见上述第 161 页注释①。）我们的段落通过内容及提出问题的方式也清楚地表明这个观点。因为他开始证明下述命题，即"灵魂离开意象不能思考"。他只作为最后的反对而提到有关精神实体的知识，这个反对会针对此提出，这事实上是一个迫使他撤退的反对，如果知识对我们在某种方式上是可能的而非是相关于可感之物的。

③ 见上述 no.11 以及第 142 页注释④ 和⑥。

西。"①

20. 通过仔细的心理学观察与深入的论证，我们已经看到，亚里士多德的学说关注我们理智知识对意象的依赖性。从目的论的观点看，它也给出有关理智与身体部分的统一性以满意的说明，因而，据此看，感觉给予理智巨大协助。② 不过，两个重量级的反对可以针对它而被提出。

首先，根据这个理论，所有论证、所有定义以及一般而言任何自由而按部就班地推进的思想，看来都是不可领会的。如果理智只能思考意象碰巧提供的表象，它看来就在每一刻都与意象捆绑在一起，那么理智就会成为意象的玩偶。在其最坏可能的意义上，这看来会确证亚里士多德的下述学说，即，人类的精神只是一张任由外在事物涂抹的白板。这显然是与我们能够清晰地意识到东西这种情况相矛盾的学说，这与思维部分的尊贵性也是相矛盾的。根据这种理解，在接受其对象方面感性部分就会比理智部分更为自由，

---

① 《论灵魂》3.7 有时被看作不同短文的一种不相关的混合体。它被期待，在其思想线索的这种发展之后，就不再是这种情形。我们只是已经略去了 431a17-431b2。这个文本分为两个部分，一个部分即为 431a17-20，我们在讨论感觉主体的统一性时曾引述过它们（见上述第三部分第 103 页注释②）。亚里士多德恰好已经声称，理智通过意象领会其概念。不过根据共同的观点，即眼是用来看的耳是用来听的，这与理智的统一体是相反的。因为如果理智是一，那么它就只能够呈现在一中，而不能呈现在多个分离的身体部分中；因而，如果视觉与听觉在两个分离的部分中被发现，那么，就会看到，由于理智从一个到另一个必定是缺席的，那就不会被它影响。那么既然理智把握了颜色和声音的概念，它看来就是以不同的方式得出的，而非从相应的感性表象得出的。亚里士多德看来是通过让我们立刻记起感性部分的统一性而应对这个反对。他说，空气作用于瞳孔，而后者又作用于一种专属的感官，即一种特定的性质。同样，原初地被声浪所影响的器官（参见我们在第三部分第 103 页注释② 有关听觉所讲过的）将其效果传递到同样的器官，眼睛正是把颜色的表象传递到这个器官。因为最后的终点即感觉的现实主体对于所有可感性质都是同一的，只是表象为多个构成。换言之，一个感觉器官具有多种感性能力。在外感官之外，相同的主体也具有对感觉的感知，即共同感（aisthesis koinē），这使它感知不同感觉对象之间的差异。简言之，我们通过感觉所知道的东西都集中在一个器官。因而下述理论，即，理智在感性表象中认识其概念得以避免出于这个方面的攻击。亚里士多德以一种插入的方式将这与第二个讨论——即内感觉如何能从白中区分出甜这个问题（a20-b2）——关联在一起。我们已经讨论了这个部分，并且对相关文本进行了必要的评论（第三部分 no.11 及第 109 页注释③）。有关这一部分我们还是同意陶思特里克的看法；不过这不会延续到他在第 7 章所建议的几个改变。在这里以及其他地方，他认为文本比它实际所是的样子并不——感谢神的保佑——更为损坏。

② 参见《论灵魂》3.12.434b3；1.3.407b3；《论感觉及其对象》1.437a1。

因为动物通过其运动能力可以从一个对象转移到另一个对象，它可以根据对象离它感官的远近而舍远求近。

这里加上第二种困难，即，看来这演明了在亚里士多德的理论中的一个并非不允许的要素。如果理智通过包含意象的可感部分的影响获得了可思的形式，那么有形之物就会作用于一种理智之物，就像在其他情况下有形之物作用于其他有形之物那样。那么，既然每种行动都是跟随着某种欲求的，我们就会被迫得出，有形之物要么包含了一种无意识的驱动，要么包含了对理智部分施加了一种如此这般影响的有意识欲求。可后者显然是不可能的，因为感性部分既不能向它自己呈现，也不能欲求某种理智之物；甚至前者看来也是不可想象的，因为无意识的自然倾向跟随着身体性特性，正如趋向热的冲动跟随着热一样。然而，如果思想就像感觉那样，是通过感觉性质对进行思考的主体的影响而产生的，那么，正如我们上面已经提到的那样，这种性质就会是我们所有概念的必要基础的确定性因素。[①] 正如我们不看到一种颜色就看不到任何东西、不听到一种声音就听不到任何东西，以及一般而言，不感觉到一些可感性质就感觉不到任何东西一样，我们的思想如果不包含某种身体性质，那么我们就不能思考任何东西。那么，由于这并非实情，一般地讲，这就不会显示出有形之物包含着一种能解释理智部分触动的形式与——或是有意识或是无意识的——驱动力。因而，具有其意象的感性部分看来不会拥有亚里士多德归于其上的对概念起源的影响。因而这只是第二义的、并不怎么深刻的反对。第一个反对批评了亚里士多德的一个理论，而这个反对使思想的进展成为不可理解的；第二个反对试图表明，在这种情况下，人们甚至不能解释单个思想的起源。

21. 这两种难题的每一个都使我们意识到灵魂的理智力量，这种力量我们到目前为止尚未讨论；因为第一种指出了这样一种能力，通过它，理智部分有意识地参与到感性领域，而第二个指出主动理智（nous poiētikos），它正是我们思想的专属主动原则。

在进入后面的讨论之前，我们首先想转而关注一下理智灵魂的有意识的推动能力。现在，由理智部分产生的运动与意欲的关系，与由感性部分产

---

① 见上述 no.6。

生的运动与感性的欲望能力的关系是一样的；因为这正如感性欲望是身体运动的源头，因而，实际的意欲就是感性部分运动的源头；于是我们就必须首先谈谈意欲。

第二章

精神性欲求的能力

22. 在感性的欲望能力之外，亚里士多德也设定了一种更高的、精神性的欲求能力。他正是把自由归属于这种能力；确实，自由不仅是在无阻碍意义上对所表象对象的趋向与厌恶，正如在动物那里也会发现的那样，[①] 而且也是拒斥任何必然性（甚至是内在必然性）的自由。[②] 然而亚里士多德并

[①] 在《尼各马可伦理学》3.1.1109b35，亚里士多德说："那些被迫或出于无知的事情看来是不情愿的。所谓被迫，是指原因是外在的，即当事人对发生的事情完全无能为力……。"在3.1111a24他继续说："把出于怒气与出于欲望的行为称为不情愿的或许并不正确。因为首先，果真如此的话，我们就既不能说其他动物、也不能说小孩情愿地行动了。"不过他并未在任何意义上承认，对于这种理由而言专属感觉是除外的。在1111b6，他说："选择（优选／正确偏爱，包含理智）显然是情愿的，但二者并不完全吻合，后者的范围大些。因为小孩与其他动物都能够情愿地行动，但却不能选择；再者，急迫的行动可以是情愿的，但不能说是选择的。"

[②] 这种情况下人还是要为其行为负责的。《尼各马可伦理学》3.7.1113b6："因而，美德是在我们权能范围内的，恶亦然。因为，如果对一件事情而言，行动在我们自己的权能之内时，那么不行动便也在我们的权能之内；反之，如果不行动在我们的权能之内时，那么行动就也在我们的权能之内。所以，如果做某件事是高贵的，不去做它是卑贱的；同时，如果去做那件事是在我们权能之内的，那么不去做它同样在我们的权能之内。"同上3.8.1114b31："对于行动而言，从始至终我们都可以掌控，对它们的情况我们都知晓；可是对于品质而言，一开始我们可以掌控，可是它的逐渐累积就是难以知晓的，这就像疾病的累积一样。尽管如此，这样做还是那样做仍在我们的权能之内，因而品质也是情愿性的。"德与恶值得表扬或批评、奖励或惩罚等。参见，2.41106a1；3.7.1113b21-1114a31。

没有让这种自由发生在所有行为中，而只是发生在选择行为中。[①] 这种选择及其自由成为可能首先是因为：每种被把握的概念都同时产生了有关事物及其相反者的知识，[②] 并且其次，因为理智的思想是普遍的，因而不同的事物——它们每一个都分享了善的概念——都能够在这方面被比较。因而一般的概念就服务于我们可以用以衡量两者的统一体。[③] 这两个条件的第一个甚至以一种相似的方式呈现在动物的感性表象中；[④] 另一方面，第二个是特别针对精神认识能力的。因而，它自身可被确认为选择自由的实际基础。因为，当我们比较两个选择的对象时，其中每一个都会时常显示出在某些方面是更可欲求的。因而不论我们选择哪一个，我们都会选择在一些方面是更好的而在另一些方面是更差的东西。因而在选择之后，不论我们已经选择了什么，我们的欲求就不能完全被满足。而在选择之前，为了保持进行选择的状态，我们的欲求就不全是趋向这个或那个对象的，于是我们的意愿活动就不是以必然性而发生的。[⑤]

---

① Prohairesis（选择、决意）与 boulēsis（理性希求）都是精神性欲求；它们主要被下述事实所区分，即，后者（即希求）是指向目的的，而前者（即选择）是指向手段的。因而，特别是最终的目标——幸福——通常是出于其自身之故而被意愿的，它永远不会作为其他东西的手段（《尼各马可伦理学》1.5.1097b1），它不会是选择的对象；因而，并不存在不欲求幸福的人（3.7.1113b16；1114b18）。同上，3.4.1111b26："希求更多的是针对目的的，而选择则更多的是针对手段的。例如我们希求健康，而选择能够增进健康的东西；又如，我们希求幸福并且说我们幸福，但是我们不能说选择幸福。因为选择总是就我们权能范围内的事务而言的。"

② 《物理学》8.1.251a28；《尼各马可伦理学》5.1.1129a13。《形而上学》9.2.1046b1-9；5.1048a5-15。因而，他在《尼各马可伦理学》3.4.1112a15 说："因为选择本身就包含了逻各斯与思想，甚至它的名称本身就意指在其他东西前挑选某物。"

③ 《论灵魂》3.11.434a5："正如我们讲过的，感觉意象在所有动物中都存在，而谋划性意象只存在于能推算之物中；因为应做这个还是应做那个是需要推算的；对于要追求更好之物而言，必定要有一个衡量标准。这意味着如此行动就必定能够把多个意象整合为一。"（参见《尼各马可伦理学》3.5.1112b16；7.5.1147b4。）选择的能力依赖于谋划的能力。参见同上 3.5.1113a9；5.10.1135b8；6.2.1139a23。

④ 参见《论灵魂》2.10.422a20；11.424a10；1.5.411a2 也不仅仅是有关于精神性认识的。同上 3.7.431a9："灵魂做出了一个准肯定或否定。"还有 a16："因而，如果运动是效果，那么欲求（orexis）就必定被添加到被把握的形式上，甚至在动物中也是如此。"同上，3.10.433a9；对此亦可参见《形而上学》9.5.1048a5 以及上述第三部分 no.19。

⑤ 这最后一个观察没有在亚里士多德那里找到。我想有必要以解释的方式添加到它上面来，

23. 我们已经以上述表述且沿着其主线而总结了亚里士多德的精神欲求能力学说。这里对我们重要的是第一点，即，在感性欲望能力之外，亚里士多德也假定了一种精神欲求的能力——即意愿。因为我们已经给予亚里士多德有关灵魂部分学说的呈现因而就得以确证；如果这被正确地领悟的话，那么对主动理智的理解就会大为便利。

就这一点而言，我们可用的支撑性段落比比皆是，它也可被划分为不同的类型。

当然，这些段落中最重要的一个是，在其中亚里士多德直接把人的欲求及欲求能力划归于理智部分，从而不同于感性欲望。亚里士多德经常把这种高级的欲求能力自身称为逻各斯（logos）或理智（nous）。①

否则下述情形就是不可解的，即，人们如何会从亚里士多德的假定出发，并达到自由意志可能性的认识。如果被选择的善好只是在一个方面是善好的，那么最高善就包含使之成为较低可欲善好的所有东西，那么当衡量的时候，它们就会作为或轻或重的事物彼此相关；就意志的级别而言，它与基于物理级别的同类必然性相比会在权重上胜出。在《论灵魂》3.10.433b5，存在着要被选择对象的每个部分之优越性的暗示："各种欲求会彼此冲突，这种冲突发生在逻各斯与欲望相对立时，而这种对立只有在具有时间观念的存在者那里才可能（因为理智建议我们出于将来的考虑而抵制某种行为，而欲望却只顾眼前；由于欲望不会看将来，它就会把暂时令人快乐的东西看作绝对令人快乐的与绝对好的）。"甚至在《尼各马可伦理学》7.5.1147a31 有更清楚的表达："如若有一个普遍意见阻止我们去品尝，另一方面又有一个意见说'甜的食物是令人愉快的'，且'这个食物是甜的'……"一个是更可欲的是因为它提供了快乐，另一个则是因为它是漂亮的与符合美的。我两种都承认；我以某种方式吸取了两者，可并没有全盘接受。

① 参见《论灵魂》3.9.432b3-7；11.434a12；亦可参见第三部分第 127 页注释 ②。在这里灵魂的理性与感性部分被与具有运动与欲求的天体领域相比较。在这里，以及在《论灵魂》2.10.433b5，亚里士多德谈到经常发生在高级与低级欲求之间的一种对立；低级的他称之为欲望（epithymia），高级的他称之为逻各斯（logos）。在《政治学》1.5.1254a34——我们在第三部分第 127 页注释 ② 作为一个平行的段落已经讨论过——精神性的欲求被称为理智（nous）。亦可参见《政治学》3.4.1277a6，特别是 7.15.1334b18。在《尼各马可伦理学》9.8.1169a17 也说（"因为在每个拥有者那里的理智都选择对自己最好的东西"），高级部分的欲求被称为理智。在《尼各马可伦理学》3.5.1113a5，他说："当一个人已经把行为的动因返归于自身，返归于自身的那个主导部分（hegoumenon）时，他就会停止对他该如何行动的研究，因为，正是由这个部分做出选择。"主导部分（hegoumenon）我们也必须再一次理解为理智（参见策勒，vol.2, pt.2, p.460, n.5）。进一步参见《尼各马可伦理学》6.2.1139b4；1.1.1094a1，他将显然属于理智性部分的描述为"瞄准（epiesthai）"。相似的用法再次出现在例如同上 2.1095a14 以及 4.1097a5 等等。最后，卷 9 的一个段落也需要注意，亚里士多德在那里说完善的人欲求与其整个灵魂相同的东西，这显然与只以其灵

就第二点而言，我们注意到亚里士多德的那些宣称，在其中他把快乐（hēdonē）归之为精神部分。[1] 由于一种精神性快乐离开一种精神性欲求能力是不可想象的，因为离开一种欲求能力根本就不会导向快乐的出现；[2] 根据亚里士多德，欲求与快乐甚至是同一种行为能力。[3] 欲求能力在拥有所欲求的善时就是快乐的。

与此相关的是其他段落，在其中亚里士多德提到了这样一些人，他们生活是为了快乐，不过这种快乐是他们所认为的最高贵的快乐，即，他们精神部分的快乐，且他们不会沉溺于其感性部分的低级快乐。[4] 这些段落也证明了我们的用意。因为如果某事的完成可以取悦于某人，那么他必定在这个事物中得到快乐。另外，亚里士多德在尚成问题的段落中说，在精神部分引导下的所作所为最与我们的意愿（hekousiōs）相一致，因为精神部分是最突出地构成了人的部分。

最后，我们从下述事实中得出第四个证据，即，亚里士多德把恶（kakia）作为精神部分（而非感性部分）的毁坏，[5] 虽然他根本不会相信——正如柏拉图所认为的那样——恶只是一种认识上的错误。[6]

再去寻找更多的支撑性段落显然是不必要的，因为在这些清楚而有所变化的宣称之后，没有谁会怀疑亚里士多德在这上面的观点。他设定了一种特定的精神性欲求能力是确定不疑的；他不得不设定这些，如果我们所讲的理智与感性部分之间的关系以及普遍的欲求能力的本性确实是他的学说的话。

魂的一个部分来欲求一种事物的人是不同的，二者其实是相反的。同上，9.4.1166a12。

[1] 《形而上学》12.7.1072b24；《尼各马可伦理学》10.4.1174b20；b34。进一步参见《尼各马可伦理学》第一、六卷，还有 3.13.1117b28；6.13.1144a3；10.1173b16 及 7.1177b19。

[2] 这就是为何从感性快乐与不快的实存中得出感性的欲望能力的原因。《论灵魂》2.2.413b23 以及 3.11.434a2。

[3] 《论灵魂》3.7.431a10；参见《尼各马可伦理学》10.5.1176a11，在那里快乐被与喜欢之物合在一起，而痛苦被与讨厌之物合在一起。因而他在《尼各马可伦理学》3.13.1117b29 说："这些东西使他高兴是因为他喜欢这些东西。"在《尼各马可伦理学》10.5.1175b34，他因而也拒绝了快乐是一种思想或感觉。

[4] 《尼各马可伦理学》9.4.1166a16；8.1168b28；7.1113b24。

[5] 《尼各马可伦理学》7.7.1150a1；2.4.1105b31。

[6] 《形而上学》5.29.1025a6。《尼各马可伦理学》3.4.1112a8；7.1113b24。

24.认识能力依据其对象的差异而不同——就这些对象把我们带向认识而言。于是对每个专属对象而言，我们不得不假定一种特殊的认识能力。因而正如我们上述看到的那样，不仅灵魂的形式 - 把握能力、而且其欲求能力都是被动的能力，欲求能力也会依据其不同的对象而不得不有所不同——就这些对象将自身推动给欲求而言。不过，正如亚里士多德所言，对象推动我们去欲求并非就其是外在于我们而言的，而是就其不论是在理智思维中、还是在意象中被呈现给我们而言的。⑦ 因而，正如可思形式与意象彼此不同一样，欲求能力也不得不具有一种差异，这依赖于它们是由这个还是那个对象来推动的。

设定这两种欲求能力的必要性通过前面所讲的东西也会更为显而易见，即，理智在主体上不同于把握可感形式的能力。感觉的主体是有形的；理智的主体是精神性的。因为可思形式并不在感性部分，感性欲望也不会被可思形式激发；因而，如果我们欲求理智所认识的东西——正如我们无疑能做的那样⑧——那么我们就必须具有与理智相关的同时也是精神性的第二种欲求能力。

---

⑦　《论灵魂》3.10.433b11；《形而上学》12.7.1072a27；《尼各马可伦理学》3.6.1113a24。

⑧　《论灵魂》3.7.431b10 最为清晰地表明，亚里士多德有关这一点是如何思考的。相似地，亚里士多德在《尼各马可伦理学》6.2.1139a22 和《论灵魂》2.5.417a27 说，只要一个人想的话，他就能够思考他正在认识的东西。因而我们也能够意欲精神性的认识。参见《形而上学》1.1；《尼各马可伦理学》1.5.1097b2；10.10.1180b20。伦常美德对我们也呈现出美且我们欲求它们，可它们没什么是通过理智而被认识的，因为它们在于被理性确定的适度（《尼各马可伦理学》2.6 开头）。对于它们其中一些而言，下述情形是特别显而易见的，即，它们不能被通过感觉获知，例如真诚，它显然出于其对象而不允许一种感性的表象。（《尼各马可伦理学》2.7.1108a19；《形而上学》5.29.1025a6。）我们最好知道，根据亚里士多德，可感部分领会不了什么一般性的东西；不过他在《修辞学》2.4.1382a4 中说："愤怒通常是指向个体的，比如指向张三或李四，而恨是指向群体的，人们都恨小偷与强盗。"

第三章

精神性部分对感性部分的有意识影响

25.感性欲望与有意识的身体运动是相关联的；精神欲求是以同样方式与最为狭义的理智部分的能力相关联的，通过这种能力，理智对较低级的人施加了有意识的影响。

有几个段落表明，亚里士多德把这种能力归于理智灵魂。为了对此信服，我们只需浏览一下相关段落，在这里他谈到人的运动是被其理性所引导的；① 或是在其中他谈到理性与感性欲望的斗争，② 在其中他也承认理性与理性部分天生就统治感性部分；或是在其中他说理智激发了运动，③ 或是在其中他把技艺或制作性的科学描述为"在其他事物中变化的原初本原"；④ 或是在其中他把非理性的部分划分为不能分有理性的部分与能够通过遵守理性而分有理性的部分。⑤

26.这种理性能力与理智及意愿都不同，因为前者是主动的而后两种是被动的。不过，精神部分影响身体的能力应当在一种意义上被称为是与意愿同一的；由于实践意欲自身就是其活动的原则，因为它能够欲求，因而也就具有进行活动的能力。⑥ 一般而言，在意愿与有意识的活动的精神能力之间，

---

① 《论灵魂》3.9.ff.；也见 1.3.406b24。

② 见上述第 171 页注释 ① 第一个引述的段落。

③ 例如《形而上学》12.6.1071b36。

④ 《形而上学》9.2.1046b2；参见 7.7.1032b9。

⑤ 例如《尼各马可伦理学》1.13.1102b28。

⑥ 《论灵魂》3.10.433a22；a30；b10；b17；b27。《形而上学》9.5.1048a5。

也存在着与感性欲望能力与有意识的身体运动的能力之关系同样的关系。因而我们就回指到了我们前面已经给出的讨论。①

27. 通过对身体的影响，精神部分改变了身体的生命活动。不过这不会对全部身体都成立；毋宁说，正如亚里士多德在《尼各马可伦理学》第一卷所言，② 植物性机能是在理性的控制之外的。不过在感性功能中，理性既影响了意象也影响了欲求与运动。它对意象的影响主要是在记忆现象中表现突出；只有通过这种影响回忆才是可能的，因为进行回忆活动的人是以推断的方式而从一个事物回忆起另一个事物。这就是为何一些动物确实分有了记忆，而只有人才能够回忆。③ 理性对感觉欲望的影响主要表现在它自己对欲望的压制与刺激中；我们已经指出，④ 根据亚里士多德，精神部分只有通过其本性的毁坏才会失去对欲望的控制权，以至于会发生相反的关系，即它自身成为激情的奴隶。最后，在任何理性的行为与活动中，理性对运动的影响也成为显而易见的。⑤

28. 然而，虽然理智部分在所有感性活动的种类中都实施了其影响，但它不能对它们的所有种类直接起作用。外在的感性对象不仅刺激出感觉，也刺激出欲望，而且还有运动作为一种结果；不过，只有感觉是被它们直接引发的，因为只有被感知的才是被欲望的，而运动是朝向被欲望对象的。相似地，当理智部分为感性活动施加了一种影响时，那么理智通常就会直接作用于意象，而欲望的改变正是通过理智在意象中产生的变化达到的；由于欲望变来变去，这就会改变出于欲望的运动。

在许多活动中，直接通过意象发动的一看上去就是显而易见的，正如在谈话活动的例子中，一种声音的表象显然是不可或缺的，它就像是在艺术中艺术家想象中的意象图像。不过同样的情况在其他追求及运动中也是成立

---

① 第三部分 no.19。

② 《尼各马可伦理学》1.13.1102b29：“因为植物性要素决不能分有逻各斯。”

③ 《论记忆》2.453a7：“……许多其他动物也拥有记忆，但是在已知的动物中，除人以外都不能回忆。这是因为回忆可以看作是某种推理；因为当人们在回忆时他是在推断他以前曾看见过或听见过的某类事情，这一过程便是一种探求。这种能力在本性上只能属于那些拥有谋划能力的存在者；因为谋划也是一种推理。”

④ 第三部分 no.20。

⑤ 见第 174 页注释 ① 与 ④。

的，这是由于形式把握的欲求与运动能力彼此相关的自然关系。如果没有一种相应的感性欲望，运动就会缺少一个原则，而如果没有对感性欲望对象的表象，就不会有这种欲望的原则。因而每种感性欲望与激情都被理性所支配，正如我们可以在勇敢、节制与自制的人之中发现的那样，每种被理性支配的运动也可以回溯至意象，这种意象处于精神部分的直接影响下。相应地，亚里士多德在《论灵魂》第三卷第十章中说，就一个生物能够欲望而言，它是能够自运动的；不过没有意象它就不能欲望，而意象要么是理性的，即在理性影响下形成的，要么是感性的，即它仅仅是感觉的后效；对于后者而言，不仅人具有，而且动物也具有，不过动物不具有前者。① 因而理性通过意象的转变而对欲望与运动实施了影响。再者，亚里士多德在同一卷的第十一章说，直接进行推动的并非普遍的、而是个别的判断。② 这些表述也使下述一点非常清楚，即，精神部分通过一种感性表象而掌控了运动；正如我们上面所言，感性的任务是认识特殊的东西，而理智是认识普遍的东西。

29.因而，我们看到，有意识地作用于身体的精神力量最初通常是从感性表象中转变而来的。人们很容易看到，这种能力是多么至关重要。如果离开这种能力，没什么技艺活动、理性事务以及精神间的交流是可能的，当然，这也会阻碍每个个体的理智发展。不过这也是由于我们思想对意象的依赖而使之以一种直接的方式成为我们认识活动的最为重要的因素；如果它缺席了，甚至我们思考中最为简单的现象也无从解释。正是在这里对我们具有主导兴趣的方面，使我们必须拒绝对——上面所列的——亚里士多德认识论的不公正的反对，而我们也必须精准地确定对所有单个因素的影响，这些因素可以对我们思想的形成进行说明，以至于我们能够清楚地辨识主动理智（nous poiētikos）的效力。

---

① 《论灵魂》3.10.433b27："总之，正如上面谈到的，就一个动物能够欲求而言，它也能够自我运动；可如果离开意象也就不能具有欲求；所有表象要么是推算要么是感觉。而感觉是人与动物所共享的。"参见《论动物运动》8.702a17。这本书不会在任何方面偏离作为毫无疑问地包含在其本真著作中的亚里士多德学说，特别对于这一点而言。

② 《论灵魂》3.11.434a16："因为一个前提或判断是普遍的而另一个则是特殊的（因为大前提告诉我们如此这般的人应做如此这般的事，而小前提判定这个行为就属这种事而我就属于这种人），恰是后面的信念而非前面的普遍前提发起了运动；或许两者都参与了发起运动，只不过一个仍保持静止，而另一个则卷入运动。"

　　我们前面已经讲了，如果一个相应的特殊表象不刺激性地存在于我们的感觉中，那就没有概念被理智所认识。当外在对象被移走时，眼睛就不再能看；心之眼——理智——也是如此，当感性部分的意象被移走时，它就不再能看。从中就出现了两个难题。[①]其中一个是，所有被组织起来的思想、任何思想之链的系统性构成、任何对一个问题的方法性研究甚至任何粗陋的推理看来都是不可能的了，另一方面，任何意图的持留以及对一些特殊思想的沉思看来也都是不可能的；看来这会得出，精神性的思想是被变化着的意象不可抵制地携带着的。这个难题通过下述内容消除，即，通过证明存在着一种理智部分对意象表象的有意识影响。即便理智部分只有通过感性意象的影响而获得认识，它仍然是统治的部分。因而理智也不会缺乏意愿，即成为意象的一个玩偶；毋宁说，它们必须遵循理智的命令，而且必须允许它们自身根据理智的意愿而成为被转化或被命令的，而这就意味着它们是服务于理性目的的。

---

① 　参见上述 no.20。

第四章

主动理智

30. 不过还有另外一个反对是针对亚里士多德的认识论提出的，[①] 这个反对不像上面的那样，它没有通过我们意愿对表象的掌控而被拒绝。我们说过，感性部分——作为身体性的——并不包含下述原则，这个原则能够使它作用于某种精神之物；可如果它不能作用于精神，那么理智就不能通过其影响而获得概念，而这些概念——不论以何种方式——都被包含在感性表象中。这就会在根基上摧毁亚里士多德有关我们思想之源头的整个学说。

我们如何回应这个反对呢？

没有像热、声、色或其他的有形性质能够在理智获得其概念这种结果中对精神的影响提供一种动力。当我们前面提出这个反对时，我们表明这是从精神性表象的本性中得出的。在更早的时候，[②] 我们给出了下述问题的进一步原因，即，如果这种设定不是不可能的，为何它是不恰当的和不大可能的。这大致表明了，并没有感性欲望能被指向概念的源头。因而下述情况是正确的，即，感性部分对理智部分的影响不能只由感性部分来解释。不过，这种影响不能表现为某种不可能的东西；因为某物产生效果具有两种方式，即，效果能够从事物自身的追求中产生，或是恰当的动力能被从外面赋予它。

---

① 《论灵魂》。

② 第一部分 no.19。

　　在针对我们概念的源头源于感性表象的论证中，这第二种可能性就被置于考虑之外了。确实，并没有有形之物能够给予感性部分以这种推动，因为其性质也不足以解释对精神的影响；因而，通过这种假定，困难只是被推延了，可它并没有以任何方式被消除。因而它必定是呈现在感性部分的某种精神之物，这种精神部分施加给感性部分一种影响，这种影响具有理智灵魂与精神认识之活动的间接结果。可如果不是理智灵魂自身，这种精神之物又会是什么呢？这就像磁铁吸引铁屑一样，它也会被后者所接触，理智必定对感性部分实施一种吸引的影响，这是以下述方式进行的，即，感性部分趋向它，并且在其中产生了一种变化，这种变化是概念的源头所关联的。

　　因而，为了理解感性部分对理智部分的影响，我们必须在后者之中假定一种进一步的积极能力。显然从对感性部分的影响所产生的并非意愿活动，因为这种影响并不属于我们的意愿，而且它也是无意识地发生的，正如在所有精神认识中所预设的那样。这种能力将不得不被称为制作（poiētikon，生产着的主动者）趋向的理智，[①] 正如亚里士多德称可感性质为制作（poiētikon）趋向的感觉那样；[②] 这种能力就是所谓的主动理智（nous poiētikos）；[③] 它构成灵魂的第四种理智能力，或者说，如果人们把意愿与有意识地移动的精神能力称为一种的话，那它就构成理智灵魂能力中的第三种能力。

　　31. 在提出这些考虑之后，我们现在希望转向《论灵魂》第三卷第五章，它已经被以如此多的不同方式解释，而对其理解而言，前面的研究已经铺平了道路。它们已经向我们表明，亚里士多德的认识论没有为人之中的第二种理智认识能力留有空间。不过它们也同时向我们表明了对另一种精神力量的需要，如果没有这种需要，我们的思想就像没有原因的结果那样少有可能。它们已经向我们进一步表明，这种能力在我们的理智中不能直接产生思想，因为，首先，这会消解存在于感性表象与概念之间的关联；其次，是因为精

---

① 《论灵魂》3.5.430a12：“制作性的原因。”

② 《论感觉及其对象》6.445b7：“……它们中的每个（即可感的质）都是感性知觉的制作。”《论灵魂》2.5.417b20；417a18。

③ 这个表述并未在亚里士多德自己那里找到，不过完全与他的意愿相符，因为他有时给出理智（nous）这个名称，有时以制作之物（poiētikon）来指称相同的东西。

神部分会不得不持续性地思想；以及最后，因为正如在感性部分以及在理智部分那样，使其成为现实地思想的某物的影响必定原初地产生于其他事物。以这种方式就得到一种理智灵魂能力的需求，这种灵魂能力无意识地作用于感性部分，而这种感性部分又给予它一种反作用于精神之物的推动。它不会在形体之物中产生某种精神之物，而某物在一种意义上是超形体性的是就其比出于身体之本性的性质更高级而言的。因而它达到一种结果，即，有形之物不能通过其自身的能力而达到，它是某种精神之物，正如其专属原则是某种精神之物那样，而这里的有形之物所服务的仅仅是作为中介性的原因以及工匠的工具。

《论灵魂》第三卷第五章处理我们精神认识的这种专属原则，这就是主动理智（nous poiētikos）。它是理智灵魂最原初被给予的主动能力，因而必须具有某种与潜能理智（nous dynamei）相吻合的性质，其他性质则与此相反，因为潜能理智在被触动中接受思想。它们必定在成为精神性的时候是一致的，它们也必定在一个就其本性是纯粹潜能性而另一个就其本性是纯粹现实性上是相反的；因为任何行动的来源都是现实性，这是由于除非它是现实的，否则便不能活动。因而，主动理智必定是理智灵魂的一种现实属性，是我们精神的一种现实性。

让我们毫不犹豫地确信，亚里士多德的言论在多大程度上可以确证我们全部的解释；它们完全与此一致，而这也使它们在其所有部分上成为可理解的。

32. 让我们先来回顾文本。在第四章，亚里士多德已经解释了接受思想的精神能力的本性与性质，它们是所有可思形式的潜能性，正如感觉是可感形式的潜能性一样。进行思想就像进行感觉一样是一种触动，它像后者那样需要一种相应的主动原则。那么，什么是精神认识的主动原则呢？我们上面指出，[①] 思想之链已经转了个弯，这就不允许这个问题再被进一步推延。因而亚里士多德在第五章开始引入作为制作原则（to aition kai poiētikon）的主动理智（nous poiētikos），以此与作为质料（hylē）的潜能理智（nous dynamei）相关联：

---

① 见上述 no.15 的最后。

"因为^① 在整个自然中，一方面存在着作为每一类事物的质料的东西（这就是潜在地是这些事物的东西）；另一方面，存在着另外一些作为这些事物的原因与制作者的东西，它制作了所有这些事物（后者之于前者的关系就像技艺之于其质料），同样的差异也必定存在于灵魂中。一种是成为万物意义上的理智（即它潜在地是万物——布伦塔诺的补充）；另一种是制作万物意义上的理智，它像一种状态（一种现实的积极属性——布伦塔诺补充），即像光；因为光也以一种方式将潜在的颜色转变为现实的颜色。这种理智是可分离、非触动、非混合的且在本质上是一种现实活动。^② 因为通常而言在尊贵性上主动者优于被动者，原则优于质料。"（《论灵魂》3.5.430a10-20）

这里我们想停留片刻，因为下述评论不会直接相关于主动理智，虽然作为与本章第一部分紧密相关的内容，它们消除了后者所产生的一些问题。

这对于亚里士多德是特别的，他承认他的话是近乎不可理解的，特别是在他涉及其学说最重要观点的地方；而在其他部分，即，不具有同样的兴趣也不具有同样的困难的部分，他进入了细节上的解释。当我们在上面考察其被动理智的精神性的例子时，^③ 我们碰到这种简洁性的显而易见的例子，这已经引发了一些误解。在《形而上学》著名的第十二卷第九章，我们看到一种相似的情形；而对此的解释是如此之难，以至于一些人——甚至是杰出的评注者——都将此归于亚里士多德的普遍神圣是无知的这种荒谬学说，这与他的所有有关神圣的言说是矛盾的。我们的段落表明同样的特别性，这对理性而言也产生了同样有害的后果。不过，这里就像在其他两段中所表明的那样，亚里士多德是以言简意赅的方式表达的。主动理智的所有本质性规定都被精要地显示，对于它们而言更重要的是他立刻增添了一个证据。

（1）主动理智被清楚地标示为我们思想的主动原则。

（2）他说，主动理智属于人类灵魂。

（3）更为精要地说，它注定是属于灵魂的精神部分的。

（4）指出了它是不同于被动理智的，因而它只在其主体上与后者同一，

---

① 我们没有翻译希腊文的 epei，因为没有相应的归结子句。

② 参见陶思特里克对这点的论述。不论人们将 energeia 读为主格还是与格，这里的意思都是一样的。例如参见《形而上学》12.5.1071a8；6.1071b20-22。

③ 见上述 nos.4ff。

而不是在其存在（Sein）上与后者同一。

（5）两种能力的不同及相反本性特别是被下述内容所证明，即，被动理智的本性仅仅是潜能性，[①] 而主动理智在其存在上是活力（Energie）。

（6）最后，他清楚地表明，主动理智最初作用于感性部分的时候是可思形式被包含在表象中的时候，而这正是间接性地把被动理智转变为现实的思想的时候。

对于这些命题的大多数，亚里士多德都立即勾勒出证据，不过只是以极简的形式，例如对于（1）中主动原则的必要性，对于其精神性这一事实（3），对于它与被动理智的差异（4），对于其出于本性是一种现实性的事实（5）。对于事实上它原初地作用于意象（6），在这一段中就不会真正地需要特别的证据；从亚里士多德到处表述的感性表象对于概念之产生的影响，就会立即得出，感性部分对我们的思想而言必须成为一种手段性原因，即使它最后并没有因此而成为主动原则。相似地，在我们的思想之主动原则已经被表明是精神性的之后，亚里士多德感觉不再需要证明主动理智属于人的灵魂（2）；因为否则的话，这就会是一个相异的精神实体，每逢我们开始重新思考的时候，它会以一种偶因论的方式推动感性部分，这种观点也与他的意思大相径庭。

现在我们只想详细地表明，所有这些规定——正如我们看到的——都与我们前面讨论过的东西完美地一致，这些规定也被包含在我们已经引述的段落中。

我们在一开始看到，主动理智与被动理智相比较而言是主动的原则。其证据在于，必须具有这样一种原则，它必须不同于接受性原则是出于下述普遍规律，即，无论哪里有一种变化，就必定存在着质料以及与它不同的一种主动原则。正如全部自然——即以其实体性与偶然性变化的整个有形世界——就是从属于这个规律的，因而它也必然地应用于从属于变化的理智灵魂。即使它在其实体上是非触动的，它也不会是离开偶性的变化，因为有时它思想而有时则不思想，有时它之中具有这一种、有时又具有那一种可思的形式。因而人们必须设定，对于思想而言，一种主动原则不同于质料性原

---

① 参见上述 no.17。

则，① 即不同于被动理智。因而在第一句话中，亚里士多德就立即断言并证明了我们所强调的第一和第四点。

不过亚里士多德同时指出，不仅潜在地成为我们思想的质料原则、而且连主动原则都是在我们灵魂中发现的，因而它也就不是一种相异的实体。因为亚里士多德说，这些差异在灵魂之中存在（en tē psychē hyparchein tautas tas diaphoras）是必要的。这些言论已经被早先的特米斯修斯(Themistius)和托马斯·阿奎那所引述，而在更近期也被特伦德伦堡、布兰迪斯（Brandis）及其他人为了拒斥下述错误而引用，这种错误是，有一些人在亚里士多德的主动理智中看到一种相异于人之存在的精神（Geist）。这足以表明第二点已经包含在亚里士多德的言论之中。

不过还有其他必定被看作是承载了这一问题的表述，如果切近考察这些表述的话，无疑会清楚地表明下述观点，即，把主动理智看作神圣的或其他超人的精神性实体是错误的。亚里士多德继续说："一种是成为万物意义上的理智；② 另一种是制作万物意义上的理智，它像一种状态。"这段基本是不可理解的，因为一个标点符号置于 hōs 之前，而没有像我们所做的那样也置于 tō 之前。Toioutos 与 hōs hexis tis 是这句的谓词。因为亚里士多德这里表明被动理智与主动理智之间所存在的主要对比。正如他在第四章中已经澄清的那样，被动理智就其本性而言是思想的纯粹潜能性，因为它接受了所有的可思形式；亚里士多德这里及前面③ 都以"因为它成为万物"而传达了这一点。相比较而言，主动理智是一种现实的积极属性，因为只有某种现实的东西才能充当一种主动原则；为了标示这一点，亚里士多德使用了 hexis 的

---

① 策勒已经发现亚里士多德下述的不一致，即，思想一方面是无形体的，而另一方面则被认为是具有质料的。不过质料的概念是随着每个范畴而相同或变化的。精神性部分缺乏实体性质料，因为它是不能进行实体性变化的。偶性的变化——例如思想的变化——与此并非不一致的；于是它具有一种恰切的偶性质料即潜能理智（nous dynamei），它是作为真正的潜能性而支撑变化的。参见《形而上学》9.8.1050b16；12.2.1069b24。

② "这类"(toioutos) 原本指插入的评论"并且这是它们所有东西中潜在的东西"(touto de ho panta dynamei ekeina)。不过亦可参见 4.429a15 与这整个一章，这一章是单独处理这一问题的。在这些具有潜在存在的（dynamei on）事物的情形中，为了避免误解，亚里士多德喜欢援引更详细的解释。例如参见《形而上学》4.5.1010a4："……我们已经解释过的存在于特殊意义中的（本性）。"

③ 《论灵魂》3.4.429b6；参见上面第 147 页注释③。

表述，即状态（Habitus）。他这里不是在通常能力或倾向①的意义上来用这个词的，而是在更为一般的意义上来用它的，即，他在其他地方已经用它来指称现实地存在于一个主体中的任何形式。②在一个场合他甚至用它来指称一种现实的匮乏③（在这个情境下这种含义显然是不适用的）。随后紧接着的光喻使这一点完全清楚了。④于是这里我们发现了我们前面列出的第五点，即，被动理智与主动理智的本质性区分，同时我们也发现了这种区分的基础，即，正如质料性原则必定通常是一种潜能性，因而主动原则通常必定是一种现实性。亚里士多德后来重复了同一个论断。

而特别是这段中 hexis 的表述引起了我们的注意。我们已经说过，这个表述不仅能被用于表示能力和倾向，而且也能够用于更广泛的意义；不过，它只能被用于一个主体中的形式，不论他们是有形质料的实体性形式，还是偶然的形式，不过它永远不会被用于一种纯粹实体性的活力上。⑤既然主动理智这里被描述为 hexis，显然亚里士多德也不会以它来意指神圣或其他某种精神性实体；毋宁说，如果以这个名称来指称某种精神之物从根本上说是他的意图，那么它就只能是理智灵魂的偶然形式。因而第五章的第二个句子就给予我们一种新的而且我认为也是完全决定性的证据，即，根据亚里士多德，我们思想的主动原则是我们自己灵魂的一种属性。

不过人们恰恰也可以从这段内容得出针对我们观点的反对意见；因为这是主动原则第一次被描述为一种理智（nous）。因而根据亚里士多德，这就显示出，不仅被动性原则而且主动性原则也是一个思想着的东西。因为正如我们已经看到的，被动理智仅仅是我们精神认识的能力，看来没有其他出路而只有把主动原则从灵魂中分离出来并将其看做一种异于人的存在的特殊

---

① 在《形而上学》5.20 中提出的两种意义对我们的段落是不合适的。

② 《论灵魂》3.8.432a6；《论记忆》1.450a30；《形而上学》5.10.1018a21，a34；10.4.1055a33；12.3.1070a12；5.6.1015b34；亦可参见 10.4.1055b13。

③ 《形而上学》5.12.1019b7。

④ 对此，亚里士多德在《论灵魂》2.7.418b9 中说："对于这种实体而言，光就是现实——透明之物的现实是就在其中规定它成为透明的力量而言的。"并且在 419a11 说："透明之物的现实性正是光。"他称之为 hexis，见 418b19。

⑤ 参见《形而上学》5.12.1019b7 以及 10.4.1055b12。存在一种状态（hexis）的地方，就必定存在一种拥有（eichein）。

实体。

不过这种反对只是对那些不知道亚里士多德有多么喜欢用同一个词表达不同含义的人有分量。在我们这篇论著的一开始，[①] 我们已经提请留意一组一词多义的表述，这些表述使对亚里士多德认识论的理解更为困难。亚里士多德对理智（nous）这个表述也是在多种意义上使用的，而在那种场合中，我们指出了它在含义上的差异。而同一个词指称不同的含义并不是偶然的；毋宁说，不同含义彼此之间都具有某种关联，而对于主动理智而言这种关联能够以两种方式澄清。它能够在下述事实基础上得以解释，即，主动理智属于灵魂的精神性部分。在上面引述的多个段落中，[②] 亚里士多德都把灵魂的精神性部分自身称为理智，因为它是理智的主体；把这同一个名称也运用到包含在这一主体的所有能力上就是一种显而易见的选择。我们前面已经看到，在亚里士多德谈到精神欲求[③]能力的一些段落中，他也将这种能力称为理智，这很大可能是，他如此做是因为意愿属于理智部分并且与理智在相同主体中是统一的。不过人们也会说，人们称精神欲求能力为理智是因为它的活动依赖于理智，因为除非一个对象在理智中被表象了，否则就不能欲求任何好的东西或躲避任何坏的东西，以及一般而言不能被这个对象所推动。

如果我们假定第一种解释是正确的，那么显然亚里士多德就会出于同样理由也把理智作为主动理智，因为它也是理智灵魂的能力。乍一看，似乎人们从主动理智的表述中会得出，这种能力是与被动理智相分离的；可如果第一种解释是正确的，那么这种表述反倒会刻画它们的密切统一性。[④]

可如果我们假定第二种联结是更为正确的，并且由于精神性欲求能力由于只能被可思的形式——这种形式已经被理智把握——推动而被称为理智，那么我们就能以同样甚至更大的合理性假定，我们所说的灵魂的主动能力被称为理智，因为不论对哪种可思形式进行把握的主动原则都是被理智所接受的。我们不仅把其中拥有健康的东西称为健康的，而且也把健康的后果和表征称为健康，比如肤色，同时也把导致及保持健康的东西称为健康，比

---

① 导论，no.3。

② 例如参见第 132 页注释 ⑥，以及在第四部分第 134 页注释 ③ 提到的几个段落。

③ 参见第 171 页注释 ①。

④ 我们认为这种解释是更可能的一个。

如药物或食物。① 同样，亚里士多德不仅会将理智用以指称其中所思想的内容，而且也指称思想的后果，比如精神性欲求，同时也指称产生思想的原则。甚至与感觉相关的日常语言也是如此，因为在一些情形下既可以用相同的表述指称感觉能力、也可以指称作为感觉之主动原则的感觉对象。在德语中我们用"Geruch"② 既指称嗅觉，也指称在感觉中引发感知的可感属性，我们在味觉中也是如此。几乎毫无疑问，亚里士多德没必要通过发明一种特殊的表述来清除语言的不足；毋宁说，他只是满意于提请我们注意"闻"和"尝"的多义性。③ 相似地，在这里他也不会为我们思想的主动原则找到一个特殊的表述，他也用接受性能力之名来意指主动能力，而且也满足于以最凸显的方式强调二者的差异和对照。

我们希望这会消除理智名称所导致的所有疑惑；我们现在继续讨论我们的文本，并且证明我们列举的所有命题实际上都包含在其中。

在讲了上述内容之后，即，主动理智不能仅仅是一种潜能性，而必定是一种现实的活力（hexis），因为它以一种主动的方式产生了思想，亚里士多德补充了下述类比来进行解释。他说，这种理智必定是一种现实的状态，它就像光，因为光在一种意义上使潜在存在的颜色变为现实的颜色。

根据亚里士多德对光之本性的看法，这一类比并不是在每一方面都恰当；因为根据他的观点，光专属地来讲是不会作用于有色对象的。毋宁说，光使包含着光的东西即被照亮的空气能够以一种方式被颜色触动。④ 亚里士

---

① 参见《形而上学》4.2.1003a33："一个事物在许多意义上被说成'是（存在）'，但所有的'是'都关系到一个中心点、一类确定的事物，而不是同名同义地说的。所有是健康的事务都关系到健康；一个是在它保持健康的意义上，另一个是在它产生健康的意义上，另外一个是在它是健康的表征的意义上，再另外一个是在它能获得健康的意义上。而所有叫做医药的都与医药有关：一个事物叫做医药的是因为它拥有一种医药技术，另一个则因为它自然地适合于它，另一个则因为它是医药技术的作用。我们还会找到与这些词的使用类似的其他词。"

② 这对于晚期希腊以这种方式运用 osmē 的作者同样成立。亚里士多德使用 haphē 指称可触摸对象的可感性质，并且以颜色、声音、气味与之平行并列，虽然它通常意味着触觉（参见《论灵魂》2.11 开头）。他事实上并没有适合的特殊表述可资利用。

③ 参见《论灵魂》3.2.426a15，他在那里只是同意"气味的现实性是无名的"。参见前面的注释以及《论灵魂》2.7.419a4。

④ 参见《论灵魂》2.7.419a7。

多德认为光就像主动理智一样，是一种状态（hexis），即是一种在其所是中的偶然形式。① 进而言之，显然只是由于光的在场能使包含颜色的对象给视觉施加一种印象；因而，即使根据亚里士多德，颜色至少是——在一种意义上——通过光而成为可见的。② 那么这就表明与主动理智的一种更为相似的地方，即，没有它，在感性部分的可思形式就不能被接受进理智之中。这个类比的不确切之处如下：主动理智在下述专属意义上是主动的，即，当它把意象从潜在可思物提升到现实可思物的时候，而光不是专属意义上的主动性，它仅仅是每当颜色可见时的一种必要的媒介性准备机制。亚里士多德自己也很好地意识到了这种类比的不确切性，因为他只是说光在一种意义（tropon tina）上将颜色由潜在的变为现实的，因而这就不是像下述情况那样在专属意义上讲的，即，主动理智把潜在的可思之物转变为现实的可思之物。③

不过这种类比对理解主动理智学说还是有很大价值的，因为这显然清楚地显示了我们前面列举出的第六点，即，我们思想的主动原则不会直接作用于被动理智，而是原初地作用于感性部分。切近地考察这个段落会使这一点毫无疑问。

显然，这里亚里士多德把一种作用归于主动理智的主动性，在作用之前可思的形式已经具有了，不过不是以一种允许它们被现实地认识的方式。这些形式缺乏使其成为现实地可思的某种东西，而正是主动理智为它们提供了这种缺失的构成部分；这些形式自在自为地就只是潜在地可思的。让我们将其与前章末尾一段相比较，在那里亚里士多德说，任何可思之物都只能潜在地处于有形之物中；④ 我们清楚地看到，他这里就像可思之物包含在有形之物中那样来谈及可思之物。这清楚地表明了，亚里士多德把对某种有形之物的影响归于了主动理智；通过这种影响，它把包含在有形之物中的

① 见上述第 184 页注释④。

② 《论灵魂》3.5.430a16。

③ 根据现代的理论，有色之物事实上接受一种源于光的刺激印象。因而就相关于下述理论，即，主动理智与光的比较在这方面是非常相似的。当背着太阳的月亮的一面通过地球反射的光而成为可见的时候，那么月亮的形状通过它从自身获得的东西而成为可感的。相似地，感官中的形式对于理智部分成为可知的，是由于通过理智部分施加给这些形式以影响而形成的。那么主动理智就是意象之光。

④ 《论灵魂》3.4.430a6：“在这些包含质料的情形中，每个思想对象都只是潜在地呈现的。”

作为潜在地可思的形式变为现实地可思的，因而它间接地在被动理智中产生了思想。可如果现在主动理智作用于某种有形之物，那么这就无疑剩下这种有形物所是的东西；毋宁说，显然这必定是可感部分的核心要素，其中灵魂的精神部分得以呈现，①而在意象中——正如亚里士多德不厌其烦地告诉我们的那样——可思的形式被包含了。在第七章，他说："理智的部分在意象中认识了形式，"②而在第八章又说："可思的形式是在可感的形式中的，因而，如果我们思考某物，我们必定同时在我们的意象中呈现它。"③最后，在卷二第五章，他教导说，感觉指向特殊之物，科学认识一般之物，而这在一种意义上是包含在灵魂中的（即包含在感性部分的意象中），因而理智并不像感觉一样需要外在对象的呈现。在这个段落中，他也把一般之物类比于可感对象，这种一般之物在一种意义上是在认识之产生中作为感性灵魂的制作（poiētikon）要素的，而他也称可感对象为感觉的制作（poiētika）要素。④如果主动理智通过意象产生思想——而只有在这种情况下——这种声称就不会与下述声称相矛盾，即，亚里士多德把精神能力作为原因性的和制作性的要素（aition kai poiētikon）。

还是让我们转向我们文本的卷三第五章，它自身实际上是如此清晰，以至于不再需要参照其他段落。因为，如果最后的讨论性语言只是表明，主动理智原初地作用于某种有形之物，在我们的章节自身便有一个段落会支撑这种说明；这会涉及我们的思想对意象的依赖，于是这表明正是感性部分把主动理智的作用传递到思想能力。⑤

---

① 见上述第 166 页注释①，亦可参见《论动物的运动》10.703a37。并非每种身体都适合于一种理智灵魂的习性，而只有人的身体适合。相似地，也并非人之身体的每个部分都是适合的，也只有储存感性能力的部分适合。

② 《论灵魂》3.7.431b2；见上述第 165 页注释②。

③ 《论灵魂》3.8.432a4："……理智对象就寓于可感形式中，它们既包括抽象对象，也包括感性之物的全部状态与属性。因而，离开感觉人们便不能学习或把握任何东西，甚至当我们沉思的时候，我们也必须借助意象。因为意象除了不包含质料外，其余都与感觉内容类似。"

④ 《论灵魂》2.5.417b19："这两者是有区别的，就感觉来说，使感觉实现的东西是外在的，如视觉对象、听觉对象，以及这一类的感觉对象。这是因为对感觉的实现是个别的，而知识的实现则是一般的。在某种意义上，一般即存在于灵魂自身之中。"

⑤ 《论灵魂》3.5.430a23。

于是我们除了下述一句，对上述展示的文本中所包含的要点都已经进行了确证。这唯一遗留的一句就是有关主动理智之精神性的证据。这是亚里士多德在最后的句子中给出的，即"这种理智是可分离、非触动、非混合的且在本质上是一种现实活动"。

他用在主动理智上面的有四个谓词，即，可分离的、非触动的、非混合的和现实的（chōristos，apathēs，amigēs，energeia），① 其中前三个是与被动理智共有的。② 亚里士多德也在两种意义上使用"可分离的"（《论灵魂》3.4.429b5）、"非触动的"（429a15 与 a29）以及"非混合的"：首先，由于其本性是没有任何现实性的纯粹潜能性（a18），并且也由于精神部分的一种能力是与身体是非混合的(a24)。这就为对这些表述的理解提供了可喜的引导；因为在第五章这里所用的意思与在第四章中所用的意思当然是大同小异的，因为他这里想确定主动与被动理智之间的一致性与差异。没有强有力的理由而假定相反的东西无疑是错误的。

下述内容也是清晰的，即，"可分离的（chōristos）"这个表述看来等价于"无身体的（aneu sōmatos）"，③ 因为它相反于"不是无身体的（ouk aneu sōmatos）"。由于这个表述，不少人都认为主动理智是一种异于人之存在的纯粹精神性实体。但这不会迫使我们假定，主动理智与身体的分离比被动理智所具有的与身体的分离程度更大，这种被动理智的主体是我们灵魂的精神部分，这同一个灵魂的其他部分作为形式决定身体的本质。④ 我说过我们不会被迫假定一种更大程度的分离；当然，甚至不允许这样做。因为亚里士多

---

① 人们会跟随谢林的建议而以这种方式来读这一段，正如布兰迪斯（Brandis）所做的那样。基于老一辈评注者的陶思特里克（Torstrik）也采纳了这种读法。不过无论一个人将 energeia 作为主格还是与格，意思还是基本上相同的。接受性的理智——即具有纯粹潜能本性的——有时被称为 dynaton（《论灵魂》3.4.429a29），即 dynamei on。相似地，具有纯粹本性的主动理智可以称为 energeia on（存在于现实性中），而非 energeia（现实性）。

② 这就是为何我们已将 kai autos 作为"也是这个"，而非作为"与这个"，就像其他人所做的那样，他们相信这显示了一种与潜能理智（nous dynamei）的比较。

③ 《论灵魂》3.4.429b4："……感觉能力依赖于身体，而理智却与身体分离。"参见 1.1.403a6、a9、a12、a15、a16、b10、b11、b14。有时亚里士多德说"与质料分离"（chōrista tēs hylēs），例如 3.4.429b21；1.1.403b17："灵魂的触动与动物生命的质料性基体是不可分离的，"这意味着相同的东西，因为他以此意指有形质料。

④ 《论灵魂》2.1.413a4。

德刚才告诉我们，主动理智是在灵魂中的，并且它是一种状态（hexis），是一种偶然的形式，因而它就不是一种像神圣者那样的精神性实体。甚至勒南也难以对亚里士多德的下述一点免除轻视并说后者是幼稚的，即，亚里士多德在以同一口吻说出前三个词之后，堂而皇之地与前面所说的发生了矛盾。因而"可分离的"这个表述确实比仅仅断定与身体质料的分离性多出了一些东西；它显示了与身体的现实分离，①因为它表达了主动理智不能在作为其主体的任何身体性器官中被发现。不过这并没有说，主动理智是异于人之存在的纯粹精神性实体；这也并不意味着，除了不属于与身体混合的灵魂的部分，主动理智也不属于灵魂的精神部分，这部分灵魂在植物性部分及感性部分中激活了人的身体。毋宁说，亚里士多德现在将主动理智描述为某种精神之物；如果人们把它与前面的规定结合起来的话，那么无疑他必定认为主动理智也是一同属于被动理智所归属的灵魂中，亚里士多德也以同样的表述描述其精神性，而且在前一章他也以多种论据来支撑它。

第二个谓词"非触动的"与谓词"可分离的"紧密关联。我们在第四章看到，这个词是被运用在被动理智的，因为在其本质中，通过其活动是不会被改变和被毁灭的；这种特征对理智而言甚至比对感觉而言程度更高，感觉在某种程度上也被称为非触动的。这是其理智本质的一种后果，这使其也成为一般而言不朽坏的。那么显然主动理智就不能通过其活动而被改变，因为它不是一种被动能力，而是一种主动能力；根据亚里士多德，因为主动者的作用在被动者中，前者就不会经受任何改变。正如我们刚才讲到的，它也是精神性的；确实，它原初地属于灵魂；因而，出于与被动理智所具有的同样原因，主动理智在每个方面都是不朽坏的。

看来不能以完全的确信来解释第三个谓词"非混合的"，因为正如我们说过的，它以两种意义应用于被动理智。如果这里被断定的主动理智是在第四章的第二个地方所提到的意思，那么它所说的东西就显然与已经解释过的"可分离的"没什么不同，它与在第四章中的用法是同名同义的；因为它与"不与身体混合（amigēs tō sōmati）"是同义的。②可为何这里没必要重复呢？

---

① 策勒正是强调了这一点。
② 《论灵魂》3.4.429a24："……这不能合理地被看作是与身体混合。"

这在像我们上述指出的段落中会是引人注目的，在这个段落中各种思想彼此簇拥在一起。

这看来使下述情形成为可能，即，亚里士多德早在第四章的那种意义上就称主动理智为非混合的。不过对于这种解释看来存在着一种障碍：主动理智就其本性而言并非是纯粹的潜能性，这就像被动理智一样，它自在自为地是不带有所有形式的，并且也是出于这种原因而被称为非混合的。亚里士多德会马上指出，主动理智是某种现实之物。因而对这种表述的解释就会使我们陷入某种窘迫。不过这种困难很容易消除。正因为纯粹的潜能性由于不会具有现实在其中而可被称为非混合的一样，因而纯粹的现实性也可被称为非混合的，因为它还没有被吸收进任何潜能性。前者免于任何现实存在，而后者免于任何潜能存在，因而这就剩下：如果它是一种偶然的现实性，那么在其主体中就不会被改变。主动理智正是这样一种现实性，而这就是亚里士多德想以谓词"非混合的"所表达的东西。他追加了后面的解释性语词是为了确定非混合的被动理智与非混合的主动理智之间的差异；这种解释使这个问题全然清晰。

由于他说主动理智是非混合的即"在本质上是一种现实活动"（tē ousia ōn energia）。因而对他而言，主动理智不仅是某种现实之物，而且就其本质是现实性，这里甚至没有参与进潜能性。在第四章他曾说被动理智也只有一种潜能性本性（mēd' autou einai physin mēdemian，all' ē tautēn hoti dynaton）。① 这就是在解释他已经赋予其上的"非混合的"。那么相似地，在讲完主动理智也是非混合的之后，他也对同样的谓词解释说，理智就其本性而言是非混合的。因而，正如我们所说的，它与所有潜在存在是非混合的，正如被动理智与所有现实存在是非混合的一样。它们都不是由形式与质料构成，也都不是通过两个原则被内在地构成；不过这两个原则的每一个都没有混杂另外一个；它们其中的一个原则是纯粹的潜能性，而另一个即主动理智则是纯粹的现实性。②

---

① 《论灵魂》429a21。

② 可以指出，根据亚里士多德，实体而非质料才是偶性的承担者。毋宁说，不仅是现实的偶性而且还有纯粹潜能的偶性（而这正是偶然的质料）也呈现在实体之中。以这种方式，被动理智（即只作为思想的潜能）是处于我们灵魂的精神部分的，而主动性理智也在其

在这句话的第二部分，亚里士多德继续为他在第一部分中所声称的内容给出理由，他说："因为通常而言在尊贵性上主动者优于被动者，原则优于质料。"显然我们必须把这些语词或是与所有四个谓述相关联，或是只与一个即最后一个词相关联。不过在这两种情况下，没有什么是被实质性地改变的，因为最后一个谓述在一种意义上包含着前面所有几个的内容。它包含了对有形质料的摆脱，因为质料性实体的偶性正如这种实体自身那样，是归属于变化的，从而它就不能成为纯粹的现实性。它进一步包含着不可朽坏性以及非触动性，因为任何改变都假定其相反的可能性。最后，它显然包含着非混合的单纯性，因为这正是针对这个谓词的进一步规定性而提出的。

现在让我们进一步来看一下亚里士多德加在这上面用以支持这一点的论据。主动的在效果上通常高于接受性的。这能得出思想的主动原则是某种精神之物吗？的确能！因为接受思想的理智是某种精神之物；于是，如果作为与之相对照的主动原则是一种有形之物，那么被触动之物显然在尊贵性上就超出了主动之物。因而，在人的精神与有形部分存在的相互交流的首要驱动就必定从精神部分产生。

我们进一步追问，是否可以从这同一个句子中也得出主动理智的非触动性呢？对此我们也必须给予一种肯定的回答。因为如果其主体并非不可朽坏的，那它就不会是理智的；可如果它在其主体中产生及消灭，因而如果它并不必然地从理智部分的本性中得出并因而原初地属于它，那么，为了成为现实的，外部对于精神部分的影响就会被假定；因而，优先性不得不再次被归于人的有形部分，而主动性原则就不会比接受性能力更为高级。

从这里我们已经能够看到，我们为何不得不回应下述问题，即，第三个谓词即主动理智是非混合的是否能被从同一个原则得出。如果主动理智由潜能性与现实性构成，那么，由于在特定的潜能性中产生现实性，[①] 主动理智作为单纯的潜能性就首先被包含在我们的灵魂之中，它只有在后来才成为现实性的。因而这里对精神部分的一种影响便已经再次先于精神部分的活

中，虽然它不具有质料，因为它是一种不属于生灭的现实性；它内在与必然地属于理智灵魂，以至于只要灵魂不消失的话，主动理智就不会在灵魂中终止。在不可能变化的地方，也不会存在质料。

① 参见《形而上学》9.8.1049b17。

动；那么最终的运动基础就会存在于有形之物中，且主动原则在尊贵性上也不会超过被触动之物。

最后，下述情形是自明，即，如果主动原则并非潜能性与现实性的混合，那么它就不是一种纯粹的潜能性，而必定是一种纯粹的现实性，因为通过潜能性并没有什么东西能够产生其他任何东西。不过，这也能够从更为一般的命题中推出，即，亚里士多德这里所提出的：主动者比受触动者更高级。因为如果主动理智就像接受性那样只是一种潜能性，那么由于诸潜能性依据相应现实性的差异而彼此不同，① 于是这两种能力中其现实活动更为优越的就更优越。不过主动理智的行为并不优于被动理智的行为，因为被动理智的行为是思想，而人的最高的完满性与幸福就包含在思想之中。② 于是主动理智的行为就会是次级的，而作为一种能力，它也在尊贵性上要次于被动理智。如果主动理智是活力那就另当别论了；因为，即使在尊贵性上它低于它作为目的而指向的真实思想，它仍然比思想的潜能更高级，因为这种潜能仅仅是一种潜在性。③

亚里士多德从第五章第一部分中得出这个论据，这只是他习惯性地进行的概说；这个论据包含着对主动理智学说的说明。我们已经一字一句地表明这与我们早先讨论中所预期的一致。根据这个学说，主动理智看来是我们灵魂的精神部分的能力，这种能力在所有思想之前运作因而也是无意识的；它原初地指向感性部分，并因而为返回作用于精神部分提供了一种必要的动力；以这种方式它成为我们思想的动力因。正是光照明了意象，并使感觉中的精神之物对于精神而言成为可被认识的。

在这一章的第二部分，亚里士多德处理了一些问题，这些问题对我们思想的发生提供了全部的看法，并且消除了一些显而易见的反对；它们是与主动理智学说紧密相连的。这一部分又分为几个小的部分，我们想依次解释

---

① 参见《论灵魂》1049b12。

② 《论灵魂》12.7.1072b24：" ……沉思活动是……最愉悦的和最好的。"

③ 亚里士多德认为主动理智是比作为思想潜能的被动理智更高贵的。不过他并没有意味着它比现实的思想更高贵。这也被同上 1072b23 以及 9.1074b17 所表明，在那里他在现实思想与思想潜能的尊贵性之间已经做出了区分。因而他没有把自己卷入他看上去好像会出现的矛盾之中，即，将主动理智置于比人的完满与幸福更高的地方。

其中出现了哪些我们想解释的东西。

亚里士多德首先谈到现实的思想，我们刚刚在被动与主动理智中遇到现实思想的质料性的和主动性的原则；他继续说："那在现实状态中的知识与其事物本身是同一的。"（《论灵魂》3.5.430a20）

我们已经熟悉了他这里提出的思想。亚里士多德已经在前一章的末尾对此进行了表述，① 并且在此之前也几次提到它。② 他会在第七章和第八章③再次重复，这也经常出现在其他著作中。④ 我们对它已经进行了解释，⑤ 因而我们只是简短地指出，我们所解释的段落中以现实性知识并不像上一章中那样意味着习惯性知识，⑥ 这种习惯性知识在一种意义上只是一种潜能性，而现实性知识是实际地呈现知识。⑦ 不过在这里，知识这一名称也不应被局限于被得出的认识状态，而是也包含原则；因而它不仅应用于推证性的实际认识，而且用于所有精神性认识。⑧ 知识的现实性不会等同于我们所谓的主动

---

① 《论灵魂》3.4.429b30-31。（我们已经指出，430a4 并不适用于所有知识的对象，而只适用于非质料的对象。）

② 在同一章，429a24、b5；参见 2.5.417a20 及 418a5。

③ 在 3.7.431a1 及 8.431b21。

④ 我们这里只提一下《形而上学》的几个段落，7.7.1032b11、11.4.1070b33 以及 7.1072b22；参见 bk.9 最后一章。

⑤ 见上述 no.6。

⑥ 《论灵魂》3.4.429b6。

⑦ 参见《论灵魂》2.5.417a21。

⑧ 也有其他一些段落，其中亚里士多德也将对知识原则的认识——其自身在狭义上并非知识——包含进科学知识的名称下。因而在《论灵魂》3.8.431b22 中，epistēmē 代表所有理智知识，epistēton 代表所有可思的东西，而 epistēmonikon 代表理智知识的能力。同样的情况出现在《后分析篇》，这段也得到不少解释者的注意。亚里士多德在指出直观性（直接的、当下的）认识是知识（epistēmē）的原则之后说："知识的最初来源把握了最初的基本前提，而知识作为一个整体相似地相关于全部事实整体。"亚里士多德以这些语句通过强调核心思想而总结了这个有关绝然知识的整个讨论。知识源于对诸原理的认识，例如在《后分析篇》1.2.71b9："当我们认为我们在总体上知道：（1）事实由此产生的原因就是那事实的原因，以及（2）事实不可能是其他样子时，我们就以为我们完全地知道了这个事物，而不是像智者们那样，只具有偶然的知识。显然，知识就是这样子。在无知识的人和有知识的人中，前者只是自以为他们达到了上述条件，而后者则确实是达到了。因而，如果一个事实是纯粹知识的对象，那么，它就不能成为异于自身的它物。……我们知道，我们无论如何都是通过证明获得知识的。我所谓的证明是指产生科学知识的三段论。所谓科学知识，是指只要我们把握了它就能据此知道事物的

理智的现实性几乎不需要再进一步解释。后者从一开始就在我们的灵魂中，前者只是被获得的，正如亚里士多德立即添加的：

"对于个体而言，潜在知识在时间上先于现实知识。"（《论灵魂》3.5.430a21）

同样，主动理智的活力通常都在我们之中，而知识的现实性我们只是有时才具有；[①] 且前者就是纯粹的、非混合的现实性，而后者则是已被接受进潜能理智中的可思形式。

我们已经熟悉了这些评论，因而它们就是容易理解的。不过，亚里士多德这里通过将其目光从人的理智到神圣理智的提升，而为它们增添了一种新的和深刻的思想：

"不过，对于总体而言，潜在的知识甚至在时间上也[②]不在先；理智也不会是一会儿思而一会儿不思。"（《论灵魂》3.5.430a22）

不少注家已经认识到，这里所讨论的内容必定是神圣理智，不过由于误解了语境，他们被误导性地认为主动理智自身就是神。其他人则看出这种断定是不被允许的；不过，他们把它"不会一会儿思而一会儿不思"与主动理智相关联，因而就开始假定一种内在而永恒的知识与我们哲学家的其他陈述是非常矛盾的。也有其他人做出了其他声称，这些声称很容易被看出是经不住推敲的而且也是不合语境的。最后，最近期的注家都会向这个难题屈

东西。如若知识就是我们所规定的那样，那么，作为证明知识出发点的前提必须是真实的、最初的、直接的，是先于结果、比结果更容易了解的，并且是结果的原因。只有具备这样的条件，原则才能适当地应用于有待证明的事实。没有它们，可能会有三段论，但绝不可能有证明，因为其结果不是知识。……它们必定是原因，是更易了解的和在先的；它们是原因，因为只有当我们知道一个事物的原因时，我们才有了该事物的知识……"亦可参见 3.72b26 以及 2.9.93b21。那么如果知识是源于原则的认识，且如果科学知识作为一个整体包含了作为整体的知识对象，那么科学知识的起点就必定是对原则的认识。而这正是亚里士多德所声称的："知识的原则必定是对原则的认识；而知识作为一个整体是相似地相关于整个对象的。"（参见《尼各马可伦理学》6.6.1140b33，其中表明事物是与认识对象相同的。）这里我们看到科学知识作为一个整体也包含了有关原则的知识。

① 《论灵魂》3.4.430a5。

② 我们与陶思特里克一同相信这是正确的解读，虽然一些最好的抄本读为 ou 而非读为 oude。

服，有人只是想消除 ouch（即第一个"不是"），为的是保持与第四章一致。①
可从这种看似勇敢的建议中究竟能得到什么呢？② 这个段落于是就被变成了
枝蔓性的真实评论而与语境不符，它就会与这整个一章扼要而举足轻重的特
征形成僵硬的对照。

因而我们宁愿保留所获得的视角，并且把这些语词应用到永恒思想着
的神圣理智上而不需要将其与主动理智等同。亚里士多德在《形而上学》③
中考察神圣理智的地方一再地引入对人类理智的评论；同样，他在对神圣思
想的考察中一再地传播其心理学思想。这就是我们所讨论段落中的情况，这
种与《形而上学》卷十二④的比较是在接下来⑤以及再接下来⑥一章中表明的。
他在这里为何如此做的理由从语境中会变得清晰。不过在我们对这个段落自
身开始解释之前，我们必须回顾一下亚里士多德哲学的基本思想，这些思想
可以帮助我们先行对一些最重要的心理学学说进行更为深刻的理解。

在《形而上学》卷十二第三章，⑦ 亚里士多德说："每一实体都从一同名

---

① 《论灵魂》3.4.430a5："为何理智并非一直思想，我们必须后面考察。"

② 陶思特里克会令这个建议相信，它能将自身建基于 Theophrastus 的权威之上。Theophras-
tus 确实指出他不会把不间断的思考归于人；不过这个段落并不包含陶思特里克声称在其
中已经发现的东西。我们后面会再次讨论它。

③ 特别是在卷十二的第七章与第九章。

④ 《形而上学》12.10.1075b21："因为一切对立物都有质料，而凡是具有质料的都是潜在地
存在的。"

⑤ 《论灵魂》3.6.430b23："认识者必定在其存在中具有一种潜在的因素，它必定包含着一种
相反者。如果某物是没有相反者的，那么它就会自己认识自己，并具有独立的存在。"亚
里士多德刚才已经指出，如果某物将要认识一个事物，那后者必定在前者本性中是潜在
的，并且前者在其自身中要么必定获得了要被认识的东西，要么获得了其反面。不过这
一命题并非毫无例外的。因为在诸原则之中，有一种原则——虽然它具有知识甚至是全
知的——无法包含潜能。因而它不需要把认识之物或其反面接受进自身才能认识。这种
原则就是神圣的理智。与其他所有进行认识的本体相比，它是纯粹的现实性，是认识的
单一永恒活动。不过，这并不局限在其认识中；因为它是一个原则，确实是所有存在的首
要和完满的基础；在其认识的一个永恒的活动中，它完全领会了自己，它是所有存在的完
满基础。因而它必定同时认识所有存在，且既不需要思想的一种多重性，也不需要其变
化性。亚里士多德在最后用于它的"分离"（chōriston）的谓述，所表明的不仅是其理智性，
也是其完全的非身体本性。

⑥ 《论灵魂》3.7.431a2-4；见下述第 202 页注释①。

⑦ 《形而上学》12.3.1070a4。

事物生成（Hekastē ek synōnymou gignetai ousia）。"对他而言，这个原则是如此普遍有效，以至于它不仅应用于通过自然或技艺产生的东西，而且也应用于通过运气或偶然产生的东西——虽然不是以同样完美的方式应用。在《形而上学》卷七，亚里士多德更为详细地讨论了它，[①] 并且显示了在这方面两种生成类型的差异。正是在自然的产品中我们最为完美地看到，所有东西都从同名事物中产生。一个热的东西使另一个发热，一株植物产生另一株相似的植物，一个动物产生另一个相似的动物，例如，一匹马产生一匹马，一只狮子产生另一只狮子。而对于技艺作品而言，同样的规律也是成立的，即使是以一种不同的方式。建筑师的技艺就是他建造的房子的概念（Begriff），医生的技艺就是他要恢复的健康的概念；因而，这里在一种意义上说，房子是从房子产生的，而健康是从健康产生的。正如我们已经从亚里士多德那里看到的，因为现实性知识与认识到的对象是同一的。然而，更为确切地说，医药技艺自身并非健康，而只是健康的概念，同样，建筑只是房屋的概念。[②] 因而，在生产者与被造物之间对名称的分有与在自然产生中的情况是不完全相同的。因而亚里士多德在《形而上学》卷七第九章说，被自然产生的事物都从同名的事物生成，而被技艺产生的东西只是从同名事物的一部分生成；他说，因为技艺就是其作品的概念。[③]

现在让我们来看亚里士多德在《形而上学》同一卷的第七章是如何描述这一过程的："健康是通过医生的如下思考获得的：因为如此这般才是健康，如果人是健康的，那么这种情况例如平衡状态就会在他之中呈现出来；如果这种状况被呈现出来，那么就必定是温热的；这位医生就这样继续进行思考一直到他把事情推论到他本人最后能够产生的某种东西。从这种最后的思想得出结论的行为就被称为从健康产生健康。于是这就是在一种意义上从健康产生健康的情形，与此类似，从房屋产生房屋，从无质料之物产生质料

---

① 《论灵魂》7.7 及 9。

② 《论灵魂》7.7.1032b11；见下述第 198 页注释 ①。

③ 《形而上学》7.9.1034a21："从以上所说，就可明白，这一切东西和自然事物一样，都是从同名的东西生成的。或者出于同名事物的一部分（例如，房屋……建造技艺就是房屋的形式），或……"Homonymon（同名）这里显然是在亚里士多德通常与之关联的syn-onymon（同名同义）的意义上使用的。

之物；因为治疗术与建筑术就是健康与房屋的概念……这里前后相随的运动有些被称为思想，有些被称为制作。从始点（本原）或健康的概念出发的被称为思想，而从思想的最后步骤出发的被称为制作。中间环节的思考也是以这种方式前后依次出现的。我的意思是说，例如如果健康要被达到，那么医生就会想到平衡必须要出现。现在什么样子是平衡呢？是如此这般的情形。这又会何时产生呢？当加热时就会产生。如何才会加热呢？如此这般就会加热。而这最后的状况病人已经潜在地包含了，正是医生能够将其实现出来。"①

在亚里士多德以这种方式说明了技艺成果在其不同阶段的产生之后，他继续将其与偶性（spontaneous）的产生进行比较和对照：

"取得健康的活动作为第一推动原则如果来自技艺，那么其概念就是在灵魂之中；如果是偶然达到健康的，那么其原则就与通过技艺产生健康的活动之原则相同。例如，在通过技艺进行治疗时，原则就是温热，这种温热是医生通过摩擦产生的。那么身体内部的温热或者是健康的一部分，或者是由作为健康的部分直接或间接带来的后果。这后一种东西现在就是产生健康的东西。"②

因而亚里士多德所谓的自发生成③并非如一些论者所认为的那样是离开主动者的生成，即并不是一个离开原因的结果。不是的，即使在这里，一种原因通常也会呈现，只是某物在被自然或技艺产生时，这种原因在界定的同名性（synonym）上与它的结果是不等同的。④例如，让我们假定，我们的病人已经具有一种温度上的变化，他可以通过被温暖而治愈，那么他的健康

---

① 《论灵魂》7.7.1032b5-20。

② 《论灵魂》1032b25-30。

③ 在《物理学》2.6的开始，亚里士多德总结出在自发产生中通过运气产生。通过运气产生是与通过技艺产生相对而言的，另一种自发产生的类型就是通过自然产生。因而在《形而上学》1.1中，亚里士多德比较了运气与技艺："'经验造就技艺'，正如Polus正确地讲的，'无经验就是运气'。"

④ 当亚里士多德在《形而上学》12.3.1070a7中讲下面一段话时，他也正是想表达这一点："技艺是在它物之中的原则，而自然的原则在自身中（因为人生人），而其余则是这些原因的缺失。"参见他在《物理学》2.5.196b29中所说的有关最终原因缺乏的情况。不过，《物理学》2中与《形而上学》7及12中有关运气的概念是不同的。

就是通过直接的加热而重新获得。在这种情形下，我们确实具有一种主动的原则，即空气的温热。不过这种健康与产生健康之原则的同名性比不上由狮子产生狮子的同名性，而一般而言，这种同名性也可以在每种因果之间的自然生成情形中找到。不过在这种情况下，主动原则甚至在种类上与结果也不是同名性的，就像在技艺作品的情形中那样——其中在技艺者的理智中发现的生产概念是产品的最终及专属原则。在专属的意义上，这种健康不会从另一种健康中产生；它甚至也不会从健康的概念中产生，毋宁说，其主动原则只是与它的一部分是同名的。一位医生具有健康的概念；他用这种概念与病人的状态进行比较；他认识到属于健康的温热之缺乏并提供了温热，即把身体康复所需的温热置入身体中。不过这种康复是偶然地产生的；温热是专属于运动原则的；因而它只与健康的部分具有同名性，而这部分的缺失便是疾病的原因。因而健康是由某种与健康的部分具有同名性的东西产生的。相似的考虑对于所有自发生成都是成立的。一种主动原则永远不会缺席，而同名性规律也在某种意义上保留着效力。当一些因素没有被理智的共同发生所产生的一种结果达到协调时，那么其中的每一种因素都是这种不协调的部分原因，而这里的每一个部分性的原因都是与产生——不是整体的产生而是其中部分的产生——具有同名性的。①

在形而上学领域短暂游离之后，让我们返回我们的心理学考察。

我们已经讨论了我们思想的主动性原则；我们已经看到它在一种意义上是感性的表象，而在另一种更显著的意义上是理智灵魂的一种主动能力，我们已经将此称为主动理智。现在让我们把我们的思想由以从这些原则得出的方式与下述三种方式进行比较，在这三种方式中，同名性规律对于自然生成、技艺生成及自发生成之中的因果关系都成立。我们在这里注意到自然生成的标准了吗？这个标准是我们在感性认识②中如此清晰地感知到的，这里

---

① 《形而上学》7.9.1034a24。

② 《论灵魂》2.5.418a3："正如我们所说，感觉能力是潜在的，就像感觉对象是现实的一样。当它被触动时，它和感觉对象并不相同，但这个触动完结后，两者都变得相同并具有了相同性质。"参见417a17，那里主动理智与被动理智的同名律被引申出来。不过，在解释感觉时，亚里士多德感到需要援引生产者与被生产者的同名性——或者是因为可感形式被感觉器官获得的特殊方式（见上述第94页），或者是因为一个活着的存在物的目的存在于其生命活动中而非其存在中。《形而上学》9.8.1049b17："在时间上，在这个意义上

作为感觉的主动原则的可感形式是未经改变地被纳入感觉的。这看来并非实情。作为处于我们思想源头之专属原则的主动理智与我们所把握的概念并不相同；毋宁说，通过它，我们发现了有形之物的本质。专属的主动原则也不是意象，而只是思想产生的手段；进而言之，它是某种可感之物，虽然与这种理智领会相应的被领会之物必定属于一种更高级的技艺。① 主动理智的精神能力与其中包含的可感部分的可感对象在其因果性上是相互补充的。因而如果它们没有都被一个更高的原则所协调，那么它们所产生的东西看来就是被自动地产生的。因为这显然不能被技艺所产生，因为感性部分不能思想，而主动理智总体上又不是一种认识能力，因而它们之中都不会包含一种效果的概念。

不过，认为我们思想的源头仅仅是一种偶然的产物是一种不融贯，甚至是荒谬的假定；亚里士多德离这种看法如此之远，以至于他通常也富有同情心地强调，正是思想而非其他什么别的东西才是人的本己目的。那么我们应当如何解决这个困难呢？除非我们能够揭示出一种现实地包含着所有可思之物——其中被动理智是潜能性——的更高原则，这个问题才能得以解决。这种原则必定会以下述方式把主动理智与可感部分关联起来，即，通过照亮意象而能够使它把被动理智带向现实性思想。不过这种原则必定不仅已经把主动理智统一起来，而且也把人的整个精神部分与身体部分统一起来；因为正如我们看到的，我们灵魂的精神部分与主动理智是不可分的。因而我们发现我们自己被导向这样一个原则，这个原则永恒地思想一种思想，并且在这种思想中思想所有存在的第一原则，因而也思想万事万物。从这种原则也产生出人的精神部分，这个部分与具身的人形成了一个实体。这就是所有存在

它是在先的：那在属上（尽管不是数目上）与一个潜在地存在事物同一的现实的事物，是在先的。我的意思是：相对于这个现在实际上存在的特殊的人、谷物以及看的主体，质料、精子以及能够看的东西（它们潜在地是人，谷物和观看，但还不是实际上如此），在时间上是在先的；但在时间上先于这些的又是其他现实地存在的事物，从这些事物中，它们才得以产生出来。因为现实地存在的事物总是从潜在地存在的事物中由一个现实地存在的事物把它产生出来的。"这一段很适合于支撑在《论灵魂》3.5 我们对那段所给出的解释。看着的主体是被一个看着的主体产生的。同样，认识着的主体源于另一个认识着的主体，即源于作为其原因的神的创造性理智。

① 见上述 no.11。

者自身的第一原则；正如亚里士多德所言，① 这就是思想思想的思想；它就是神圣理智（nous）。在我们讨论的段落中，亚里士多德不得不援引它，这为的是使我们之中最接近神圣② 的部分——即现实沉思——之源头成为完全可领会的。

神圣的思想也必须被称为知识，如果我们一般意义上所用的知识这个词代表着所有精神性认识的话。不过这是一种完全不同类的知识，它是永恒、不变和唯一的。确实，亚里士多德因而也说："总体而言，潜在性知识甚至在时间上并不在先"，不过他立即又增添了下述评论，即，他把潜在性知识与我们自己的知识之间描述为具有重大差异的，我们的知识是从潜在向现实转化的，因而也是在思与不思之间摇摆的。当他说现实知识——绝对地讲——先于潜在知识时，他辩解并保证他没有希望将现实知识与神圣知识等同。相反，他说产生所有潜在知识的知识具有一种完全不同的且更为高级的本性；它不会一会儿思一会儿不思（all' ouch hote men noei hote d' ou noei）。人们只需要留意一下《形而上学》第十二卷第九章的内容，就不会怀疑这是神圣理智的区别性特征。

我希望我已经从语境出发充分解释了，为何在我们所讨论的段落中亚里士多德不得不指涉这个神圣理智。他感受到在这个情形下需要建立原因与结果间的同名性规律的普遍特征。在第七章的开头也有一个平行的段落对此进行很好的确证。也有人像我们熟悉的那样主张这两个地方都是一种偶然的窜入而应当被删除。不过在这两个地方出现这个内容都是非常合适的；因为在这两章中，亚里士多德都谈到了我们思想的主动原则：在我们现在讨论的这章中特别谈到了主动理智，而在我们前面讨论的那个地方③ 谈到了意象。另一段的开头像我们现在这一段："现实性知识与它的对象是同一的；在个体中，潜在知识在时间上先于现实知识；不过，总体而言，潜在知识甚至在时间上也不具有先在性。"不过他又增加了下述语词："因为所有东西都产生于

---

① 《形而上学》12.9.1074b33："它思想自身，因为它是最好的，而且其思想就是对思想的思想。"

② 《形而上学》7.1072b23。

③ 见上述 no.19。

某种现实之物。"① 这就是对我们提到的同名性规律进行清晰陈述的另外一个地方吗？② 他刚刚说每种现实的知识都先于每种潜在的知识。他想证明这个命题，而他发现证据是在下述思想中，即，为了使某种潜在之物成为现实的，一种同名性的现实之物必定已经被呈现了。因为如果他并不以现实存在意味着由潜能生成的现实性，而是某种任意的现实之物，那么这个证据就会失去所有的力量与意义。因为他只是证明了某些现实之物——而非现实的知识——必定是先行的。

我们可以利用第二段，它可以在下述意义上被称为一个平行的段落，即，在其中一个一般性的断言可被看作一个相应的特殊性断言的平行物。我们发现它位于《形而上学》第十二卷第四章的结尾部分。在这里，亚里士多德指出，在类比意义上，存在具有四个原则；随后他把这四原则缩减为三原则，并且他是在能动者与产品同名律的基础上进行这种缩减的。他说：

"因为在自然产品的情形中，对人而言的运动原因是人，而在思想产品中，运动原因是形式或其相反者，人们可以在一种意义上说原因是三种，而在另一种意义上说是四种。可以在某种意义上说医术就是健康，建筑术就是房屋的形式，人生了人；在这些之外，还有一个作为万事万物第一推动因的存在者。"③

亚里士多德一再称为的第一推动因就是神。④ 因而他想要建立的同名律对这也是成立的，这正如他已经谈到的医疗技术："在某种意义上说医术就是健康"，因而他现在谈到神：第一因在某种意义上就是万物。为何是万物

---

① 《论灵魂》3.7.431a1-5。

② 例如参见《论动物生成》2.1.734a29："关于这个问题的解释是：在所有自然或技艺的产品中，潜能意义上的东西乃是通过现实意义上的东西生成的；因此假如一部分制作另一部分，那么后一部分的形式和形状就会存在于前一部分中。"同样，亚里士多德在《论灵魂》2.5.417a17 中说："一切事物都是由现实活动的能动者所推动的。"这种序列表明，这些语词是为了表达同名律的。亦可参见《形而上学》9.8.1049b24。

③ 《形而上学》12.4.1070b30。这段的最后几个词对于所有相信亚里士多德拒绝神认识他之外的任何东西的人而言都是一个不可解的谜团。Bonitz 试图以 to hōs prōton（在一种意义上是首要的）来取代 hōs to prōton（作为首要的）之读法。不过我们的读法表明这一段文本并未损坏。

④ 例如《形而上学》12.8.1073a23；10.1075b22、b24；卷 4 末尾；11.7.1064a37；9.8.1050b4。参见附录。

呢？因为神圣者就是万物的原因。因为由于任何第二个原因都依赖于第一个原因，那么第一个原因同时又是总体原因，即万物的原因。神圣者与它所产生之物的同名性并不相似于生产者与他所生产之物的同名性，因为这不得不是一种复多性，这是由于它产生了万物，而事实上它却具有最为完满的统一性与单一性。而神圣者的产生也不是在技艺与它所制作之物意义上的产生，因为技艺就是产品的概念，因而也就不存在一种产生所有种类制作物的技艺。因而神的统一性再次被拒绝或违背。那么，在什么意义上神是万物呢？通过思考万物而成为万物就是显而易见的，因为它是纯粹的思想；^①可是它思考万物并非通过思考对象的复多性，因为这会导致它之中概念的复多性。不是这样的，它通过思考一种单一的思想而思考万物。不过这种单一思想同时也使他知道了有关万物的完满知识，因为这种思想指涉万物，成为所有存在者的最终及最完满的基础。^②这对我们也是成立的，谁认识了形式，那他就同时认识了形式的缺乏，谁具有了较大的概念，那他就具有了较小的概念，谁具有了父亲的概念，那他就具有了孩子的概念。因而亚里士多德说有关关系（以及与之相反）的知识是同一的。^③因而万物的原则通过认识自身而认识万物，因为其他东西只是通过获得这个原则而成其为自身的，于是也不会被排除在与这个原则的关系之外。不认识某些东西对于神圣者而言正是降格，严格地讲，这就像它拥有一个对象而非它自身。因而，亚里士多德认为他已经通过下述方式把恩培多克勒还原为荒谬的，即，通过表明在其认识论中，神不认识及不爱相反东西，即不认识冲突——甚至不认识世上最坏的东西。^④在《形而上学》第三卷，^⑤他不无嘲笑地说："根据恩培多克勒的观点，最为至福的神是所有东西中最无知的"；并且在《论灵魂》卷一中他又重复

① 《形而上学》12.9.1074b34。

② 《形而上学》7.1072b13；11.7.1064b1。参见附录。

③ 《论题篇》1.14.105b31："应把所有命题都放在最普遍的形式中来考察，这样，一就会成为多。例如，如果对立者的认识是相同的，那么就会有相反的认识相同以及相关的认识相同等命题。"

④ 《形而上学》12.10.1075b2，b7："……恶的本性恰恰是争斗。"参见1.4.985a4。

⑤ 《形而上学》3.4.1000b3："由此，根据他的理论也会得出：最受祝福的神，比所有其他的东西更少聪明；因为他不知道所有的元素，因为在它之中没有争斗，而认识是由相同的得到相同的。"

了这个说法。① 可对于这些过着理智生活的似神的人而言，什么可以成为神所喜爱的天意呢？② 什么是普遍者命令的技艺呢？它把创造的部分置于战斗的命令中，并从它们的复多性中形成一个单一整体，这个整体除了投射这个秩序之外，也是至善和每个个体存在者的最终目的。③ 对这一家之主的赞美性探究又会是什么样子的呢？这个主人给他家中的所有成员——不论是自由的还是不自由的——下达任务和命令，他把不同的命令下达给不同的人，不过都是以同样的目的，他通过把它们的本性自身作为一种律法而达到这个目的。④ 这个崇高的国王又是怎么样的呢？他将满满的能量统一在其位格中，以至于在他永恒的宝座上没有谁可以平起平坐，他仅凭其意愿便可以规范所有存在者的王国。⑤ 直到阿那克萨戈拉第一次冷静地说出形成万事万物的第一原则是理智（努斯）的时候，我们才会回头发现把世界的本原归于水、气或原子的尘土这种思想的无意义之天真。⑥ 因为我们会说理智就是一种原则；如果它不思考有待解释的事物秩序，有一种理智也不会比无理智更好⑦。因而，亚里士多德就会把第一原则是无知这种思想作为荒谬的和不可理喻的而

---

① 《论灵魂》1.5.410b4：“按照恩培多克勒的观点，至少可以推出，神必定是最无知的；因为有一种元素他不知道，即‘斗争’；而有死的生物则知道所有一切；因为一切个别物都是由全部元素构成的。”

② 《尼各马可伦理学》10.9.1179a22：“致力于沉思活动并努力使其处在最佳状态的人，最为神所喜爱。如果神对人类有所关照——如人们所认为的那样——他们可能会喜爱那些最好、最像他们的人，而这就是理智活动；而且他们可能会奖赏那些最爱理智且使之荣耀的人们，因为这些人所关心的正是神所喜爱的东西，并且他们也能够正确而高贵地行动。”因而，他在《论睡眠中的征兆》1.462b20 及 2.463b15 中反对神托梦的假定。亚里士多德认为如果神这样做了，他就会托最好的及最智慧的梦。有关神的证据，亦可参见《家政学》3.1343b26 以及《论天》2.9.291a24。人们也必定要考察例如《论题篇》4.5.126a34 中的段落，其中显然假定了神知晓将要产生的东西。

③ 《形而上学》12.10.1075a13。

④ 《形而上学》a19。

⑤ 《形而上学》1076a3，参见《政治学》1.12.1259b14。

⑥ 参见《形而上学》1.3.984b15：“于是，当有一个人说理智表现为——正如在动物中一样，它充斥于整个自然界——秩序和所有安排的原因时，他与那些随意谈论的先辈比较，似乎是一位严肃的人。”

⑦ 也正是阿那克萨戈拉说：“事物混合与分离，所有东西都被理智认识。万物都将出现，曾在的事物将消失，现在的事物或将在，理智安排万物……”（Kirk and Raven, *The Presocratic Philosophers*, Cambridge, 1957, no.503）。

予以拒绝。

　　不过亚里士多德看来，如果把一个对象看作没有他自身崇高就类似于对神圣者降格。甚至对我们而言，思考我们自身也比思考某些东西更好。①这就是所有知识甚至最低级的知识都包含着某种神圣之物的原因；②其理由在于，我们通过概念思考，而在同一时间内，我们之中只会拥有一个思想。③因而一种更少崇高性的思想就会妨碍我们思考更多崇高性的东西④，这在某种意义上就会令我们降格，因为思考着的存在者在一种意义上与他思考的东西是同一的。可如果我们与石头或植物或动物相关的思想就像神圣者⑤那样是不变化的，那又会是一种什么样的赐福状态呢？无论何时我们的思想提升到神圣者，我们就会发现最高的赐福。⑥可我们不能在那里长久停留⑦，我们也不能对其足够好地把握⑧，以至于可以领会这种万物之因的所有结果；于是我们的思想在存在的尺度上起起落落。不过这之于神圣者而言都是不可能的，因为它是不变的。因而，如果它的对象并非它自身，它永远会被向下方拖拽，并且也会在低级者中受到束缚。可是它的对象就是它自身，⑨不过这不是以我们把某物作为对象的方式——我们是被对象影响和推动的；它没有生成，没有任何种类的运动，⑩它位于⑪它自身的认识中，这种认识是纯粹的；⑫而通过这种完满的认识模式它如此完满地领会了自身，即领会了所有存在的原则，它在其原因中看到了所有存在和每种结果。⑬

---

① 《形而上学》12.9.1074b25；b32。

② 《论动物的部分》1.5.645a15。

③ 《论题篇》2.10.114b34。

④ 《论灵魂》3.4.429a20。

⑤ 《形而上学》12.9.1074b26。

⑥ 《形而上学》1.2.982a30 以及 b24；12.7.1072b14；《尼各马可伦理学》10.8.1178b25。

⑦ 《形而上学》12.7.1072b15。

⑧ 《形而上学》2.1.993b9；参见《论动物的部分》1.5.644b31。

⑨ 《形而上学》12.9.1074b33；《论灵魂》3.6.430b24；这一段已经在上述第 196 页注释 ⑤ 中解释过了。

⑩ 《形而上学》12.9.1074b26。

⑪ 《尼各马可伦理学》7.15.1154b24。

⑫ 《形而上学》12.9.1074b34。

⑬ 在同一本书的第十章提供给我们另一个平行的段落。我们在这个注释中对其进行讨论，为的是不会从总体上降低正文的讨论过程。亚里士多德这里提供了对早先哲人有关善与

我们在这里已经接触到亚里士多德心中能够达到的最为神圣的学说。在所有随后的诸世纪，这个学说将会表明他是位最伟大的思想者，不过这也不能否认后来时代的下述事实，即，他们没有把分散的命题统一在一起，而是对它们进行分别处理，正因为是根据它们自身分别处理，于是这个学说确实成为含混不清的，也就是说它被误解了。当意思相冲突的段落被遇到时，它们要么是被完全拒绝，要么是被删节，否则就会被看作与通常流行的看法或矛盾的看法相容，而这些看法是不能从亚里士多德的理智中探察到的，虽然这些看法在孩童看来甚至都是显而易见的。如果一个人分有这种偏见他也就不能公正地对待这位哲学家。马基雅维利的原则"分而治之"或许在政治上是有效的，可在研究一个哲学体系时，相反的原则才是需要的，特别是对于

宇宙秩序观点的简要而贴切的批评。在 1075b8，他继续讨论阿那克萨戈拉："阿那克萨戈拉把善作为一个运动的本原，因为理智推动诸事物，但是为了某个目的而推动它们的必定是某个与它不同的东西——除非按照我们的方式来陈述这个状况；因为按照我们的看法，医疗技艺在一种意义上是健康。"

亚里士多德这里提出针对阿那克萨戈拉的反对，即，虽然他已经正确地假定理智是首要的运动原则，他无法解释这是如何可能的，因为一个重要的困难阻碍了这个假定。因为每种理智都作用于寻求某物（参见《形而上学》2.2.994b15），而目标看来并未停留在理智自身；例如好的战斗是超出司令官的，而健康是超出医生的。因而它显示出理智活动是依赖于一些其他原则的，这会削弱阿那克萨戈拉的理论。不过阿那克萨戈拉并未做一些事情来消除困难。不过，亚里士多德说，我们处在解决这个阻碍的位置上，因为我们已经确定，医疗技艺在一种意义上就是健康。于是神圣思想在一种意义上就是万物追求的秩序（参见本章开头）。因而，我们必须在神圣理智自身中寻求世界秩序的最终原则（源头）。考察《形而上学》12.7.1072b2，让我们注意"为的是"（esti gar ditton to hou heneka）的双重意义，这里并没有指涉目的与效益的区别，而是指出行为者与效果中目的之间的区别，对此他是在 12.10 的开头中讲的。

我们看到这个思想与 12.4 结尾处的思想并无什么不同，且这两个段落相互解释。在那里亚里士多德说，医疗技艺在一种意义上是健康，且首要的推动原则以某种方式——不过并非以确切的方式（para tauta）——是万物。这里他并未考虑这种更精细的区分。因为在医生的理智中，正如在首要推动的理智中一样，目标就包含了一种思想，他只是提醒我们有关治疗技艺的例子，对此我们已经看到，它在一种意义上是健康，且因而也解决了困难。

不过亚里士多德针对阿那克萨戈拉也提出第二种反对："没有设定善（亦即理智）的对立面，这也是荒谬的。"（1075b10）让我们简要地说，他只是批评阿那克萨戈拉，既不足以支撑其观点，也没有遭遇什么反对。至少在与《论灵魂》1.2.405b19（参见 8.5.256b24）的比较中，会支持这个解释。因而，解释者的窘迫在于，他没有理解为何亚里士多德指责阿那克萨戈拉的一个理论，而这个理论又是亚里士多德自己持有的。参见 Bonitz 的有关段落。

像我们这位伟大的斯塔利亚人（即亚里士多德）一样完善的哲学体系。诸段落的关联必须有助于我们解释那些就其自身而不可理解的东西。当然，如果哪位想要征服，即想把任何哲学家的思想转化到他碰巧偏爱的东西中，从而对哲学史随意命令，那么这种碎片化的研究就会是最为恰当的工具。不过至少在我们的时代，大概不会有上档次的研究者以此为目标；那种已经成为习惯的以一种先天先行图式来构建哲学史的模式已经普遍地遭到抛弃。人们想望这些真理可通常却难以获得，这是因为他通常把自己想象得比古人更为高明。甚至直至今日，由于我们不知道如何完全避免矛盾，当我们在研究古代哲学家比如柏拉图或亚里士多德的时候，我们从一开始就只期望找到矛盾的裂隙与孩童般的愚蠢。

我们看上去有些跑题，不过这也并非是一种不必要的岔开。因为对于亚里士多德的神是完全无知的这个观点——这个观点与我们的解释无法一致——而言，在许多圈子中已经成为一种持续的教条，自从一些重要而受人尊重的权威学者表达了对这一观点的赞同之后便是如此。① 由于我们不会假定我们的话有同等的分量，于是我们就必须为我们所支持的相反观点提供理由。我们确定，不论是谁，如果他不怀偏见地切近研究我们这里所展示的段落，他就会像我们一样得出：亚里士多德学说需要神是无所不知的，而非完全无知的。

不过在我们继续解释我们的章节之前，我们必须讨论亚里士多德的另一个学说；除非我们对它达到一种清晰的理解，否则它就必然会给我们所解释的段落投下阴影。我指的是有关我们灵魂的精神部分之源头的学说。它是从哪里来的？我们又是如何获得它的？它有一个开端吗？抑或没有开端？如果它具有一个开端的话，那这个开端是何时、在哪里、如何、通过谁出现的？② 我们会根据亚里士多德的意思对所有这些问题给出一个简要的回答。

---

① 不过相反的观点也有支持者。我们只提及布兰迪斯，他关于亚里士多德理论的知识肯定是卓越的。

② 亚里士多德犹豫地提出这些问题；鉴于已意识到其困难，他的疑问并不需要不可能的回答。他在《论动物生成》2.3.736b5 中说："因而，这就引发了一个最为困难的问题，即有关理智的问题。那些分有这种本原的动物在什么时间、通过什么方式、从什么地方获得的这种本原呢？对这一难题我们必须在各种可能的情况下尽最大努力去解决。"

如果人的精神部分先于身体就具有存在和生命，那么它的过去大概就会有迹可循。可我们在其中找不到任何蛛丝马迹。柏拉图认为他已经找到了这种迹象；他注意到我们的精神性概念与可感对象之间的差别，并且认为精神之物不可能从有形之物、普遍之物不可能从特殊之物中产生出来。于是这使他转向回忆说，并因而转向灵魂的前存在。不过这个学说无论如何不能解释它想要解释的东西；① 它甚至与最通常的经验事实② 都不相符，而且结果成为一个重大的错误，即，它是基于错误的假设被提出的。亚里士多德说，没什么知识是在我们之中天生的；我们甚至不能从一开始就具有原则；我们必须通过感觉与经验的中介来获得所有东西。③ 这确证了，人的精神不太可能前存在于身体。

不过这与另一个更为重要的理由也是相关的。我们已经看到，人的精神部分与身体部分形成了一个单一的实体。理智的灵魂与植物感性灵魂并非两个灵魂；它们也并非单一的形式，即其中部分激活身体，而部分则不具有身体且是精神性的。④ 精神部分与有形部分在这里是最为内在地彼此关联的；相似地，我们看到精神的与身体的活动彼此奇妙地交织在一起；它们相互依赖，其中一个进行服务，而另一个进行统治。它们之间互相协助彼此促进。⑤ 这不仅是喉咙服务于胃，而且也是意象服务于理智；⑥ 不仅是眼睛为脚步看路，而且也是精神为所有有形的力量照明，使它们进行吃、穿，并使它们避免危险与毁坏。那么，如果一个人失去了一只脚或某个其他部分，那么他就不再是一个完满的实体；因而，如果死亡使他完全丧失了有形部分，那么他就自然不再是一个完满的实体。精神部分确实会继续存在；然而，那些像柏拉图一样相信灵魂与身体相分离后可以持存，就像从一个被奴役的囚徒中获得自由那样，这是非常错误的。⑦ 因为这样灵魂就必须放弃由身体能力

---

① 参见上述第 150 页注释 3ff。

② 《后分析篇》1.18.81a28；《形而上学》1.9.992b33；993a7。

③ 《后分析篇》2.19.99b26。

④ 参见第一部分 no.7。

⑤ 《政治学》1.4.1254b6；见上述第三部分注释 110；参见《论灵魂》3.12.434b3。

⑥ 其措施是如此重要，以至于在考虑这种关系时，人们几乎会怀疑理智灵魂在死亡之后继续存在的可能性。参见《论灵魂》1.1.403a8。

⑦ 《论灵魂》3.407b2。

提供的许多能力。①

因而下述情形并非人的自然秩序，即，人天生就是残缺的，而手和脚支撑了残缺的身体，只是在后来才产生了人的完满形象。相似地，下述情形也不是人的自然秩序，即，人首先以其精神部分而存在，而随后就以一种完满的精神身体性存在完成了其自身。不过，正如一只被砍掉的手不能再回归到身体中一样，② 一个独立存在的灵魂也不会再与身体重新结合在一起。在自然的事物进程中，并没有死而复生的状况；③ 分离的精神部分的存在先于身体，而随后又与身体结合在一起，这当然具有死而复生的一切非自然方面。因而对于人的灵魂成立的东西，对于有形实体的所有形式也是成立的；它的存在既非全部也非部分地先于其身体，甚至在身体消亡之后，其中不是身体之形式的某个部分并不随着身体的消失而一起终结，而是作为某种纯粹精神之物④ 而凭借自身继续存在。⑤

人的身体产生了；灵魂在身体产生之前并不存在；于是灵魂也就随着身体产生了。⑥ 可灵魂是如何产生的呢？或许它是从质料中产生的吗？是父亲创造与产生了一种精神身体性的胎儿吗？不过这会造成双重荒谬，因为非质料性的变成质料性的、身体性的了，这是我们刚才所否认的是，即，他能够通过其自身的能力而在精神中产生概念，这就会出现父亲的精子是如此强大以至于凭它自身就可以产生精神实体的情况。那么灵魂的精神部分会通过什么方式产生呢？它显然不能从质料与植物能力中产生。⑦ 而如果它不能从任

---

① 《论灵魂》b25。

② 参见《形而上学》5.25.1024a27。

③ 《论灵魂》1.3.406b3。

④ 《论灵魂》3.5.430a22。我们马上会切近地考察这个段落。

⑤ 《形而上学》12.3.1070a21："效力因是作为在结果之先存在的事物，而在定义意义上的原因则是与其结果同时的。因为一个人是健康的，那么健康也就是存在的了，而一个铜球的形状与铜球是同时存在的。我们必须探讨是否有一些形式在死后保存下来。因为在有的情况下，没有什么阻碍这种保存。例如，灵魂就可能是这种东西——不是所有灵魂而是理性，因为大概灵魂全部保存下来是不可能的。"参见《论灵魂》3.1.413a6。

⑥ 亦可参见《尼各马可伦理学》8.14.1162a6，那里说父母与神是存在的原因（aitioi tou einai）。如果对我们而言最为常见的就是部分（9.8.1168b35）没被产生，那么就不会这样讲。

⑦ 《论动物的产生》2.3.736b15-28。

何质料中产生，那么它显然就是从无中产生，^① 因为只有质料性主体才会生灭。由于它既不能从有形质料中也不从植物性能力中产生，那么它可能离开任何因果性而产生吗？这肯定是不可能的；如果一个现实之物不从另一个先在的现实之物中产生出来的话，那这就是对同名律的最严重违背。这就会令人想起那些古代的神学家想以黑夜来充当事物存在的解释基础。亚里士多德需要存在着某种现实之物，而这就是活动。^② 再者，他明确地告诉我们，正如一般的形式与质料结合那样，灵魂与身体的结合必定在主动原则中有其基础。^③

因而，人类灵魂的起源及其与身体的结合具有一种主动原则；而在这种情况下它也并不是不能分割的。例如我们——肯定也不是没道理地——说一个人产生另一个人，^④ 而另一方面，结果表明一个人的生产能力并不能生产另一个人的精神部分；毋宁说，我们看到后种情况需要一种能力，这种能力能够从无中即原先不存在的质料中产生出某物。下述情况对每个人必定都是显而易见的，即，这只能是包含着所有存在之完满性的本体，正如亚里士多德所言，这个原则是天与地所依赖的。^⑤ 在其他地方，他清楚地说，甚至作为超人的纯粹精灵与天球领域^⑥ 都从它而出，^⑦ 虽然它不是在时间中产生它们的。^⑧ 确实，没有其他存在者能够胜任这个任务；然而它能够胜任，正如亚

---

① 《物理学》8.6.258b18。

② 《形而上学》12.6.1071b29；b12。

③ 《形而上学》10.1075b34："再者，凭什么说数目是一，灵魂和躯体或一般的形式和事物是一，对此人们不置一词。倘若不像我们这样，也没有人能说乃是动力因把它们造成一。"参见 8.6.1045a31 至最后。

④ 《形而上学》12.4.1070b34。

⑤ 《形而上学》7.1072b13："天界和自然就是出于这种本原。"

⑥ 根据亚里士多德，它们也不具有实体质料；例如，参见《形而上学》2.1069b24。

⑦ 参见附录。

⑧ 亚里士多德在物理学著作以及《形而上学》中最为确定地教导了运动的永恒性，并且也因而教导了离开被推动领域与运动的理智之开端的实存。不过根据亚里士多德，下述的信念就是错误的，即，它们以某种方式源于神，因为它们是永恒的。毋宁说，神通过在其中行为者无法改变的活动而产生了它们。因为它是绝对简单的和不可改变的，并且是离开所有潜能性的（《形而上学》12.7.1070a25），也就是所谓地碰触到了其效果而没有被它们所碰触（《论生成和消灭》1.6.323a31）。他以自觉的自由而行动（《论题篇》4.5.126a34）。亚里士多德也明确讲，位移（phora）是首要的运动，它早于任何产生，即它早于从一个

里士多德在《尼各马可伦理学》一个段落中所确定的那样，在那里他赞同阿加松（Agathon）所说的：神除了不能取消已经发生的东西，其能力便是无限的。[①] 因而人的理智部分必定被神圣者融入了胎儿之中。[②] 因而由胎儿发展为现实之人的身体也就达到了其圆满。因为人的灵魂不能离开理智部分而存在，而人的身体只能通过人的灵魂成其所是，这就得出，只有在神圣者把精神部分与身体统一到一个实体中的那一刻，人的身体才成为一个人的身体，一个现实的新人才被产生。[③] 因而，正是通过神的直接活动，精神部分被从无中产生出来，而有形部分则作为一个人的身体而被给出其特性。那么这为进行生产的父亲之活动留下了什么呢？这种活动也只是为发展提供了动力，这种发展逐渐导向质料的配置，而这种配置使它适合于接受人的灵魂。

如果人们将此与无理性的动物与植物生殖的方式相比较，这就一点也不特别了；因为在生产的那一刻，它们也不会生产出一个新的相似的生物。[④] 植物与动物是有机物，而胚胎最初并非是个有机体。[⑤] 且一个动物的胚胎，即使它已经允许我们区分其成员的多重性，并且已经分有了植物性生命的机能，它也还不是一个动物；它仍然缺乏动物的区分性功能，即不具有感觉器

实体产生另一个实体（genesis）。例如《物理学》8.7.260b24ff。

① 《尼各马可伦理学》6.2.1139b8。

② 《论动物生成》2.3.736b27："那么剩下来的只有理智从外部进入，由于理智是神圣的，因为肉体的活动同理智的活动毫无关系。"参见特伦德伦堡：《亚里士多德的论灵魂》（Jena，1833），第 175 及 496 页。亦可参见《尼各马可伦理学》8.14.1162a4-7 以及《政治学》1.12.1259b12。亚里士多德说动物的产生也需要比无生命之物的产生具有更高贵的原则；这个被称为 pneuma（精神）（参见《论动物的运动》10）的本性被认为是相似于天球要素的（b29；b37）。他在此并不想说，一些天体要素必定被混入到大地的实体中，因为他将天体看作不朽坏的，而将大地作为可朽坏的（737a11）。毋宁说，他只是意味着生命的萌芽是通过太阳的影响而形成的（参见《论生成和消灭》2.10.336b17，以及其他地方）或是产生了动物的热量，而非通过更低级热的种类影响，等等（737a1）。他这里称为"更为神圣的"，而不等同于所谓的专属神圣的，它或许没有被他称之为的神圣之物中的天体派送所推动。（463b14）虽然它具有身体，它也只是在活着的存在者中被形成，也只能通过有机物或其他高级的天体的影响而产生。第一点从我们段落的内容看是非常明显的。

③ 因 而 Theophrastus 在 *Themistius In Libros Aristotelis De Anima Paraphrasis*（ed. Ricardus Heinze，in *Commentaria in Aristotelem Graeca*，vol.5，Berlin，1899，p.107，1.36）中说：我们的理智"并不是后来加上的某种东西，而是在产生的时候已经包含的某物。"

④ 参见《形而上学》13.2.1077a20。

⑤ 《论动物生成》2.1.732a27。

官与感觉能力。而如果一匹马的胚胎已经具有了感觉，可就它缺乏马的属差而言，它仍然不是一匹马。只有当它成长到下述时刻，即，胎儿具有了与其他马的身体相似的配置，即当它真正地像一匹马的时候，它才成为一匹马，① 并且才开始具有属于这类动物的一个灵魂。②

这与人的产生是一样的。人的胚胎最初是没有生命的；它开始是植物性生命，然后是动物性生命，最后才成为人的生命。对于一个给定的种类而言，其特别性就是其专属的目的，③ 在本性上优先的东西，其目的在时间与产生上却是在后的。④ 因而每个种类最后才获得其与其他种类区分的特殊能力与特征。⑤ 这对于人而言同样成立；他最后获得了人的特殊能力，即，理智，⑥ 在理

---

① 《论动物生成》3.736a35："显然，它们具有营养灵魂（在另外一部分分析灵魂的著述中我们表明了为什么机体必须首先获得营养灵魂）。随着不断地发育，它们也获得了感觉灵魂，动物据此而成为动物。因为当一种动物生成时，不会立即成为人、马或其他某种特殊种类的动物。"随后，他立即又说，植物灵魂也不是从一开始就出现的（b8）："显然，精液和胚胎在尚未同亲本分离时必然被认为具有潜能意义上的、而非现实意义上的营养灵魂，直到它们吸收养分、完成营养灵魂之功能为止，正如那些同亲本分离开来的胚胎一样，因为最初这些东西似乎同植物一样生活。"（有关动物的等级、它们的生育后代、它们的下蛋等可参见同上6.742a20。）

② 《论灵魂》2.2.414a25。

③ 参见《尼各马可伦理学》1.13.1102a13以及b2。

④ 《形而上学》13.2.1077a19；a26；8.1084b10；《论动物生成》2.6.742a20。

⑤ 《论动物生成》2.3.736b3："这是由于生成之目的最后才能完成，每一种类所特有的属性是其个体生成的目的。"

⑥ 《论动物生成》2.3.736b12："最初，这些东西似乎同植物一样生活。显然，在有关感觉灵魂和思维灵魂的论述中我们应当按相似的方式进行，因为所有这三种灵魂在被现实地分有之前必然被潜在地分有。"这段最为清晰地表明，亚里士多德远非认为灵魂的精神部分是被包含在精子中的。毋宁说，他认为这只有在植物性灵魂与感性灵魂已经出现之后才会达到。他清晰地援引了《论灵魂》2.2与3的某些段落（736a37），正如我们看到的，他说当高级部分出现时，低级部分也就必定出现了。他以直白的语言说，在有朽存在者中，理智能力预设了植物性，即使它自身可以以纯粹理智的方式存在（《论灵魂》2.2.413a31以及b24，特别是414b28）。人们因而不会说他只想谈论感性部分。根据亚里士多德，进一步的证据表明理智并未被包含在精子中，这会在我们后面一段看到（737a16），在那里他给出其讨论结果的一般说明，而没有区分植物、动物及理智灵魂："我们已经明确了精液和胚胎在什么意义上有灵魂，在什么意义上没有灵魂。它们有潜在的灵魂，而非现实的灵魂。"

　　不过这个段落几乎马上就被另一个相反的内容盖过了。其中亚里士多德看来是教导，胚胎在其部分上是免于身体的，即，在所有具有神圣之物（即理智）的那些活着之物的

智活动中，他的现实目的就被达到了。① 因而正是在最后，在胚胎具有了植物性与动物性生命之后，它才通过精神部分的加入而获得了一种允许不可分割的精神—身体性实体之生成的配置。在这一刻，人的胎儿就像动物的胎儿一样——虽然是通过一种不同的方式——是通过与神圣者进行特殊合作的方

情形中，以及在不免于身体的部分中。这个胚胎被说成是消解和消失的，具有一种潮湿的和水性的本性（737a7）："现在我们来谈精液的质料性部分，当它被排放出来，灵魂的本原就部分地与之相伴，并用之进行活动。灵魂的本原一部分同质料相分离，这属于那些自身包含某种神圣之物的动物，所谓'理智'就是这样的东西；另外的部分同质料不分离。精液的这种质料部分因为具有液体的和水的本性，所以进行溶解和蒸发。"

不过这个段落很可能是缺损了。因为这除了与亚里士多德一再重复的理论不一致之外，甚至在这章中，它也是内在地不一致的。这清晰地表明，一些生物即人的胚胎是非质料的，而其余的则是质料的。如果这是准接受的意思，它就应当说人的胚胎部分地是质料的，而部分地是非质料的（因为伴随的理智在根本上是被统一的），而其他动物的则是完全质料的。正如他们主张的，这些语词意味着人的胚胎是纯粹精神。为了完全认识这个段落的荒谬性，让我们现在假定，这就是亚里士多德观点，虽然相反情况才是实情。这就会得出，他认为理智之物是潮湿的和水性的，是会消失和消解的；因为这些属性直接适用于胚胎。因而这段是缺损的。不过并非通过改变亚里士多德的原话而损坏。毋宁说，为了恢复正确的文本，人们只需要删除"它不会与身体关联"这个错误，这是不幸地被一些评注者插入到文本中的。这个错误是"并且属于包含着被称为神圣者——即被称为理智——的动物"。一旦它被推动了，万物就处于秩序中。那位解释者的错误在于，认为"不与身体相关"（chōristos on sōmatos）在这里必定指涉某种理智之物，就像《论灵魂》中那样。并且由于神圣者即理智刚被提及，他就将二者关联起来了。可这里成问题的身体并非胎儿的身体，而是女性原本的身体，而 chōriston sōmatos 正意味着 736b9（参见第212页注释 ①）被分离的 chōriston，即与母亲的身体分离的卵子。亚里士多德说的是，卵子（因为这是有生殖力的质料 [to tēs gonēs sōma]）——它接受了从生产者中分离出来的精液——是与母亲的身体分离的，它在另一个生物中。他说，在这个卵子中，人们就不再会发现精液，虽然并未丢掉它，因为通过溶解与种类的转化，它成为混合进并与卵子融为一体的物质，以至于它不再构成一个分离的部分。因而，我们必须将这些内容读为："现在我们来谈精液的质料性部分，当它被排放出来，灵魂的本原就部分地与之相伴，并用之进行活动。灵魂的本原一部分同母亲的身体相分离，那些不是……生殖的精液的这种质料部分因为具有液体的和水的本性，所以进行溶解和蒸发。因此我们不应总是试图发现它从雌性中又被重新排了出来，或试图发现它是获得形式的胚胎的一个组成部分。这点正像使乳汁凝结的无花果汁一样，因为无花果汁经过了变化，但并未成为凝结物整体的一部分。""那些不是"后面的符号表示语法的矛盾，这经常出现在亚里士多德的著作中，显然这里也是。生殖的精液（to sperma tēs gonēs）成为这句的主语，且这不同于生殖的质料（作为希腊的构词会如此意味），而是等同于传递灵魂原则的胚胎。

① 《尼各马可伦理学》10.7.1178a6；1.6.1097b22 以及整个一章。

式而成为人样的，而赋予它的灵魂——而不是完全被吸收进它之中的——现在就成为一个人的灵魂。

让我们先如此简要地介绍亚里士多德有关人的灵魂及其精神部分产生的学说。现在让我们来看这是否可以帮助我们阐明所希望从中获得的亚里士多德的认识论。

在上面我们考察了下述反对意见，这种反对意见无疑会强迫自己与像亚里士多德那样的一种学说发生关联，在亚里士多德的这种学说中，我们的思想被认为是通过意象与主动理智两种要素的合作而产生的。我们在这两者中不能发现与下述相似的成果不同的类型，即，我们只能在偶然生成中的主动者与成果之关系中发现成果。我们于是得出了下述结论：即，如果我们的思想没有一种更高的原则，这种原则现实地包含着这些思想，且通过这个原则意象与主动理智结合以适合这种结果，那么亚里士多德的学说就确实缺乏解决这个难题的必要条件。我们也已经看到，这种更高的原则必定不仅是主动理智与意象结合的动力因，而且一般而言，也是人的精神部分与身体部分进行结合的动力因；其理由是，主动理智不能与理智灵魂分离，正如感性能力不能与它的身体主体分离。作为一种后果，所有东西都指向下述问题：即，在亚里士多德看来，是否有如下这样一个存在者？它现实地包含着我们所有的思想，而且是否是这个存在者把我们的理智灵魂放到与身体的统一之中，在这种结合中我们确实发现了理智灵魂。

现在，这个问题的第一部分实际上可以被肯定地回答；根据亚里士多德，作为对思想进行思想的理智可以在其中看到，而永恒对象同时就是事物的完全复多性，因而在其中人类的思想也是已被预先形成的。现在我们看到这个问题的第二部分也必须被以肯定的方式回答，因为神圣者已经把我们灵魂的理智部分与有形的人结合在一起了。

确实，亚里士多德不仅把他的神描述为二者的统一，他也认为这个神给出了这两个部分的此在（Dasein）。他是通过进行下述教导而如此做的，即，精神部分被神圣者非质料地产生是在下述这一刻，这一刻就是胚胎在其自然发展中由于接受了人的灵魂而达到了其最终的配置的时候；这是以下述方式产生的，即，它成为相同实体的一部分，而这种实体也被有形的人形成另一个构成部分。因而，根据亚里士多德，神不仅显现为一个磨坊的建筑师，他将一个个辐条联结起来、构建了所有的齿轮，随后将水引导至那里开始运作；毋宁说，它同时既是合作者也是创生者。如果它只是前者，那么我们的思想——虽然它确实不再呈现为侥幸的工作——看来也不会是自然的工作，而只是一种技艺的产品。如其所是的那样，人们从感性外在世界获得其理智营养正如植物从灵魂获得其食物。可如果我们的思想是一件技艺的作品，那么人的理智就像是一幅油画，而从主动理智与意象中获得理智图画，就像油画通过颜料与画笔而得到绘画——画家根据其想法而用手把上述要素结合在一起。在现实中，自然产生了植物及其所有根茎与纤维；它不仅利用与组织这些植物的工具，而且也产生它们。我们注意到，只有技艺是被限制在把碰到的实体聚拢在一起，并且把它们置于一个位置，这使它们能够成为技艺作品的中介。①

　　通过仰望造世者的精神，如此巨大的反对事实上就以最为完满的方式解决了；现在思维就呈现为它所是的东西，正如其他对人自然而然的东西一样，人正是通过思想而达到其自然目的与最为完满的状态。这个微小的且最为重要的从句已经迫使我们在其中停留了很久；不过现在我们就可以继续这章的解释，而不需要担心别人批评我们说，我们对这段的解释不符合语境。

　　"当它处于分离状态时，它恰成为其所是，只有这时才是不朽的和永恒的；由于它是非触动的，我们就不再有记忆，而可被触动的理智是有朽的，如果离开这种理智，便不能思维任何东西。"（《论灵魂》3.5.22-25）

　　这里需要我们特别留心。我们首先需要考察第一句的主语。对于这里的主语为何不是前面刚刚已经讨论过的"知识"（epistēmē），此处具有语法上的理由。亚里士多德在这里又返回他前面谈到的主动理智了吗？这从下述几个理由上看也是不可信的。首先，我们看到主动理智是灵魂的能力，因而是一种不能离其主体而存在的偶性。再者，第四章已经告诉我们，被动理智也是理智因而也是不朽的。最后，我们已经发现亚里士多德的主动理智并

---

① 显然，神之于他所创造的东西比自然的本原更为完满。再者，在这种情形中，同名律被更为完美地保存，甚至比自然的生殖更为完美。因为没有相似性比神思想的作品与它产生的作品之相似性更完美的相似性。虽然亚里士多德经常将神产生的东西与自然产生的东西进行关联，可当他更确切地谈论时，他却进行了小心的区分，正如在《形而上学》12.4；我们在上述第202页注释③中引述并讨论过这个段落。

非一种思想能力，而是一种制作思想的能力，而他这里所谈论的是进行思想的某物，正如他在结尾句所表明的那样。因而，这更可能是在说被动理智而非只是说主动理智。不过还没有谁曾提到过这一点，人们必定宁愿把作为灵魂的理智性部分意义上的理智作为主体。我们也必须把这个灵魂的思维部分（morion noētikon）与"它"（touto）以及由它得出的所有东西相关联起来。毫无疑问，理智（nous）这个词必定被提供为主词；亚里士多德经常把这个词以上述的意义进行关联可以在《论灵魂》2.2.413b4、1.4.408b18 中得以证明，还有其他许多地方能够证明我们灵魂之一个部分的理智本性，这在本章第 134 注释 ③ 所引述的段落中很容易找到。而他在现在这个段落中必定也是在运用这种特定的含义；除了已经给出的这些理由，通过与我们给出的显而易见平行段落的对照也会使这变得更为清晰，这不论是以整体的形式还是以部分的形式，谈的都是理智灵魂。例如，亚里士多德在《论灵魂》1.1 中讲，灵魂的最明显的触动对于灵魂与身体都是共同的，例如愤怒、勇敢、欲望以及一般而言的感觉活动；最多可以将思想作为只属于灵魂的某物。于是他继续说："如果灵魂中有些东西仅凭它自身就可以活动和触动，那么它就能够与身体相分离。"① 显然，这些表述无非是指向了我们段落刚开始就非常明确地断定了的东西。而在这期间，通过对这章与前述内容的探讨，已经确立，在我们的灵魂中——在这种灵魂中并没有身体部分——确实存在着接受能力也存在着主动能力；于是，亚里士多德现在可以安全地得出结论说，灵魂确实必定是不朽的。不过他并不想宣称整个灵魂是不朽的，甚至在这里，也只有之为我们精神能力的主体是不朽的。于是他说，分离后的理智只是它所是的东西（monon touth' hoper esti），这大概是与它曾是的东西相对照的，当它不是凭借自身成为一个灵魂的时候，它只是理智—感性灵魂的一个部分，也只是精神—肉体所意味的一个部分。这在现在探讨的第一句话与《形而上学》卷十二第三章之间也存在着一种非常清楚的平行关系；在这里，理智在人去世后也会存在，它呈现为灵魂的一部分。② 这足以唤起我们的注意。

吸引我们注意的第二个情况是"已经被分离"（chōristheis）这个词。这

---

① 《论灵魂》1.1.403a10。

② 《形而上学》12.3.1070a24；参见上述第 209 页注释 ④。

个词为我们提供了充分的手段拒绝一些人的下述观点，即，他们认为主动理智是一个分离的实体，亦即是作为神圣者的理智，我们出于不同的原因而在前面并没有这样做。因为假定分离（chōristos）——正如前面对主动理智所断定的那样——就意味着显示了一种与有身体的人的一种实体性分离。亚里士多德怎么会继续说"当它（理智）已经被分离之后"呢？这里我们读到的是 chōristheis，而非是 kechōrismenos 或 chōristos（亦即用的是过去分词"当它已经被分离之后"或"已经被分离的"，而不是分词"正被分离的"或形容词"分离的"）。而在我们看来，很容易发现二者的相符。就理智是精神的而言它是分离的（chōristos），甚至当它被与身体统一的时候亦然。因而下述说法是不矛盾的，即，理智在刚被分离之后就是分离的，这就是说，当死亡毁坏了有身体的人的时候理智就成为刚被分离的。

下述内容也会对这种说法提供进一步支持，亚里士多德说理智在其被分离了之后便仅仅是其所是。我们能够轻易地解释这些表述；如果人们假定这里被分离的是神圣理智，那么这个段落就根本没有什么意义了。因为这里想要说的难道不是，在分离之后，神圣理智就是它所是的东西吗？这个不可变化的神圣者通过其与人的联结而成为了一个不同的东西吗？[①] 它难道没有曾经成为人的实体的部分而现在再次成为纯粹的神了吗？谁想以肯定来回答这些问题呢？难道他没有发现这对于亚里士多德的整个神学根本是不可想象的和不融贯的吗？不，如果有人想把人的精神部分设想为一个特殊的实体，他将发现在这章的每一句中都会证明他是错误的。

我们还必须问"可被触动的理智"（nous pathētikos）这个表述意味着什么，甚至在它之前的表述"我们就不再有记忆"（ou mnēmoneuomen）这个表述又意味着什么。早期的评注家把这与死后还期望继续存在的生命部分相关联；另一方面，特伦德伦堡认为这必定指当前的生命。我们同意他的看法，[②] 即使我们不能在每一点上都遵从他的解释。看来这个句子实际上是对

---

① 《形而上学》12.9.1074b26。

② 有些老派的评注者将"我们不再具有记忆"（ou mnēmoneuomen）与我们死后的状态关联起来。不过如果他想这样做，他就应保持一致并以此解"不再能思考"（outhen noei）。这就其自身而言是奇怪的，即，我们在身体死亡之后会继续存活，不过不再能够思考。不过这与亚里士多德假定的不存在复活并不十分相容。灵魂存在于这种永恒的活动中的要

卷一章四章这个段落的点题之笔。在这两种情形下，亚里士多德都讨论了理智部分的精神性与不朽性；不过针对这一点，一种明显的反对会出现：记忆随着年龄增加而衰退——甚至对于知识的对象亦然——的现象表明精神年龄会随着身体年龄衰微。于是他迅速证伪了这个反对，在两段中他都以相同的方式如此行事。他的相反论证完全同意我们所讲过的重要功能，即，我们的感性部分是精神思想的预先形成。于是他在卷一第四章说：①

"所以理智和沉思能力的衰微乃是因为内部某些别的东西朽坏了，而它自身并没有受到影响。感性思维②、爱、恨并不是理智的表现，而是拥有理智的特殊事物的表现，一旦这些事物消亡了，记忆和爱也就不复存在了；因为它们并不属于理智，而是属于整个已经消亡的事物。理智无疑是某种更为神圣的、非触动之物。"

亚里士多德在这里所说的理智显然是被动理智，因为他在讨论它已经获得的知识，以及这些知识丧失的可能。因而在阅读这个段落时，人们几乎不会冒险把被动理智的活动与他这里称为感性思维（dianoeisthai）的东西相等同。如果人们不注意前面所讲的东西，他就会发现现在这个段落的意思是不同的。因为这里 nous 这个表述描述与其活动被称为 dianoeisthai 的东西相同的思想能力；从上面《论灵魂》卷一第四章的段落来看，实际加上的形容词 pathētikos（可被触动的）以其自身足以清楚地表明，亚里士多德这里谈到的是与这章稍前所称为 nous 的东西不同的内容。（因为他在第四章曾说，被动理智是非触动的 [apathēs]，并从第五章得出结论说，主动理智也是非触动的；随后他声称在理智部分意义上的理智自身是不朽坏的。）不过由于

点是什么呢？如果活动（《形而上学》9.8.1050a9）——特别是思想——是其目的的话，这显然是没有目的的。不过亚里士多德没有在什么地方显示在死亡之后灵魂认识什么、怎样认识。下述问题是可能的（《论灵魂》3.7 结尾处，参见上述第 165 页注释②），即，是否我们的理智能够认识一种纯粹的精神实体（虽然它自身不能被从身体中分离），这种理智在分离之后包含着一种相似性，它会分有这种知识。不过，正如所说的，我们寻求一种更为确切的陈述是徒劳的。他不想以神秘的形式讲，也不想将知识的缺乏隐藏在大胆的断言中。他满足于证明不朽，因而也为我们打开另一个生命的希望，那肯定是一种理智活动的生活。亦可参见《论灵魂》1.1.403a5。

① 《论灵魂》1.4.408b24。

② 以 dianoeisthai 并非意味着作为普遍之物的中介性思想，而是发生在意象中的感性思维。这尤其通过下一句回指它的 mnēmoneuei 就会清楚。参见下述第 219 页注释③。

第四章的这一段是位于很后面的，因而就会发生有些评注者忘记了这一点而被"可触动（pathētikos）"这个表述引入歧途，他们把这个表述中的 nous 与被描述为我们精神性思维的制作者（poiētikon）中的 nous 相对照。以这种方式，不少聪明的评注家被从正确的道路上如此带偏，以至于他们宣称被动理智自身就是某种感性的与可朽坏的。自然地，一旦有人采取了这种偏见，他就不再能够通达亚里士多德的学说。在我们看来如此简洁明了的全部知识论，现在反倒成了不可解开的谜团。因而这个小词对此负有很大责任。

然而，在我们看来，什么是可被触动的呢？是意象，根据第四章①的内容，它作为一种感性能力不能分享被动理智的非触动性（apatheia）；出于这种原因，《政治学》卷一比较了作为"可被触动（pathētikon morion）"的感性部分与理智部分。② 这实际上就是意象，意象所意指的东西已经被亚里士多德论记忆与回忆的书所清楚地表明，因为这里记忆（mnēmoneuein）就被归于意象。③ 他在那里教导我们说，如果离开意象我们甚至不能思考可思之物。④ 而意象虽然属于感性部分，不过也应在非专属的意义上被称为理智（nous）。在《尼各马可伦理学》中，亚里士多德再一次称感觉（aisthēsis）自身为理智（nous）。⑤ 而他也经常把意象算作思维（noein），例如在《论灵魂》卷三第三章，⑥ 而在同一卷的第十章，他把意象称为理智（nous）和一种认识（noēsis）的类型。他在那里说："看来这两者的其中之一是运动的来源，即，要么是欲求要么是理智（nous），如果人们确实认为意象是理智的一种（hōs noēsin tina）以及在这个名称下领会它的话。"⑦

---

① 《论灵魂》3.4.429a29。

② 《政治学》1.5.1254b8。

③ 《论记忆》1.450a22："很显然，记忆和意象属于灵魂的同一个部分；所有可以记忆的对象在本质上都是意象的对象，而那些必然包含意象的事物则是偶然地成为记忆的对象的。"

④ 《论记忆》a12："甚至对理智对象的记忆也包含着意象。"

⑤ 《尼各马可伦理学》6.12.1143b4："共相是通过殊相达到的；对于殊相我们必定具有感知，而这种感知就是理智。"

⑥ 《论灵魂》3.3.427b27："思维不同于感知，它包含着意象（基础）与判断，我们在完成对意象的分析之后再讨论判断。"

⑦ 《论灵魂》2.10 开始，433a9："看来这两者的其中之一是运动的来源，即，要么是欲求要么是理智（nous），如果人们确实认为意象是理智的一种（hōs noēsin tina）以及在这个名

现在就开始清楚了，这个段落及其目的是很容易理解的。亚里士多德并没有致力于表明，我们甚至就精神认识而言也失去了我们的记忆，正如那些假定他这里谈的是死后的生命的人所认为的那样（其他一些解释者也把这种意图归给了他）。毋宁说，他的目标是消除下述反对意见，即，断定理智部分的不朽与不可毁坏性是可以从众所周知的事实即我们的记忆通常——特别是在身体能力下降的时候——是会受损地得出来。[①] 他通过指出思想依赖于感性记忆与意象而做到这一点；而这种依赖性正是我们已经看到他重复了多次的相同学说，因为事实上，这个学说是他认识论的主干部分。在第八章，他得出其认识论的呈现形式，并以与第五章相同的思想和几乎相同的语词结尾。这里亚里士多德在考虑意象与精神认识的区别。首先他区分出了在判断意义上的思维，它联结主词与谓词；接着他提出了下述问题："可至少是否可以说最早的思维[②] 在所有方面都与意象是难以区分的吗？不，其他思维虽然其自身也不是意象，可它们永远离不开意象。"[③] 可为何离不开意象呢？从前面的考察中我们已经认识到其原因；正是通过感性部分的影响，使我们理智中的思想成为现实的。

于是在第五章的最后，其中已经确立了主动理智作为被动理智的推动原则，不过这并没有与下述内容相矛盾，即，意象影响我们思维这种看上去与上述内容相反的学说。这两种学说实际上并不彼此矛盾；毋宁说，如果它们得到恰当理解的话，它们是相互支持的。主动理智离开意象就像弓离开箭；意象没有主动理智就像箭没有弓的推动力；它们哪一个都不可能自己达到靶的，因为它们自己不能产生思想。

现在让我们在这长长讨论的结尾处来总结一下这章，以便对其论证过

称下领会它的话。"

① 这种解释被 Theophrastus 的语词所采用，对此我们在前面引述的 Themistius 的地方读到（上述第 211 页注释 ③，vol.5，p.100，8）。因为在说理智是不朽坏之后，他提出了反对："什么导致遗忘、欺骗与错误呢？"

② 他意味着并非主词与谓词联结的简单真理。我们不能通过用以分离判断与意象结合的标准而区分它们，也即，"依照其本质的所是（ti esti kata to ti ēn einai）"，参见《论灵魂》3.6.430b28。

③ 《论灵魂》3.8.432a12："可至少是否可以说最早的思维在所有方面都与意象是难以区分的吗？不，其他思维虽然其自身也不是意象，可它们永远离不开意象。"

程具有一种更清晰的看法。它分为两个部分。第一部分[1] 发展了主动理智学说；它首先表明对我们的思想设定一个主动原则是必然的；[2] 那么这个原则就是被一个个地确定其属性而规定的——即精神性、现实性以及单一性等。[3] 我们前面已经看到，亚里士多德的认识论需要一种无意识地作用于意象的能力。如果我们现在研究主动理智的所有属性，我们就会注意到它正是这种能力。这章的第二部分[4] 包含了两个附加，它们是非常重要的，其中每一个都以自己不同的方式服务于把主动理智学说带向更清晰的光亮，并且也为我们提供了捍卫其学说的材料。第一个附加[5] 表明其学说与《形而上学》相关内容的吻合。通过把我们引向创世者的永恒思想，它消除了下述反对，即，在亚里士多德的理论中，我们的思想起源比自然生成更为偶然。第二个附加[6] 是与经验相符的。它针对着下述反对，即，我们——具有其主动与被动理智的——理智灵魂的精神性与不朽性学说，与精神能力是会衰微的这种观察相冲突。如果思想的接受原则是非触动的，那么它如何能够丧失其知识的习性呢？可如果这种习性是持续不受侵害的，下述情况又如何是可能的呢？即，理智不再以自身中之前相同的能力来更新思想，因为主动原则也被认为是持续不受侵害的。其答案就从意象的中介性地位中获得。因而所有东西都是可领会的，并且也是与其自身以及与体系的要求是一致的。

33. 有人说，亚里士多德时常不忠诚于他在《论灵魂》中给出的主动理智学说。勒南尤其断定说，《后分析篇》最后一章与这里发展出的认识论证据确凿地且完全地矛盾。[7] 如果站在他的解释立场上，他就是对的；可正如我们所看到的，这个立场仅仅是对亚里士多德真正意思的歪曲。《分析篇》中的学说只是把感觉[8] 作为思想的中介，且感觉只是一种触动，而理智只是

---

① 《论灵魂》430a10-19。

② 《论灵魂》a10-14。

③ 《论灵魂》a14-19。

④ 《论灵魂》a19-25。

⑤ 《论灵魂》a19-22。

⑥ 《论灵魂》a22-25。

⑦ Ernest Rénan, *Averroès et l'Averroisme*, 1st ed. (Paris, 1852). 参见上述第一部分 no.19。

⑧ 《后分析篇》2.19.99b32；100b5："感觉植入普遍中。"

一种接受思想的能力，① 这里没什么地方与主动理智的理论相矛盾；毋宁说，它自身就是这个理论的证据，并且也成为理解这个理论的途径。这些命题以及其他一些细节的规定不仅在《分析篇》中提出——例如习惯性的精神认识必定首先被获得——② 而且也在《论灵魂》中明确地提出。

确实，这有时看起来会是矛盾的。例如，他在《论灵魂》中说，我们的思想是通过一种理智活动而产生的，这种理智是一种原初地给定的状态（hexis）且比接受性的理智更为高贵（timiōteron）。③ 另一方面，他在《分析篇》中教导说，作为由以得出证明之前提的最高原则，既不能从更高贵的状态中得出，也不能从原本存在着的理智认识中得出，而是从更低级的东西即从我们感性的认识中得出。④ 可如果人们得知，这个成问题的理智不是进行思想的某种东西，而是其活动原初地指向感性部分的东西（我们希望已经毫无疑问地确立了这一点），人们会看到这种表面的不和谐就被这个学说的更为纯然的内在和谐所消除。

还有一个要点需要更为详细地讨论。显然，《分析篇》的最后一章把记忆着重强调为一个原初阶段和精神认识的前提。⑤ 刚刚提出的问题是，这是否与《论灵魂》中给出的说明一致。确实，关键的是，在后一部著作中记忆问题几乎是置于考虑之外的。⑥ 它不仅缺乏对记忆的一般性讨论，看来也没有指出记忆对于我们思想的源起是必需的。不过我们还是必须要以肯定来回答这个问题。首先，从《论灵魂》中阐明的学说可以清楚地得知，意象（记忆即属于它）对于理智活动而言是多么重要。根据这个学说，每个概念必定被一种相应的意象所伴随；因而，如果感官没有收集到足够的

---

① 《后分析篇》100a13：“灵魂是如此构造的，以至于能够胜任这个过程。”

② 《后分析篇》99b26；100a10；参见《论灵魂》3.4.429b5；2.5.417a21。

③ 《论灵魂》3.5.430a15-18。参见上面 no.32 的开头。

④ 《后分析篇》2.19.99b30：“因而，显然我们一方面不可能从开始就拥有它们，另一方面如果我们一无所知，没有确定的能力，那也就不可能获得它们。因此，我们必定具有某种能力，但并不是在精确性上高于上面提到过的那些东西的能力。显然，这是一切动物所具有的一种属性。它们具有一种我们称之为感觉的天生的辨别能力。”

⑤ 《后分析篇》2.19.99b36f.

⑥ 在《论灵魂》中，亚里士多德只是一般性地讨论了记忆，且是在它被包含在意象的范围内讨论的。更为详尽的探讨包含在《论记忆》中。

感性表象，那么思想的自由运动也将成为不可能的。我们已经看到这种运动如何只是在给定条件下才是可能的。这并不有赖于主动理智的活动；毋宁说，精神部分是通过意欲作用于感性部分的。而主动理智也需要感性部分的某种配置来进行其活动。迷狂与错乱的表象就不再能够充当思维的中介；如果人的感性器官在接受感性印象时就像缺乏所有意象与记忆的低等动物那样迟钝，那么它们的能力也就会大打折扣。这种记忆是精神认识的必要前提。

或许有人会回应说，在《分析篇》中，亚里士多德将记忆以一种完全不同的方式而作为精神认识的一个前提。看来他是认为，一个种概念是从许多感性表象发展而来的，这与一个属概念是从一些种概念发展而来的一样。① 可这个学说是不同于《论灵魂》的。这里，他确实也需要意象作为主动理智的一种手段，可意象的多重性这里看来是不被需要的。②

我们回应道，《后分析篇》的最后一章也没有包含这个学说；因为亚里士多德并没有在这里谈到概念的产生，而是谈到其他中介性真理的产生，这些真理作为证明的前提，也就是说，他讨论的是一般经验性命题的产生。让我们来例举《形而上学》卷一相关段落中对此学说的阐明。他说："当一个对相似事物的普遍判断从一些经验观察中产生的时候，技艺也就出现了。因为当卡里斯得了某种病而某种药物把他治好了，相似地，苏格拉底及其他个人也是如此，这还只是一种经验的事情。如果一个判断说，一种药帮助所有的人都医好了比如感冒这种病，这就是技艺的事情。"③

我们看到我们这里考察的既不是"感冒"概念的产生，也不是其他概念的产生；毋宁说，这些概念已被预设了，联结两个概念的一种普遍判断是被

---

① 《后分析篇》2.19.100a15："只要有一个特殊的感觉对象'停住了'，那么灵魂中便出现了最初的普遍（因为虽然我们所感觉到的是特殊事物，但感觉活动却涉及普遍，例如是'人'，而不是一个人，如加利亚斯）。然后另一个特殊的感觉对象又在这些最初的普遍中'停住了'。这个过程不会停止，直到不可分割的类或终极的普遍的产生。例如，从动物的一个特殊种导向动物的类，如此等等。很显然，我们必须通过归纳获得最初前提的知识。因为这也是我们通过感官知觉获得普遍概念的方法。"

② 至少不是在每个情形下，而只是在那些从可感质料抽取出的情形中；见上述第164页注释①。

③ 《形而上学》1.1.981a5。

确保的。① 因为在命题"一种药帮助所有的人都医好了比如感冒这种病"中，一个感冒病人的概念正是被包含在下述命题中，即，这个命题对所有感冒病人都做出了相同的声称，通过对前者（特称命题）的复多经验的归纳，后者（全称命题）就生成了。②

《分析篇》的最后一章正是教导了同样的事情。因为这个段落就其自身而言允许不同的意义，对它的解释通过与《形而上学》相关段落的比较就可被确立。

而在《形而上学》中，亚里士多德将此推进了一步。他表明，一些相似的感性知觉以相同方式允许我们得出有关整个种的普遍性命题，因而，一个判断也可以超出其应用的整个种而扩展到整个属——这是作为一个新的与更高的认识种类。同样，直到一个人达到了一个更高的、谓述可以更普遍地应用于的概念时，并且在这个概念中我们也必定认识到那种属性的基础时，他才从一个属达到一个更高的属。例如，让我们假定，有人通过归纳法得出所有的生命体都是有朽的。他是以什么方法获得这个结论的呢？首先，他从一些个别的人的有朽性认识到一类身体比如人的身体都是有朽的。随后，当他看到相同的现象在许多不同种类的动物身上重现时，他就达到了更高的属概念，即达到所有动物的范围；于是他会说，所有动物都是有朽的。最后，在具有了不同种类植物的相同经验之后，且在全体植物王国他确定这个规律是适用的，他现在就达到了所有生物有机体之有朽性的普遍规律，而以这个概念，他把握了所有特殊有朽性、存在者之有朽性的基础。于是，我们必须把《分析篇》中的这个段落与这种上升关联起来，即，从个别性感知上升到概念，从较低级的概念上升到较高级的概念，而非从一个概念产生另一个概念。这就是亚里士多德为何在这里不得不需要不止一种感性知觉，而对于一个种的概念之产生而言，他的学说只需要一个单一的意象。这也是下述情形的原因，即，为何在这种关联中，他不单诉诸一般而言的意象，而是特别诉诸记忆；因为从另一个方面看，一个意象对于产生一个概念而言，在这里已

---

① 亦可参见《后分析篇》1.31.88a2。
② 无限定的命题"有些患了感冒的人被如此这般地治疗"并非一个感觉判断，而是一个理智判断。《论灵魂》2.5.417b26 必须相关于这种特殊的判断，因为否则就会与亚里士多德有关感觉殊相之理智认识的所有其他断定相矛盾。

经足够了。因为如果其时间上的分离没有被认识到，那么就不可能从许多感觉中得出归纳性的结论。诚然，概念也可以通过感性知觉的途径产生，而非从这种狭义的归纳途径产生。而且不仅概念，还有其他基本的真理亚里士多德都不能允许以这种方式从经验中获得。显然，没有人需要经验去认识"整体大于部分"这个数学真理；毋宁说，这个真理是从整体概念与部分概念自身得到的。① 就像这些概念一样，这确实需要特殊的感性认识，而不是需要狭义上的归纳。②

对《后分析篇》与《论灵魂》卷三之相符合性就解释这么多。③

34. 通过一般性地考察亚里士多德的认识论及其整个心理学观点，我们现在已经得出，必须假定一种出于主动理智本性的精神能力。于是通过对《论灵魂》卷三第五章的仔细分析，我们已经认识到，主动理智确实是完善与解释亚里士多德理论所需的那种能力，而且我们也已经表明，其中并不包含着与亚里士多德《论灵魂》中的学说完全不相符的东西——正如我们所理解的那样。不过这个例子能够代表一切，因为评注者在把这章与《论灵魂》卷三协调起来的时候已经发现了巨大的困难。因而我们对我

---

① 《尼各马可伦理学》6.9.1142a16："为何一个小孩子能够掌握数学，却无法掌握智慧之学与自然科学？这难道不是因为前者的对象只需要抽象，而后者的始点却源于经验吗？这难道不是因为年轻人由于缺乏经验，在这些领域只能鹦鹉学舌，却不能形成真正的确信，而对于数学的对象却是明明白白的吗？"

② 同上，1.7.1098b3；亚里士多德区分了"有的是通过归纳，有的是通过感觉，等等。"不过在一种广泛的意义上，他通常称所有从特殊感性认识产生的为归纳。例如参见《后分析篇》2.18.81a10；《尼各马可伦理学》6.3.1139b26-31。

③ 我们前面的讨论已经表明，在自由引发的情形中，推动意象的原则不是主动理智，而是现实的意欲。在勒南的 Averroès et l'Averroisme（p.96），我们发现了下述评论："在一个小巧的学术通信中（Denis, Rationalisme d'Aristote）已经提出针对阿威罗伊解释的一个论证。已经提出主动理智对亚里士多德而言只是一种灵魂的能力。被动理智只是一种接受意象的能力，而主动理智只是施加在意象上的一种引发，且从中得出普遍观念。"

我们在各种尝试中（卷一）已经提到对主动理智的这种解释，因为我们不幸地并不处于评估这个工作自身的位置上。另一方面，这个引用并不足以给出有关其内容的一种清晰与肯定的观念。正如所显示的，如果作者将潜能理智（nous dynamei）等同于意象能力（即具有 phantasmata），也即等同于一种感性能力，而主动理智把握一般性思想，两种假定都是错误的并且之前都被证伪了。在任何时候（或许在这些要点上的报道是不确切的），作者的下述做法都是错误的，即，将理智部分对感性部分的有意识或无意识的影响等同，或者是既忽视这个也忽视那个。

们解释的正确性有三重证据。这一事实——即它能够消除我们哲学家各种学说之间所有的表面矛盾——对我们具有与下述情形同样重要的意义，即，一个物理学家能够通过其假定而解释所有自然现象取得成就，即使这些现象原来看起来是令人困惑的和充满矛盾的。不过我们也能够给我们解释的正确性添加额外的确证。从事实的观点看，我们具有没谁会希望抹杀的见证人，这就是亚里士多德的著名学生，亚里士多德本人把他指定为其学园的继承者。

庆幸的是，特奥弗拉斯托斯的《物理学》残篇的第五卷已经通过特米斯修斯保存下来了。虽然我们必须惋惜其整部著作的遗失，不过其最重要部分中的一个部分是可用的，这是不可否认的。因为在这一段中，特奥弗拉斯托斯谈到主动与被动理智及其相互关系。布兰迪斯（Brandis）① 与陶思特里克（Torstrik）② 已经用它来反驳下述观点，即，主动理智是与人的本性相分离的，特米斯修斯也为了同样的目的而引证这一段。可其他一些更为特别的规定也能够清晰地被从这个段落辨认出来，这正如我们会看到的，它除了我们的解释外并不允许任何其他解释，而这里的每一点都与我们的解释完美地吻合。③

（1）我们已经断定，《论灵魂》卷三第四章与第五章中所讲的可以成为万物的被动理智必定与亚里士多德在这章的结尾所谈到的可触动理智是不同的。我们说过，其中一个属于人的精神部分，而另一个显然在灵魂与身体两者之间是共同的，并且因而也是可朽坏的。

---

① *Geschichte der Entwickelung der griechischen Philosophie*(Berlin, 1862-64), 1:572;cf.Aristoteles' Lehrgebäude.

② *Aristotelis De Anima*(in Aeistoteles, De Anima, ed.Adolf Torstrik, Berlin, 1862), p.184.Torstrik 也意在从 Theophrastus' 的话证明，根据亚里士多德，人的理智不会时时都思考。在这里，他无疑也是成功的。不过并不能由此正确地得出，《论灵魂》3.5.430a20 中的否定（ouch）应当被删掉。

③ 不幸的是，文本没有很好保留下来。Usener、Brandis 以及 Torstrik 已经校订了它；他们也已经对传统上正确的读法偶尔进行了改变。在 Themistius 的较前一章，对部分残篇的引用已有所改动，而 Torstrik 认为他应当遵循第二处改变的第一个引用。对此我们不能赞同。在我们看来第一段——甚至在某些地方比第二段更少确切性——是被从记忆中引述的；这对于第二个更长的引述是不可想象的。这足够简单地解释了每行中出现的微小差异。

根据特奥弗拉斯托斯所言，这正是亚里士多德的学说。因为在一开始特奥弗拉斯托斯就提出下述问题，即，能够属于人之本性的潜能理智（nous dynamei）——即使不源于质料而是源于外在——是在某种意义上被强加的，这是如何可能的？① 他继续称它为无形的②，并且说虽然感觉不能脱离身体，可是理智能够脱离身体。③ 他以下述内容回答上述难题，即，潜能理智（nous dynamei）并非被附加在完全的有形的人之中的，而是被包含在他的生成之中的。④ 我们会记起，这最后的评论正是与我们所说的灵魂精神部分的起源完美吻合的。相比之下，根据特米斯修斯的记载，特奥弗拉斯托斯说可触动理智是灵魂与身体共有的某种东西并且也是某种有形之物；⑤ 确实，亚里士多德在第五章结尾处的语词如此清楚，以至于他所讲出的几乎不可能是其他东西。

（2）再者，我们已经说过，被动理智本性上只是一种思想的能力，其机制是这样一种触动，即，这种触动也是被归于感性能力意义上的一种触动；最后，我们已说过，它以这种方式把握了之为可思之物的所有东西。从这里可以得出，它必定只是我们精神认识的能力。

亚里士多德以清晰的语词给出的所有这些规定都被特奥弗拉斯托斯在其残篇中以可被希求的清晰性而重复。⑥

---

① Themistius，*De anima*，fol.91r（op.cit.，in 第 211 页注释 ③ above，p.107, 1.31）："关于潜能理智，Theophrastus 说：'假定理智是被外在地给出的且是被强加的，那么它如何在本性上被结合（symphyēs）呢？'"（symphyēs 并非像 Torstrik 所建议的那样，要被改写为 symphytos[天生的]，因为它所意味的也只是理智属于与拥有身体的人一样的存在，如果它是从外在附加的对人的本性的完成，那就不会是这种情形。）这个反对直接针对《论动物生成》2.3.736b27。"从外部（exōthen）"这里意味的也就是亚里士多德所谓的"从外面（thyrathen）。"

② Themistius（op.cit.，in 第 211 页注释 ③，p.108, 1.2）："什么是基于非躯体的身体的效果？"

③ Themistius（p.108, 1.17）："并且 Theophrastus 继续说，感觉不能没有身体，可理智是分离的。"

④ Themistius（p.108, 1.35）："不过'从外部'并不意味着某种强加的东西，而是意味着以某种方式从原初生成中归结出的东西。"

⑤ Themistius（p.108, 1.30）："他们（亚里士多德和特奥弗拉斯托斯）称（可触动的与可朽坏的理智）是与身体结合在一起而不可分的。"

⑥ Themistius（p.107, II.32ff）："什么是被动理智的本性？'它不是现实而是潜在的万物'（亚里士多德的陈述）很好地给出了界定；同样的东西也可以对感觉来说。"Theophrastus 直

（3）进而言之，我们已经说过，由于就被动理智的本性而言它只是潜在地思想，而为了现实地思想就需要影响精神部分。我们也已经讲过，被动理智大概是被有形部分影响的，可这种影响的最终开端只能是某种精神之物，因而必须在精神部分自身中被寻求。再者，我们已经说过，理智必须被主动性地包含在其思想的形成中，正如它根据其目的而自由地命令与转变意象——在意象中它直观到了其概念——那样。

在讲过被动理智的机制不能离开精神部分的触动而被把握之后，特奥弗拉斯托斯立即开始讨论有关这种触动的主动原则的问题。他只提出两种可能性，即，人的精神的触动产生于它自身，或是产生于有形部分。下述观念即我们的思想会从神圣者直接获得，于是就能被看出与亚里士多德伟大学说相去甚远。不过他提出两个问题。首先，他问道，某种精神之物如何能被某种有形之物触动和改变？^①这显然表明，亚里士多德确实教导说存在着这种触动。随后他问道，思想的主动原则位于人的哪个部分？亦即，它是在身体中还是在精神部分自身中？于是他引述了亚里士多德的三个陈述，第一个陈述看来是支持第一种说法的，而后两个则是支持第二个说法的。他的第一个陈述取自《论灵魂》卷三第四章，在那里亚里士多德说，思想是由可思之物产生的触动。^②第二个陈述他取自卷三第五章，在那里亚里士多德说主动理智使万物即所有思想成为现实的。^③最后，第三个陈述取自卷二第五章，在那里亚里士多德说，思想他想要的某物是在思想者的能力范围内的，可感觉他想要的某物并不在感觉者的能力范围内，因为后者需要可感对象的在场。^④

接在此之后说，这种理智"像一种实在性的能力，相似于质料之物的情形。"又："思想的对象如何起源的呢？什么实际上意味着理智是接受性的？因为如果它要成为现实的就必定要接受一些东西，正如在拥有感觉的情形中。"最后："理智具有质料的本性，它什么都不是，却能够接受万物。"

① 他在此之后继续引述了（同上 p.108，1.3）："什么是基于无形之物的身体性后果？这又是哪种变化？"

② 《论灵魂》3.4.429a13："如果思维与感觉相似，那么它要么必定是一个过程，其中理智被可思之物触动；要么它就是其他相似之物。"同上，429b24："思想就是一种被触动。"

③ 同上，3.5.430a14："另一种是制作万物意义上的理智。"在这之后（a19），亚里士多德也运用了"原则（archē）"这一表述。

④ 同上，2.5.417b24："这就是人们只要愿意便能随时思维的原因，而感觉是不能依据于自

不过还是让我们来听特奥弗拉斯托斯自己怎么说吧。他问道，"在这两个的哪个之中会发现思想的主动原则呢？是在身体中发现，还是在精神部分自身中发现呢？"可以说，有些东西是能在两者中的。就亚里士多德称之为"触动"的东西而言，看来会证明这个原则是在前者中的，因为没有什么处于触动状态中的东西是被它自身触动的。他说，另一方面，"它就是万物的原则"并且"正是通达了它才思想的，而且思想相关于它并不像感觉相关于感官那样。"（亦即，思想并不完全被别的东西所规定，而且也超出其意欲的范围。）这看来也会证明，主动原则是被包含在它（理智）自身之中的。①

身的——一个可感对象必须在那里。"

①　在最后的引述之后（第 228 页注释 ①），Theophrastus 继续说（p.108, 1.3）："原则是在它物中还是在自身中？一方面，'被触动'表明原则会是另外一个东西（即身体）：对于被触动之物而言，没有什么东西是被自身触动的。另一方面，短语'是万物的原则'以及'基于自身而思考（以其自身的辨别力）而非以感觉的方式'（表明原则在）自身（即理智）中。"

　　这段的文本显然并非全无损坏。有人试图进行不同的校订。人们注意到第一个"ep'"和随后三个"ap'"的不相似，由于考虑到前一个字母比后三个字母错误的可能性更大，"ep'"就被改写为"ap'"。不过有人也会发现与此相反的情况，毕竟，如果人们考察出现在句子中间的 aph' heautou，或许会使人们忽视前面的"ep'"也要必定被读作"ap'"。再者，正如我们上面解释的这段话的意思使"epi"更为可欲，即使它不是绝对必须的。正如在《论灵魂》3.5.430a19 中那样，Archē 意味着思想的主动原则。就此看来，Theophrastus 问道，它是位于身体之旁还是位于理智自身中。（这里的 epi 是在 en 的意义上使用的，参见《论生成和消灭》1.9.324a26："运动的原则存在于其中的东西引起运动。"参见《论感觉及其对象》1.6.442a33）。Theophrastus 于是问原则是属于理智还是身体，而非问它的起源是在这个还是那个中。如果人们将它断定为 aph hou，人们就会不得不认为它以相同方式作为 hothen 而被应用在 hothen hē archē tēs kinēseōs 中。在"ap'"取代"ep'"的第二处，使介词依赖于 paschein 是特别诱人的，虽然 paschein 自身是亚里士多德众所周知的一个固定用语，正如前面的 exōthen（参见第 227 页注释 ④ 以及第 227 页注释 ⑥ 中 Theophrastus 引用的方式）。那么这就会有偶然的变化。进一步讲，作为同样误解的结果，人们就把 pathētikon hyp' autou 读为 pathētikon ep' autou，直到 Torstrik 认识到正确的读法。此后，我们为何以 deixeien 取代 doxeien 就是显而易见的了。我们也必须回复早先的 archēn 来取代 archē，因为这里亚里士多德的一个陈述也被暗示了。我们说"暗示"，因为没有比前面提到的 exothen、paschein 以及"mēden einai……"（参见第 227 页注释 ⑥）还有 ap' autō 更为贴切地引述了。Theophrastus 被认为是熟悉亚里士多德的陈述的，于是就以暗示的形式赞同。

　　顺便说一下，后面 Torstrik 读为 hoti dē phamen 的地方，我们认为原来接受的文本 ho dē phamen 是正确的。"ho"与上面讨论的 Theophrastus 刚才暗示的亚里士多德的陈述完全一致。

因而，特奥弗拉斯托斯在此提醒我们注意亚里士多德认识论中的表面矛盾。亚里士多德说，思想是精神部分的一种触动，并且从这里得出，为了思想，精神部分必定是被某种其他东西影响的。可这种其他东西如果不是人的有形部分又会是什么呢？并且这就显示出，思想的主动原则是属于身体的。另一方面，亚里士多德说，思想的主动原则是万物的原则，而这就不可能与下述思想相协调，即，身体的某种属性——就像温热与颜色是触觉与视觉的属性那样——是相应的精神之主动原则。于是我们再次被迫在精神部分中寻找这个原则。另一个附加的要素是，如果精神部分根本没有影响其自身思想的形成，那么它就会依赖于感性部分，这就像感性部分在其感知时依赖于感觉对象那样。那么思想的所有自由活动就成为不可能的。不过亚里士多德承认后者，并且从这里我们也能看到，他认为精神部分不仅被触动地、而且也被主动地包含在思想中。不过这显然也并不意味着只有思想的主动原则是被定位于精神部分的。

特奥弗拉斯托斯在这里强调的困难对于我们而言也不是不知道；我们自己几乎已经以同样方式运用它们来澄清各种要素，而根据亚里士多德，这些要素在我们的思想产生中是相互合作的。一开始，我们提请注意思维对感性部分及其意象的依赖；随后我们表明，只以感性部分的术语没有什么思想——特别是我们思想的自由活动——能被解释。鉴于此，就有必要假定理智部分影响感性的两种方式，即第一，通过无意识的主动理智来影响；第二，通过意愿的控制来影响。由特奥弗拉斯托斯提出的困难显然是针对着在我们思想的产生中感性灵魂、主动理智以及意愿命令所扮演角色的区分；这种区分会消除特奥弗拉斯托斯提出的困难。显然，当精神部分获得思想时必定直接会被其他事物所触动。但这并不是说，它自身不能与其思想的源头合作，因为它可以间接参与而作为一个原因。确实，下述问题正是如此，即，为何它不能以多种方式施加其影响，并且因而在自身中也包含了其思想的现实的主动原则，正如根据亚里士多德学说所是的那种情形。

我们省略了特奥弗拉斯托斯插入的一些评论，它们只是包含一些由特奥弗拉斯托斯或许也是由亚里士多德（因为它们几乎都是在亚里士多德的非成文学说中被发现的）说出的简短表述与句子。这些评论确认了被动理智的精神性，并且确认了这种意义上的触动种类与专属意义上的触动种类的不同。跟随着这些评论，特奥弗拉斯托斯又给出一个较长的引述，在这个引述中特奥弗拉斯托斯来处理亚里士多德的主动理智学说。正如我们刚才看到的，这一段正是在整体上支持我们的假定的。

（4）我们已经讲过，根据亚里士多德，主动理智并非一个实体，而是作为一个偶性被包含在一个实体中，它确实位于我们灵魂的同样精神部分——被动理智也是它的一种偶性。由于主动理智具有偶性的特征这一点是不可否认的，因为如果它是某种实体性的，它就不得不与有形质料同一而成为单纯的潜能性。因而在其中它们都是一致的：二者结果都是理智灵魂的偶性，因而也就如此这般地被原初地包含在其中。另一方面，我们已经讲过，主动理智与被动理智是不同的，这是因为它是一种纯粹的偶性现实性，正如后者是纯粹的偶性潜能性一样，它不思想，只是主动地产生思想。

按照特奥弗拉斯托斯对亚里士多德学说的解释，亚里士多德必定已经把主动理智设想为一种偶性。这是从他追问下述问题得出的，即，与主动理智相关的作为主体的东西是什么。我们认为下述一句话是特米斯修斯加上去的一个评注，即"因为理智仿佛是主动之物与具有潜在存在的事物的混合"①，他后续也把这二者的关系作为形式与质料之间的关系。② 这是一个显而易见的错误。③ 因而，如果这些语词具有一种正确的含义，那么这里"混合的"就只意味着偶然之物统一在相同的主体中，④ 而这个表述的非专属使用也在"仿佛"一词中被显示出来。可正如我们所言，在我们看来特米斯修斯插入这些语词所由之出的那个错误后面会变得非常显而易见。这在我们看来也是特奥弗拉斯托斯自己首先提出的问题："那么这两种（即主动的与被动理智的）本性是什么？什么又是主动理智以及被与之关联之物的主体？"如果我们比较这些语词前面出现的情况（因为我们发现它们被引用了两次），我们就会发现特奥弗拉斯托斯接着说"因为它的能力就像一种属

---

① 参见下文第 232 页注释 ① 的整个段落。

② 他说主动的和被动的理智在一种方式上是一种本性，并且是就"从质料与形式是一得出什么结果"的问题而给出理由。

③ 因为亚里士多德在这种意义上称之为"非混合（amigēs）"。《论灵魂》3.4.429a18；5.430a18。

④ 这会是说，感性部分是感性的与欲望的能力的混合。"与身体混合"这个表述被亚里士多德时常用来说一种能力被在（作为身体一部分的）躯体中发现，而非被在精神中发现。

性（Habitus）"（一种偶性的活动）。这就意味着亚里士多德的相同语词，在其中我们发现了主动理智何以是一种偶然形式的证据，这也迫使特奥弗拉斯托斯来探究它的主体是什么。于是，在重复了所有亚里士多德用以描述这种作为一种主动者的能力的表述——即原因、生产、制作、原则（aition，poiētikon，poioun，archē）——之后，他非常言简意赅地称主动理智为推动者（ho kinōn）。接下来陈述的反对表明，他把主动理智设想为被动理智的活动原则，并且是在灵魂中原初地与它统一在一起的。他说："如果现在运动着的东西天生就是被（与我们或与被推动的被动理智）统一的，那么人们就会想，现在它就不得不引起运动且不会中断；可如果它是后来添加的，那么问题就是，它与什么（主体）关联以及它是如何被产生的。它看来并没有一个创生，正如它不附属于朽坏。那么，由于它是在我们之中的，那它为何不引起运动？或者说什么是忘记、欺骗与犯错的源头？或是它们的基础在混合中吗？"[1] 也就是说，它在感性部分与质料的混合中，因为这就是他所引述的

---

[1] Theophrastus 在 fol.91 说（ed. Heinze，vol.5，p.108，Ⅱ.22ff.）："Theophrastus 说形成了下述困难：现在是两种本性"（即亚里士多德一方面称之为的"质料"或"能力"，以及另一方面称之为的"原因"或"制作者"），"又是什么与制作者相关而作为其主体？理智以一种方式混合了生成与潜能。那么推动的部分在本性上属于它，那么它就不得不现在且经常地诱发运动；如果它是后来出现的，那么问题就是它与什么在一起以及它是如何产生的"（即它与什么主体在一起——当它被加上时是属于哪个主体；他刚刚称这个主体为"与制作者相关联的"）。"那么看来它就是不被产生的，就像它是不朽坏的。"（我们一定不能像 Torstrik 那样以 agenetos 取代 agennetos；因为它只是这里拒绝从质料中产生。）"因为它现在是在我们之中的，为何它不是经常性的？"（取代了"为何它不会引发运动？"否则我们就不得不提供 enhyparchei 这个词的恰当语法形式，它会给出一种错误的意思，因为主动理智实际上是在灵魂中的。毁坏都是非常简单的，因为在各词之间没有空格，而前面直接是一个 aei。）Theophrastu 继续说："或者什么是遗忘、欺骗以及错误的源头？或者它们基于混合吗？"相比较而言，在 fol.89（ed. Heinze，vol.5，p.102，1.26），我们发现了下面的引述："Theophrastus 说，如果其能力是一种偶然的状态，且如果它是属于其本性的，那么它就不得不经常及立即做什么呢？可如果它是后来的，那么问题就是，它是和什么在一起以及它是如何产生的呢？那么它看来就是不被产生的，正如它是不可朽坏的。由于它在我们之中，那为何它不经常如此呢？或者什么是遗忘与欺骗的源头？或是其基础位于混合中？"当这两个引述不同时，第一个便更为正确。它共享着第二个错误，即，以 ouk aei 的读法通常取代 ou kinei 的读法。

在我们看来 Theophrastus 是这样说的："那么两种本性是什么？且是什么作为主体与制作者相关？因为它的能力是一种偶然的状态。如果引发运动属于其本性，那么它就必定

最后语句的意义——如果我们能够相信特米斯修斯的话——他在这里终止了引述。这大概也是由《论灵魂》卷三第五章最后所得出的。我们也可以从上面特奥弗拉斯托斯的言辞概括出他是同意这个说法的，即，正是获得直接影响的精神部分使它具有思想。

那么，正如我们前面已经展开的那样，主动理智的全部学说正是由这些要素构成的。正如特奥弗拉斯托斯所重复亚里士多德自己毫不含糊的话所说的：它是精神性的；它属于我们的灵魂；进一步说，它是一种偶性，从本性上说它事实上是灵魂的一种偶然现实性；它是一种运动的能力；通过其主动性，它产生了被动理智意义上的思想；而其活动原初地指向感性部分；当感性部分能够获得其触动时，它就是无意识的因而是必然的活动；它自身无法被看作是思维的某物（否则，由于它是纯粹的现实性，我们就会从开始就具有现实的思想，而特奥弗拉斯托斯最终的疑问就丧失了其基础）；因而，"理智"之名就出于某个其他原因而归属于它，这要么因为它属于理智部分，要么因为它产生思想，亦即它通过其主动性产生思想——所有这些规定都被确定地、或是以极大可能性地从特奥弗拉斯托斯的问题、反对及展示的解答中得出。于是我们对下述内容就是满意的，即，亚里士多德直接门徒的证词使我们确证了对其学说的解释是正确的。

35. 不过我们从这个事实中获得的快乐不会超过由下述情况带来的一丝困惑，即，如果特奥弗拉斯托斯所断定的东西已经被亚里士多德忠实的学生

现在及经常引发。不过如果它是后来的，那么问题就是，它是随着什么主体出现的以及它是如何被产生的？那么它看来就是不被产生的，就像它是不朽坏的那样。那么，由于它是在我们之中的，那它为何不引发运动？或者什么是忘记、欺骗以及错误的原因？或是其基础是在混合中吗？"不过，必须指出，主体（hypokeimenon）可以具有两种意思。正如我们刚才指出的那样，它能够是偶性的主体，它也可以是主动或被动能力的对象（例如在《论灵魂》3.2.426b8 中）。如果我们采取第二种意思，也会符合我们的段落。那么 Theophrastus 的问题也就会是，能够直接接受主动理智影响的是什么；这就会使下述情形成为显而易见的，即，这种影响在抵达被动理智之前是以某种东西为中介的。因为这就不再是下述问题，即，是否主动理智的活动最终导向了被动理智；再者，刚刚之前的文本表明，被动理智不会被主体（hypokeimenon）所意味。那么这种解释不允许我们得出任何结论表明，主动理智（nous poiētikos）具有一种偶然的本性，没有任何结论关注其与被动理智在我们灵魂精神部分中的结合。不过后面的学说足以清楚地从下述说法中得出，即，"引发的运动属于其本性"以及"它是不被产生的，正如它是不可毁坏的"等。

欧德谟（Eudemus）否定了的话。当拉瓦森（Ravaisson）想证明亚里士多德意义上的主动理智是与神圣者相同的时候，他诉诸《欧德谟伦理学》中的证词。确实，在卷七的一个段落中，欧德谟看来毫不含糊地说，神就是我们思想的主动原则。不过还是让我们来听听他自己是怎么说的，他说："而这正是我们所探求的——灵魂中的运动本原是什么？答案是显然的：正如在宇宙整体中一样，这里也如此，一切都是神推动的。因为在某种意义上，我们中的一切也是由神圣的因素推动的。理智的原则不是理智，而是某种更优越的东西。那么，除神之物，什么还会比知识更优越呢？不是美德，因为美德依赖于理智。"① 这就是欧德谟所说的。可如果我们面对这段对我们正确解释之正确性的反对，我们应当如何回应呢？我们应当附和着最近的一些批评者说欧德谟偏离他导师的学说了吗？可为何他这么言之凿凿呢？他就像说出了某种从亚里士多德哲学原则中得出的一个简单结论。与任何其他人不同，他与亚里士多德共享这些原则。他自己至少不是有意偏离其导师的。

确实，在这一点上他一点也没有离开亚里士多德的学说。② 亚里士多德既没声称被动理智也未声称主动理智是我们之中的神圣要素，而只是说现实认识是我们之中的神圣要素。③ 正如我们已经看到的，他也相信他没有完全理解知识的起源，除去援引说，思想（Denken）参与了我们所有的知识，它不会（不是通过概念而是以一种更高的方式）"一会儿思一会儿不思"。④ 这假定我们的灵魂并非源于永恒理智的力量。如果不考虑意象与主动理智，我们思想的起源在那种情况下都是以特别针对偶然生成的不完满方式而与同名律相符的。于是欧德谟返回完全决定我们思想的动力因，并且表明它是完全以一种自然的方式而产生的某种东西。而这并不是特奥弗拉斯托斯所关注的；

① 《欧德谟伦理学》7.14.1248a24。

② 我们不希望由此而声称，《欧德谟伦理学》7.14 中的探究并不包含欧德谟自己的追求，不过非常可疑的是，这会得到亚里士多德的认可。不过这里他提出了形而上学—心理学问题："什么会是灵魂中活动的开启？"而对此问题的慎思回答是与同名律相符的。只有在这种语境中，一个人才可以告知他谈论的方式即他意识到他与这个学派接受的原则与观点是相符的。

③ 《形而上学》12.7.1072b23；12.9 开始。亚里士多德将美德置于与欧德谟相同的位置从12.7.1072a30 便显而易见："理智是原则。"

④ 《论灵魂》3.5.430a22。

他谈到更为直接的原则，即我们灵魂的神圣力量。并且因而我们看到，他朋友与学生的陈述并不会偏离他所给予我们的证词，而是与这种证词完满一致，而且是以一种令人欢迎的方式说出了亚里士多德没有明确说出的东西。

36. 以欧德谟与特奥弗拉斯托斯的相应证词这种证据就可以结束我们的研究了。在我们已经表明亚里士多德体系的原则，特别是它的心理学与认识论要求一种我们意义上的主动理智之后，人们还需要从我们这里进一步获得什么证据呢？《论灵魂》卷三第五章的规定实际上也包含了与此应和的学说；进而言之，亚里士多德表面上相矛盾的断定是与我们解释的基础相一致的；况且，难道不是不仅他自己经常确证这个学说，而且他的每个学生也在不同方面确证这个学说吗？

或许只还有一种东西作为进一步的推荐会被添加到我们的解释上，即，在后来诸种阐释之间的巨大冲突能在我们研究结果的基础上被很好地解释。因为，一方面，这个结果表明亚里士多德在《论灵魂》卷三第五章所讲的有关我们思想的主动原则——这是一个思想着的本体以及神圣者自身——是完全正确的，而另一方面也表明了，所谓的主动理智并不思想，而只是制作思想以及是我们自身灵魂的一种能力。于是我们的解释以一种方式接近了所有之前的概念。尽管它是严格一致的，可在调停甚至最为异质性的观点上它却成功了，就其是可能的而言，正如常言道：真理位于"之间"。

37. 可如果我们问，之前哪种解释的尝试离真理最近，我们无疑必定把这个殊荣给予圣·托马斯·阿奎那。[①] 确实，我并不确定我是否不应当说他正确地把握了亚里士多德的整个学说。他说，没什么有形之物能够对某种理智之物留下印记；[②] 不过他同时也允许潜在的理智通过意象——已经被主动理智照亮——的影响而开始思考。我们必定不会相信，他在如此说的时候会愚蠢地得出下述内容，即，让主动理智在一个有形的主体中产生一种理智的偶性。毋宁说，虽然他将由主动理智所提供的动力作为超身体的，不过他只是在下述意义上如此讲的，即，这种动力并不会也不能从感性部分的本性、或任何其他身体的本性中产生。

---

① 参见其观点的梗概：上篇 no.9。

② "没有什么有形之物会触发任何无形之物。"*Summa Theologica* 1.84.6。

不过，在这里我们仍然发现了一些陈述，这些陈述看来确实会暴露出有关主动理智之本性的某种清晰性的丧失。这对于下述段落尤其正确，即，他在其中通过援引经验想要表明主动理智是我们灵魂的一种能力的那个段落。他说，反思向我们表明，我们自己是从特殊事物抽象出概念的。① 这里他显然是把主动理智的活动看作一种自意识的功效；可正如我们看到的，在生命的植物性机制中并没有意识与自由。另一方面，我们看到，根据亚里士多德，理智部分也是以有意识的自由而作用于感性部分的，并且因而把它的统治范围扩展到它自身的思想。而在第二种情形下，意欲就是主动原则，阿奎那看来是以前种模式来看待这种完全不同的作用模式。②

　　正如被阿奎那所呈现的那样，总体而言，亚里士多德的主动理智学说具有某种模糊性。不过至少阿奎那的解释所采纳的理由并不像在亚里士多德自己那里的清晰。这特别有赖于下述事实，即，他没有以与亚里士多德所采取的相同方式确定人的精神部分与有形部分的关系。因而他允许精神部分遍布整个身体，而且也允许灵魂的感性与植物性部分和精神部分一起在人死之后继续存在。他也将整个灵魂称为身体的形式，而非像亚里士多德认为的那

---

① *Summa Theologica* 1.79.4："人们必须说，灵魂中有一种能力……它能够说明意象。我们也从感觉经验可得，我们从特殊条件中抽象出普遍的形式，这等于在现实性中使某物可思。"我们在稍前的著作中也发现了这种观点，即在 *Summa Contra Gentiles* 2.76 中："再者，如果主动理智是某种分离的实体，那么其活动必定是连续的和不被打断的，或是至少人们必须说，其连续性与不间断性并不依赖于我们的意愿。不过，其活动使意象成为实际上可思的。因而它要么经常这样做要么不经常这样做，不过它将不会基于我们的意愿而如此行动。不过当意象现实地可思时，我们就具有了实际上的理解。因而这要么必定是我们通常理解，要么不在我们的实际能力之内。"Cf. also *Question Disputata: Da Anima*, art.5（Thomas Aquinas, *Question Disputata*, ed.P.Bazzi et al., 7th ed.Turin and Rome, 1949, p.298）："正如被动理智的机制是对可思之物的接受，因而主动理智的恰当机制是对它们的抽象。即，以这种方式，它制作了现实的可思之物。在我们自身都经验了这两种机制，即我们获得了可思之物并且对它们进行抽象。"

② 这个误解不会走得如此之远，以至于使他将主动理智与意愿等同，或是将主动理智与某种意愿行为等同。就像亚里士多德那样，他认为意愿推动感性部分（e.g., *Summa Theologica* 1.80.2），且所有意愿都被一种思想行为先行引导（例如 1.82.4），以及每种思想行为都被一种主动理智行为先行引导。在我们看来，他的错误只是，在有意识的活动领域，通过以某种并非完全可理解的方式而包含了主动理智的活动。为了讲他刚在引述中出现的话（第 235 页注释③），他必然会不得不把一些意欲的效果加在主动理智上。

样仅仅将灵魂的较低级部分作为身体的形式。可根据亚里士多德在《物理学》及《形而上学》中的原则，作为身体形式的某种东西不可能是不朽的，且就其不朽性而言就不可能是身体的形式（对这种不朽性阿奎那却是总体上保留着）；同时，身体的精神形式在语词上也会是矛盾的；可阿奎那在这里并没有有意地偏离亚里士多德，因为亚里士多德的学说也与他的其他观点相一致，甚至比他自己的学说更好①。因而我们相信，如果他已经对亚里士多德有一种不同的理解，他就会在这一点上改变他自己的学说。

在阿奎那对《论灵魂》卷三第五章的第二部分解释的时候，②他就比对第一部分的解释更不成功。不过，在他的解释中，质料什么都不包含会与亚里士多德的学说相悖。通过一种误释，他丧失了这个优美而深刻的段落，在这个段落中亚里士多德为了使我们的思想被完全理解而援引了神圣者的思想。不过，学说自身并不会避开阿奎那；正是通过欧德谟伦理学（阿奎那理所当然地将这部著作看作亚里士多德自己的）的那个段落使他从后门进入，而正门却对他关闭着。阿奎那在其《神学大全》中说：“我们的思想与知识原则比我们的理智具有更大尊严性，而这个原则就是神，正如亚里士多德在其《伦理学》第七卷所教导的那样。”③还有另一个段落表明，阿奎那认为这个原则正是以亚里士多德指出的方式而与主动理智发生关联的。④

于是我们这里就看到在这个评注者中出现的经常令人震惊的现象，即，即使阿奎那没有完全进入亚里士多德的用语之中，他也进入到亚里士多德的精神之中；如果在这两个人之间缺乏一种亲密的理智关系，这种情况就是不可理解的。于是人们就乐意原谅这个微不足道的不完满，而敬佩其睿智，他以这种睿智洞察到亚里士多德的这个以及其他一些更为隐晦的学说；与我们所做的相比较而言，他所做的所有这些甚至是缺乏原初文本的，并且甚至是没有掌握希腊语言的。看看他是如何能够从亚里士多德的思想中提炼出黄金的，并且又是如何以亚里士多德的精神及同样的精通建立了其神学学说的

---

① 如果人们想追究其学说的历史源头，他们就会被引向新柏拉图主义。

② 除去他对《论灵魂》三卷的评注之外，亦可参见他在 *Summa Contra Gentiles* 2.78 对这章的解释。

③ *Summa Theologica* 1.84.4.

④ *Summa Theologica* 1.79.4。

结构！人们不吹毛求疵对于阿奎那就是正义的。确实，当马其顿（Macedonian）之子被称为亚里士多德最伟大的学生的时候，圣·阿奎那必定已经被忽视了；因为确实，作为经院哲学之冠与神学家之王，他比谁都配得上这个称号。

我们已经来到结尾。让我们再问一下：什么是处于亚里士多德主动理智学说基础处的难题呢？什么是亚里士多德在其《论灵魂》中引入的并试图解决的心理学难题呢？这是一个甚至直到现在仍属最重要的难题，而且它从未失去激起研究的动力——这就是我们思想的推动原则之难题。

不同的精神走过的道路是多么的不同呀！许多人被它们自己的本性所欺骗，并把他们自己归于物质存在者的行列。有多少愤愤不平地回避这种思想的人，被引向这一问题的困难驱赶到最为极端的假定，以至于他们会否认物质实体的存在，或是至少会否认有形之物对我们思想起源的所有影响。如果说第一种观点出于缺乏反思的话，那么第二种矛盾的经验就是以一种更为震惊的方式得出的，而合理的常识永远都不会同意这种假定。下述学说是多么矫揉造作，即，有人试图取代感性与精神之间的实际因果链条，这与我们哲学家的假定相比是多么简单幼稚——他通过对人类思想及整个活动模式与自然秩序的深刻洞察而被从这些特殊的假定中解救出来。他认识到感觉知识与精神知识之间的巨大差别，但这并没令他否认二者之间的关联，他认识到，主动原则——它必定属于我们的理智正如声音属于我们的听觉——不能是一种有形的属性；不过，他令把我们导向思想的直接影响从感觉中产生。他教导说，思想的原则必定成为一种精神的现实，可如果它是一个相异的精神，那么这就不会对它产生；他也没有忽视最近旁的东西，而把自己丢弃到最遥远的领域，即，把他的焦点从他自身的精神能力转向神圣者的精神。确实，他承认只有基于神圣者创造精神的全知，这个难题才能找到其最终的解决——这种解决在每个方面都满足形而上学的规律。不过，他坚持认为，人的本性必定在其自身中具有一种能力，这种能力被要求的活动对它而言是最为自然而然的。[①] 他主张说，人的理智在每个方面都超出身体的重要性和尊

---

① 是在人类最为充实的目标的意义上的最自然，而非在与这个词相关的《论灵魂》2.4.415a26 的意义上讲的自然。

贵性；他没有抛弃思想的自由，也没有承认在精神与身体的相互交流中低级部分具有更优先的效力；不过他并没有将人类精神归于不依赖于对象的、作为神圣思想的内在充盈及其完满的自身实现。他并不将其活动归属于神圣，而是将其作为我们之中最神圣的。

因而，我们看到亚里士多德以其值得钦佩的技巧避开了所有危险的绊脚石，而他之前及之后的许多思想家都被这些石头绊倒了。

不过当我们注意到下述关系时，我们的敬佩还会增加，即，他的认识论（其心理学说的其余部分）与他的整个世界观的关系。在下述两种关系之间存在着一种完美的和谐，即，一方面是人的精神与身体的关系，另一方面是思想与感觉的关系。在这两种情形中他都坚持其中两个部分的差异及其内在关联。根据亚里士多德，人的精神部分确实在有形部分中就准备就绪了，而且融入到胎儿，后者作为质料与精神一同达到其最高级发展的阶段。不过它并不是与身体混合在一起的，也不是从有形的祖先的能力中产生的，而是从创造者的精神中产生的。亚里士多德以相同方式主张，理智认识确实在感性部分中预设了其准备，并因而不完全独立于感性对象的影响；不过它自身并不是一种身体器官的活动，且其专属的主动原则是灵魂的一种精神能力。

再者，当我们比较有形领域与精神能力的领域时，我们发现了这两个领域之间的完美相似；在二者之中我们都发现了无意识的主动能力；在二者中我们也都发现了接受其他形式的能力，也发现了有意识欲求的能力，当这种欲求成为现实的时候外在效果就从中产生出来。不过在这三个方面的每一个中，只有精神部分是单一的与不可分的；另一方面，有形部分被区分为多种能力，尤其是就接受性与无意识活动能力而言更是如此；这揭示了理智灵魂巨大的高贵性。

不过不仅是这种意义上的精神统一体遍布亚里士多德的灵魂学说；其统治也超出其外，并且规范这个体系的所有部分。这就是为何——为了理解它——我们一再地不得不返回到其《形而上学》的首要与基本命题的原因。亚里士多德是个太好的逻辑学家，以至于不能试图从一个原则演绎出所有东西；他需要在经验中有更广泛的基础。可这损害了其体系的统一性吗？下述情况具有更多的统一性吗？即，人们想从一个原则产生出所有东西却允许自己在演绎中出现各种各样的谬论与错误，以至于人们在黑夜里悄悄地获得的东西正是他们在光天化日下大声拒斥的东西。还是下述情况会更具有统一性呢？即，从假定的多重性开始，不过一层稳妥地建立在另一层之上，并且风格的一致性与所有部分的协调性被从上到下巧妙地保持。

正是在亚里士多德中我们第一次发现人是个小宇宙① 这个深刻思想的宣言。在他之后的不少人已经重复了这句话，不过这些人中没有什么观点比他亚里士多德的思想更具真理性。让我们把目光从他已经在其心理学中描述过的小宇宙中移开，并看看他在其中向我们展示创造整体的更大幅的图画。我们看到同样的图形再现了，只是以更为高贵与神圣的形式。

他告诉我们要认识人之中的自然统一体，尽管其各部分之间存在着差异；且即使其中一个部分比其他部分更为高贵，最完满状态仍然是存在于整体中的。他也把世界作为一个统一体，作为一个单一的、具有众多成员的总体，尽管在被造物的秩序中具有多样性和差异。虽然各部分并不是通过具有相同的本质而相互关联的，可它们的统一却是一个自然的统一体。这就是为何这里的整体再次是最完满的；在世界的整体中存在着所有个别实体之实存与活动的目的。植物与动物、鱼与鸟、理性存在者与无理性的存在者在这个整体中得以秩序化，并且将这一整体作为其目的，② 正如人的所有植物性、感觉性及理智性能力作为一个其追求的整体同样被秩序化。

根据亚里士多德，精神与身体是人的本性在其中被分开的两个领域。他也在大宇宙秩序中向我们表明一个形体性的世界与一个精神性的世界，并且坚持这里就像在较小的整体中一样，存在着某种感性与超感性之间的相互影响。在小宇宙中，如果它是根据本性被秩序化的，那么精神就统治身体，即，精神成为身体运动的目的与秩序原则。另一方面，思想是居间的，因为它经由身体的影响，因而精神只有通过身体才能成为完满的，正如反过来它协助身体达到更大的福乐一样。于是我们看到一个部分统治，另一个部分服从，且每个部分都从这种关系中受益。在大宇宙中，精神之物之于有形之物看来比人的小宇宙中所承认的高低关系更甚，在人的小宇宙中，相同本性

---

① 《论灵魂》3.11.434a13；参见第三部分第 127 页注释 ②；在《物理学》8.2.252b26，一般意义上的生物被称为小宇宙。

② 《形而上学》12.10.1075a11-25。

的统一体将二者作为部分而进行了涵盖；不过，我们在大宇宙中也发现了某种相似的关系。精神之物作为特别的终极因与动力原则推动①天球领域。反过来，它们自身也在一种意义上通过有形要素的呈现而增进，因为它们至少是在下述范围内被可感世界所影响的，即，所有部分都是为了整体而被秩序化。它们从有形之物中不再能够获得其他种类的完满，因为它们已经是完满的了。

精神部分既没在这里也没在小宇宙中将其影响直接地实施到每个成员。毋宁说，它只是以其推动力直接接触了最高贵的东西。因而，在大宇宙中，纯粹精神之物没有直接触动每个有形实体，只是触动了其中最高贵之物，触动了星球及其运动领域。通过它所呈现于其中的感性核心器官，人的精神将其控制扩展到所有附属的部分。同样，精神之物的推动力通过使天体领域旋转而将其影响扩展到最低级的要素与中介物。于是其统治及秩序化活动甚至扩展到世间存在者领域。

在小宇宙中，存在着精神与身体之间的相互影响；不过，正如我们看到的，第一推动力——如果没有它就不会跟随着两个部分之间的反应与相互交流——必然从精神部分这一侧产生。在大宇宙中也有与此相应的情形。至少就我们所知的而言，亚里士多德除了作为部分的精神之物通过世界整体的完善而得以增进之外，并没有教导有形之物对精神之物的任何影响；于是显而易见，由于较低级世界的秩序在被推动的天球的影响下形成，②所谓的相互关系就必定是从精神这边获得其开端的。

最后，在小宇宙中，我们想解释精神之物与身体性能力结合起来的秩序，以及为人们置于思想基础中的目标之成就。为了做到这些，我们不得不把我们的目光从人自己提升到进行创造与命令的神圣者，离开它产生的永恒知识，人类认识就会呈现为一种单纯的偶然。在大宇宙中，我们也以同样方式援引一个超世界的存在作为所有秩序的创造基础，作为永远地包含其设计的一个基础，并且为了其目的而形成及约束所有特殊之物。在这里，终极目的的成果否则就会呈现为一种偶然；不过这种偶然对于亚里士多德而言是如此不可思议，以至于他说，做出这个假定的人就像一个不学无术的人在信口雌黄。③

---

①　参见我们在附录中的评论。

②　《论天》2.9.291a25。

③　《形而上学》1.4.984b17。

附 录

亚里士多德之神的活动，特别是其创造活动

我们在下篇第四部分第 32 节（第 210 页注释 5—6 处）中说，根据亚里士多德的学说，纯粹的精灵与天体领域是被神创造出的。

一

这一点特别是从把神圣者（这个词是在其最为专属的意义上使用的，即在这种意义上它只是指称一个单一的实体）描述为绝对的第一原则与所有存在者的原则的那些段落开始就变得清楚了。因而，例如在《形而上学》11.2.（即 1060a27 处），亚里士多德说："再者，如果有一种有关这类自然的实体或原则正是我们现在所寻求的，而且如果这对万物都是一，且这对于永恒的与可朽的东西都是一样的，那么就很难回答，为何这个世界上有些属于这一原则的事物是永恒的，而有些则不是永恒的；这就是矛盾的。"在 1064a35 中，他说："在世界上如果有这样一种东西存在（即分离的与不被推动的），这里必定就是神圣者，而这就必定是首要的与最具支配性的原则。"（也应当指出，这个原则就是"存在之为存在的原因"，4.1.1003a26）。在《形而上学》12.8.1073a23 处，神圣者被称为"首要原则与原初存在"。请比较 1075b22, 24 与 1076a3（这里他反对斯彪西波的多原则说，并教导所有存在的终极因的统一体）；最后，在 5.1071a36 中说，首先在首要实现（prōton

242

entecheia）中的东西被宣称为是所有存在种类的共同原因。

因而，根据亚里士多德，神圣者是所有存在的第一原则。可根据他的看法，属于存在的是实体而非其他别的东西（《形而上学》12.1 的开头），即下述三类实体：可朽物体、不可朽物体即天球及其星球，以及精灵（Geister）（1069a30）。所有这些都将其存在归于神圣者；这是在被指出的几个段落中得以清晰表述的，且在语境中也能最清晰地辨识的。

当亚里士多德在谈到下述内容时，也做出了同样的声称，即，所有东西的生命与存在都依赖于神，不论其存在是不变的且具有神圣的形式（akribesteron），还是脆弱和波动的（amaurōs），正如可朽存在者那样（《论天》，279a28）。这一点在下述声称中也是显而易见的，即，所有东西就其分有了存在而言，也分有了神圣性（例如《论灵魂》2.4.415a26，这可与《形而上学》2.1.993b24 相对照。）

二

不少学者反对说，当亚里士多德声称神圣性是所有存在的原则时，他并不意味着这是第一主动原则，而仅仅意味着它是目的因；确实，他将其描述为"何所为之物"（hou heneka），例如在《论天》2.12.292b5 以及《形而上学》12.7.1072b2 中。他们声称亚里士多德的神并没参与什么活动。

不过这是一个错误，而为了拒斥它，我们会引述一些段落，其中亚里士多德清楚明白且毫不含糊地把神描述为一种主动原则。

（1）我们特别援引了亚里士多德对阿那克萨戈拉的评论（参见下篇第四部分，第 205 页注释 ⑬）。他没有批评阿那克萨戈拉把理智（nous）作为一个推动原则，而是批评他没能表明目的（Zweck）与推动原则自身如何能是同一的。相似地，亚里士多德在《物理学》8.5.256b24 赞同性地引述了阿那克萨戈拉，并且再次清楚地评论说，他把理智作为推动原则；不过亚里士多德对他并未表示丝毫反对。确实，亚里士多德甚至赞同有关理智的非触动性与纯粹单一性的论证，这是基于理智是运动着的主动者的假定。从这里也可以清晰地得出，在《物理学》中成问题的部分以及在《形而上学》中的相关部分，他是在相同意义上把神称之为第一推动者的。对这一点而言，还可以加上亚里士多德在《形而上学》1.3.984b15中对阿那克萨戈拉的高度评价："那么，当一个人说，理智呈现为——就像在动物中也像在整个自然中那样（参见《物理学》2.4.196a28，阿那克萨戈拉说'理智安排了所有这些东西'[G.S.Kirk and J.E.Raven, *The Presocratic Philosophers*, Cambridge, 1957, p.373]）——所有安排与秩序的原因时，与那些随意谈论的前辈相比，他看起来就是个冷静者。"这里的言谈自身、直接的序列（984b22），以及在第七章（988a33）的所有评论都表明，亚里士多德很好地注意到阿那克萨戈拉探究了作为主动原则的神圣理智。（亦可参见《形而上学》中与9.8.相关联的12.6.1073a5。）

不过人们或许会反对说，这对于亚里士多德的学说并不是一个贴切的论证；因为他没有清楚地表明，他赞扬阿那克萨戈拉是出于后者把理智仅仅作为一个原则，还是作为一个推动原则。

可是，这两种情况是不可分的难道不是明证的吗？如果阿那克萨戈拉已经声称神圣者是诸有形体的形式或者质料，亚里士多德还会赞同他吗？这也会把神圣者作为一个原则。不过，在这种情况下确定的是，赞同相对于赞同的理由而言是荒谬的。相似地，假定一个人错误地宣称，动力因就是一个目的，或者反之；如果我赞同他仅仅是因为他称这是某种原因，那么这就是荒谬的。假定某人提出下述问题，即"是为谁做的这个玩具？"得到的回答是"小孩"。那么下述的说法就不是无意义的，即"没错：这是为了小孩，即便这确实是被玩具的制造者所生产的"。或者问："是谁射杀这只鹿的？""是猎人。""朋友，好极了，你几乎猜到了，确实是猎人射杀的，即使这是为了丰盛的餐桌。"或者"你通过静止还是运动达到了顶点？""通过静止"。（静止在顶点上就是其目的。）那么，正如某些人相信的，如果亚里士多德把神仅仅作为目的因，且如果他认为神同时成为主动原则就不配其尊贵性，那么他就不会由于一个绝对且完全错误的观点而如此愚蠢地赞同阿那克萨戈拉。

（2）还有更多的段落中亚里士多德没把神清楚地描述为目的，而是描述为主动原则。其中一个就是在《论题篇》4.5.126a34中："甚至神与好人也能够做坏事，不过这并非它们的特性：因为被称为坏人的人通常是鉴于其选择。进而言之，能力通常是一种可欲的事情：因为甚至做坏事情的能力也是可欲的，因而正如我们所说，甚至神与好人也会拥有它们；因为我们说他们能够为恶。因而'能力'永远不会成为一种被责备的东西。否则，结论就会是，被责备的东西有时就是可欲的：因为会有一种被责备的能力。"这里发展出的原则意味着神的全能，正如我们会看到的，这实际上就是亚里士多德教导的东西。

再者，《物理学》2.6.198a5（也可以对照《论动物的部分》1.1.641b10-26）："（自发性与机运）都属于'变化之源'的原因模式，因为要么一些自然的要么一些理智的主动者通常成为原因……作为结果之原因的自发性和机运——虽然它们会产生于理智或自然——事实上是被某物偶然地导致的。既然没有什么偶然的东西优先于出自自身的东西，那么显然没有偶然的原因会优先于自因。因而自发性与机运就后于理智（nous）与本性。因而，如果天体基于自发性是正确的，那么下述情况也是正确的，即，理智（nous）与本性也是这所有东西以及它旁边许多东西的在先原因。"在这里他清晰地教导说，理智（nous）是整个世界的主动原则。这种神圣者被认为是具有与原因性同样的自因的，这种原因也会偶然地应运到自发性与机运中；而这种就是"变化之源"的原因模式。

再者，《论天》1.4.271a33 中说："神与自然创造（poiousin）的东西没有一样是没用的。"

再者，《论生成与消灭》1.6.323a31 中说："因而，如果进行推动的东西自身可以不被推动，那么它就会触碰'被推动'之物而自身不会被任何东西触碰。"考虑到这个段落，以及与《物理学》8.10.266b31、32 及 1.2.243a3 相对照，就消除了对下述内容的任何疑虑，即，他或许谈的是目的而非主动原则。

再者，还有《论生成与消灭》2.10.336b27 中的著名段落："正如我们发现的，因为在万物之中，自然总是追求'更好'的东西。而'存在'——我们在其他地方已经解释过我们在这个术语中确切认识到的各种含义——比'非存在'更好；然而，并不是万物都能够具有'存在'，因为它们离'创生性源头'太远了。于是神接纳了剩余的东西，并通过不间断的生成（我们必须跟随抄本 F 与 H 将其读为 endelechē 即'不间断'而非 entelechē，参见 b25）而对宇宙进行填充与完善；因而存在的关联性就被最大可能地确保了，因为自身永远进行的'生成'是最接近永恒存在的。"这里我们被告知，神不仅是有形世界的主动原则，而且是万物的原则（b30，enhapasin），有些东西离它较远（例如质料性事物），有些东西离它较近（例如非质料的以及因而也是不朽之物）。确实，对于神作为其原则的万物而言，神不仅是协调与运动的原则，而且也是质与实体的原则，因为神是所有范畴之存在的原则（29）。神通常指向最好的东西（27）并因而把永恒与不朽的存在投射到能够参与其不朽性的东西之中；而且由于质料实体对此无能参与，神就以次好的永恒生成替代永恒存在（33）。这是对永恒存在的一种替代（31），由于以一种可朽存在进行了替代，同类中的另一个东西就会产生。（参见《论天》1.9.279a28 以及《论灵魂》2.4.415a16.）

再者，《形而上学》4.8（1012b30）中说："因为存在着某种东西，它通常推动事物运动，而第一推动者自身是不被推动的。"因为对于所有那些认为这意味着目的因而非主动原则的人而言，我们援引《形而上学》9.8.1050b4 中所讲的："正如我们已经讲过的，一种现实性通常也产生其他现实性，这在时间上就会回溯到永恒首要推动者的现实性。"他这里谈论的是由前面研究所表明的主动原则。我们只强调一句话，以这句话为基础，所有论证都可以被奠基（1049b24）："现实存在总是被现实地存在着的事物从潜在存在中产生出来的。"

再者，还有《形而上学》12.4（1070b34）中的内容。

再者，在《形而上学》12.6.1071b12 处，神圣者被描述为将某些事物置入运动（kinētikon）的东西及某种制作（poiētikon）事物的东西，且是作为参与到活动中的某种东西："但是，如果有某种事物，它能够移动别的事物或者作用于它们，可并没有现实地这么做，那就必然地不会有运动，因为那具有一种潜能的，可以不实现它。这样，即使我们设想永恒的实体，正如相信形式的人所做的那样，也不会得到什么，除非在它们之中有能够引起变化的某种原则；而且，甚至这也是不够的，即使在形式之外有另一个实体也是不够的；因为如果没有实现活动，也就不会有运动。"

再者，亚里士多德在《形而上学》12.7.1072b30 中以下述命题抵制了毕达哥拉斯与斯彪西波（Sepeusippus），即，与被产生的人相比较而言，神圣者是最完满的，它是世界的第一开端。因而亚里士多德不仅将神设想为目的，而且也设想为万物的主动原则。

在第十章（1075b9）通过与物理学家的类比而对第一原则的解释指向同样的事物，这就像美丽的高贵统治者与秩序总体的比喻。总体并不仅仅是目的；神也是自身之为其目的的万物之主动原则。那么就像总体一样，如果神是整个宇宙的目的，也是所有尘世的与天宇的事物之目的，那么它也会被承认是所有存在者的主动原则。相似的结论也可以从国王的比喻中得出。因为如果他没有能力行动如何又能够成为一个国王呢？就其能力的扩张而言，它就是王，并且神被称为万物之王，这王毫无限制："一个统治者使之存在。"（《形而上学》12.10.1075a14 及结尾处。）

再者，《尼各马可伦理学》1.10.1099b12 中说："诸神的礼物。"

再者，《尼各马可伦理学》6.2.1139b6 中说："过去的事情是不可能不发生的；因而阿佳通（Agathon）正确地说：'只有这种能力甚至对于神也是缺乏的，即，他也不能让未曾发生的事情曾经发生'。"阿佳通以这句话清楚地教导说，除了过去之不可改变的必然性，上帝是全能的，改变过去则会使其陷入矛盾之中。或许笛卡尔在这一点上不会赞同他，不可能有任何人以任何怀疑来质疑神圣者的有效能力。不过亚里士多德认为这个命题是正确的并且采纳了它。

再者，在《尼各马可伦理学》8.14.1162a6 处，亚里士多德说到诸神："它们已经给予了最大恩惠；"并且说它们是"存在的原因"，就像父母一样（可参见《政治学》1.12.1259b12；《论天》1.9.279a28。出于这个原因，对神圣者的崇敬是城邦中最高贵的与最重要的事情。《政治学》，7.8.1328b12.）

再者，《尼各马可伦理学》10.9.1179a24 中说："神关心人类事物。"

再者，《尼各马可伦理学》10.1179b22 中说："本性的部分显然不依赖于我们，而是作为某种神圣原因之结果呈现在那些真正幸运者中的。"他这里谈的是在理性（logos）与教导（didachē）的对比中所显示出的主动原则。（参见《论灵魂》2.5.417b9）

再者，在《政治学》7.3.1325b28 中亚里士多德说，神具有"其自己的实践。"

再者，在《家政学》3.1343b26 中说："因而不论是男人还是女人的本性都已经被神圣者预先规定而过一种共同生活。因为他们被下述情形所区分，即，他们所具有的能力是不能应用于在所有情形中相同的目的的，不过在一些方面，它们的功能是彼此相反的，虽然它们都倾向于相同目的。因为他使一个性别强壮，一个性别柔弱，所以……。"

最后，我们也在《修辞学》2.23.1398a15中发现了"神的工作"这个表述："超自然之物（daimonnion）只是神或神的工作。"

这些段落——其数目还可以被可观地增加——足以表明，亚里士多德不会通过任何方式希望拒绝神圣活动及主动能力。从一些段落中人们甚至可以归结出，亚里士多德认为神圣者的能力是无限的，不过他将其活动看作是这样的，即，它不会使曾发生的东西不曾发生。他认为所有的东西甚至无质料之物都是由它产生的。

三

不过我们可以暂且先把这些陈述搁置一下，而完全通过下述方式表明我们断定的正确性，即，通过或是非限定地把神描述为万物的第一原则或是明确地描述为目的因的陈述。为了做到这些，我们只需要切近地看一下我们在亚里士多德思想中发现的目的学说。

（1）首先我们问道：亚里士多德教导过目的仅凭其自身能产生某种东西吗？或者，他教导过一个目的因离开一种主动原则什么都不能产生吗？无疑后者就是其学说。在每种情况下，他都需要某种东西不仅能够活动、而且事实上也活动（《形而上学》12.6.1071b29）。相反的情况确实是不可想象的；如果某人否认了它，并且断言说存在着这样一种情形，其中目的凭其自身产生某物，那么这就是一个无实质意义的语词之争。因为我们必定认为这个目的是某种已经存在的东西，因为没有什么东西能够从无中产生（参见12.6.1071b26）。那么如果他说这种存在的东西仅通过自身而产生某物，那么他就显然把我们归于主动原则的所有东西都归于它；因而他意思是说这种存在的事物应当被称为目的，这除了是语词之争外没什么其他意义。

因而，根据亚里士多德，如果某物具有一种目的，那么它就必然也具有一种主动原则。因而，如果除神之外的万物都具有一种目的，那么除神之外的万物就都具有一种主动原则。不过，根据亚里士多德（《形而上学》2.2.994a5 与 8.8.1050b4），无论如何，具有一种主动原则也就必定具有一种第一主动原则，亦即，第一主动原则因而也就不再具有一个主动原则。不过，由于这只是神，而根据亚里士多德的看法，神甚至在主动原则的意义上也是事物的原则，神是："存在的原则与首要的存在。"

抑或质料——在其向作为其目的的神圣者的运动中——是主动原则？显然，有些学者想以这种方式来解释亚里士多德。不过没有什么能比这种解释更与他的学说相矛盾了。亚里士多德明确地拒绝了它（例如《形而上学》12.6.1071b29 以及 1.3.984a21；亦可参见 11.2.1061a19-22）；出于同样理由，他也反对恩培多克勒（12.10.1075b3）；而且即使他没做这些，我们也不能同意这种观点，因为这与他体系的基本目标是相冲突的。毕竟，对他而言质料只是潜能性，而主动原则通常才是现实性（例如参见《物理学》8.5.357b9）；并且质料如何具有知晓神的能力呢？不过，正如亚里士多德所言，神作为某种可被认识的东西（noēton）运动（《形而上学》12.7.1072a26）。

不过，根据亚里士多德，即使质料是主动原则，并且使自身向其目的运动，这也只对质料性事物是成立的。可根据亚里士多德的观点，世界也包含着非质料性的实体，例如星辰、天体以及推动它们的理智之物，它们并不像神那样是必然（ex anankēs）存在的（《形而上学》12.7.1072b10）；它们是为了一种目的而存在的；而它们的目的也处于它们所归属的整体之完满性中，以及处于这个单一而超世界的理智中，这个理智甚至是一种比世界的总体更高的目的（12.10，开头），它自身因而就不再具有一种目的。可如果非质料的实体就其属于世界而言具有一种目的因，那么根据亚里士多德有关事物原因的理论，它们也就必定具有一种主动原则。它们在时间上没有开端这个事实一点儿也不会在这里导致改变；运动过程的无限性并没有使推动者成为非必需的，而第二个原因的无限序列并不违背对第一原因的需要（2.2.994a15）。非质料实体的永恒存在——如果它这里是为了一个目的的话——也不能得出一个对它而言没必要的主动原则。没有进一步的证据被要求表明，这个原则就是神圣者，且它不仅是非质料的与质料的存在者之存在所追求的目的，而且也是前者——肯定也是后者——由以产生的创造性能力。

让我们回顾一下我们的论据。根据亚里士多德，所有存在者甚至包括神圣者之外的非质料实体都具有一个目的。可如果某物具有一个目的，那么对它而言就具有一个主动原则，并且如果某物具有一个主动原则，那么它也就具有一个第一主动原则，这个第一主动原则于是也就没有一种更进一步的主动原则，它因而也就没有目的因。由于只有这类本体是神圣者——它是万物的目的因而自身不指向任何目的——那么显然，以亚里士多德的观点看，这必定同时也是第一和普遍的主动原则。

(2) 虽然我们把这个证据看作完美地令人信服的，我们仍然想费一些力气从另一面来看看这个事情。我们希望以这种方式能够明证地表明，亚里士多德的神就其是目的而言，它也是动力因，即使有人坚持相反的观点，他也不会具有什么说服力。因为就前面的讨论而言，有人或许会争辩说，只是我们已经从亚里士多德的前提中引出这个学说作为结论，而亚里士多德自己并未如此做，他自己只是满足于仅仅阐明诸原则，这种假定是出于一种几乎不可理解的短视。鉴于下述论据，甚至这种规避也是完全不可能的。

当亚里士多德说神是某物的目的的时候，这里的问题是，他在什么意义上意味着这一点。众所周知，根据亚里士多德（《论灵魂》2.4.415b2；参见《物理学》2.2.194a35），"为了"（hou heneka）具有两种意义，第一，正如他喜欢称之为目的因的被欲求对象（hou henekahou），以及第二，受益者，即对他而言某物是被欲求的（hou heneka hō）。于是现在我们必须问道，亚里士多德的神是否是一种被欲求的对象。这确实是属于他的问题，这也是被所有解释者所承认的，因为神被称为被欲求对象（orekton，《形而上学》12.7.1072a26）。不过一个新的问题产生了：一个已经存在的东西如何能被认为是某物为了它（即已经完成的东西）呢？一个活动的目的难道必定不是一个未来之物吗？（esomenon，《论动物的部分》1.1.640a3）例如，健康是医生的治疗活动所为之而进行的。于是显然，就像神圣者——它独立于所有的活动与绝对的必然性——这种已经存在的实体不能是为了它（某事而被做的）。（这是缩减地引述自《形而上学》12 的段落，特别参见 11.1.1059b35）。对此我们必须以一个新的区分来回应。为了的东西（被做的某物）可以是双重的，"其中一个已经存在了，一个还没有存在"（《形而上学》12.7.1072b1）："一个目的因可在不变的本体中存在是由其意义的区分表明的。因为目的因是双重的（我们必须将其读为 ditton——正如 Bonitz 与其他人所赞同的 Schwegler 所做的那样——而非 tini）；它们其中一个存在而另一个不存在。"亚里士多德这里讲的 hou heneka 即"它不存在"就是所意向的对象自身，而他说的 hou heneka 即"它存在"就是就其而言预存在的被意向对象，这是通过同名律得出的，正如在主动者中的情形那样；举例而言，军队的命令预存在于军官的理智中。这个命令在军官指挥军队时已经存在了，可它在军队之中尚未存在。所有这两者都可以被称为"为了"（hou heneka），不过前者多于后者，因为后者是为了前者而非反之（《形而上学》12.10，开头）。神圣者虽然已经存在，可他以这种方式是一种"为了"（hou heneka）和"欲求对象"（orekton）。因而他就其在主动者中被发现而言是一种"为了"（hou heneka），因而，显然动力因也必定能被在其中发现。（进一步的断定参见《论灵魂》3.10，我们已经在注释103中引述了其中的段落；相关于"欲求对象"（orekton）与不动的动者，可参见《形而上学》12.7.1072a26 的清晰表述）①。如果这不是实情的话，那么这就不得不具有第三类"为了某物的东西"（hou heneka hou），它既不在主动者中，也不在被作用者中。不过亚里士多德认为没有这种事物。

　　他会以此意味着什么呢？显然这只是一个模式（paradeigma）。不过亚里士多德并不允许仅是一种模式就成为一种目的因。确实，如果某人说，神圣者是在一种模式的意义上是世界的原因，那么根据亚里士多德在《形而上学》卷一所讲的，这就是空谈，这只是用一种诗性的隐喻掩盖了清晰概念的

---

① 人们一定不要忽略了，我们这里并不是指《论动物生成》2.6.742a22，那里亚里士多德显然也区分了"为了（hou heneka）"的两个意义，其中一个是运动的源头，并且是以"可生之物"（to gennētikon）的术语被解释的。我们不援引这段的原因在于，贝克（Bekker）的读法是错误的。人们根据 P 和 S 复本，一定会以 toutou heneka 取代 hou heneka。亚里士多德说，其中之一就是运动的源头，另一个则被目的所用。第一种的例子他给出"能产生的"，而第二种的例子他给出"作为一种被产生之物的手段"，即这两者的目的因。这在著名的 a28 就变得异常清晰："因此，存在着三种东西：第一，目的，我们将之描述为它物的'何所为'；第二，为了目的而存在的运动本原和生成本原……第三，有用的东西，即被目的所使用的东西。"因而，我们举出这段来解释亚里士多德对"为了"（hou heneka）的区分只是使对这段的理解更为困难了。

缺乏。因为，如果没有另外的动力因，这个模式又用于什么呢？这个动力因是被它行动的模式导向的。如果没有这种原因，那么这个模式自身也就没有什么用处；另一方面，如果存在着这样一种原因，那么模式自身即在我们情形中的神圣者也就成为非必需的。为何世界因的活动必然是一种模式的效仿呢？让我们听听亚里士多德自己是如何表达这个观点的。在《形而上学》1.9.991a20 处，他说："而说形式是模式并说其他事物分有了它们是空话和诗意的比喻。它的工作是什么呢？去向理念看齐吗？任何东西都或者是或者成为其他东西而不需要从它那里复制，因而不论苏格拉底是否存在，一个与苏格拉底相似的人都会生成；即使苏格拉底是不朽的也是如此……在《裴多》（100c-e）中就是以这种方式陈述的——形式既是存在的原因也是生成的原因；可当形式存在时，分享它们的事物还没有生成，除非有某种东西产生了运动。"这就是亚里士多德讲的。不过我们问道：我们能够把这个观点运用到这个哲学家身上吗？他自己对此如此强烈地反对和拒绝。我们确实不能这么做，即使他在卷十二谈到神圣者的时候没有明确地评论说，像理念这样的本体并不足够，而一个原则是需要被增加主动能力与活动的。《形而上学》12.6.1071b14 处说："甚至如果我们假定永恒实体，也无济于事，就像相信形式的人那样，除非在它们之中存在着某种能够导致变化的原则；甚至只有这些也是不够的，具有这种形式之外的其他实体也是不够的；如果它们不活动，也就不会有运动。"

我们认为这解决了我们的难题。因为在讲了这些之后，亚里士多德无疑在把神圣者作为所有存在的目的时，也将其作为万物的动力因。

让我们现在把这个结果特别运用在我们所开始讨论的问题上。显然，我们正确地声称亚里士多德的神是所有质料性实体、理智之物、天球及其星球的主动原则。可非质料性本体的主动原则必定是一种创生性原则。因而，根据亚里士多德，神是宇宙以及宇宙能力的创生者；这对于下述这些本体也是成立的，根据亚里士多德，这些实体并不绝对必然地与神圣者相像，而是为了一种目的存在的。在第一、二部分，我们已经引述了一些段落，其中清晰地断定了这些内容。不过由于这是我们研究的恰当终点，让我们这里再进一步引入一些段落。

我们从《形而上学》十二卷第八章看到，在这里亚里士多德从天体的数目引申出纯粹理智者的数目。他是如何得出这个初看起来完全是不可思议的结论呢？使他得出这个内容的是目的论的考虑。部分是由于整体而存在的，出于这个原因，它只是在下述范围才是良好的与完满的，即，这个范围的事物的本性与活动正是为了整体而秩序化的。这毫无例外成立，以至于就其自身而言的实体也是与纯粹理智同样完满的，尽管它是完满的，可它在一种意义上也是不完满的，如果它与世界的其他部分缺乏一种关系并且也没有将其完满地通过一些影响而传导给较低级存在者的话；因而他就是不完满的，如果它没有被加入到世界的其他部分以形成统一秩序且也不会与它们合力促进世界完满的话。这种不完满性对于某种范围内的个体与较低级的种类确实是可被允许的，因为它们中的一些是属于同一个种类的（《论天》1.9.278a15；因为对本性的考察多数是以种类进行的。）不过那些最高的存在的不完满是不被允许的，单纯理智存在者中的每一个都是基于其自身的一个种类（《形而上学》12.10.1075a19；亦可参见8.9.1051a29）。因而亚里士多德说，下述情况并不是不可想象的，即，作为特殊的目的因推动天球的除了理智者还有某种非触动与非依赖的存在者，即纯粹精神性实体；因为其没有完全分享其完满、没有充满目的；不过这是不可思议的。《形而上学》12.8.1074a14说："那么让我们来考察天球的数量，因而不运动的实体与原则或许也正好是这个数量；对必然性的断定必定要留给更为有力的思想者。不过如果能够存在没有空间的运动（这并不导致星球的运动），且如果进一步每个存在与每个实体是免于变化的话，而且鉴于其自身已经达到最好了，那么它必定被认为属于目的，而除了这些我们已经命名的东西就不会有其他的存在，而这必定就是实体的数目。因为如果还有其他东西的话，它们就会把变化作为运动的目的因。"（参见10.1075a16，19，24.）因为通过星球，天球作用于较低级的世界，就像例如太阳的天球通过太阳而作用于万物；（《论产生与消灭》，236b17）因而，如果一个天球无法作用于星球的运动就不会对较低级世界发挥影响。前述的解释也表明，这个段落并非毁坏的，就像Bonitz把telous改写为telos时所想的那样。（因而Boniz[正如罗斯与其他大多数人]把上述段落读为"……每个实体是免于变化的话，而且鉴于其自身已经达到最好了，那么必定被认为是一个目的……"）整个证据会变得无效，因为它只是被根植于下述思想中，即，世界不能被撕扯为片段，就像一部坏的剧目那样

（《形而上学》13.3.1090b19），并且甚至最崇高的创生也不会完全回应其目的，因而这也不是完满的好，如果它不被追求一种更崇高的目的——即世界整体——而恰当秩序化的话，亦即，如果它不与较低级的存在者和谐合作并且将其规则影响到物体世界的话。

因而，这段再次向我们表明，根据亚里士多德，恰当地与专属地配得这个名字的神圣者只是超世界的存在（《形而上学》12.10结尾；11.2.1060a28；《物理学》8.6.259a12），而其他精神实体、天球与星球——即使有时它们被称为神圣者——是作为部分而属于世界。就像其他部分一样，它们在世界整体中以及甚至在超宇宙的神圣者中具有其目的；我们已经确立，这同时等于是说，它们的存在都有赖于主动原则，而这种主动的与创造的原则是同一个神圣者，在其中我们认识到其他存在者的最终目的。

四

我们已经努力使我们的论证尽可能地简短，因为这些讨论不属于我们探究的专属主题——虽然它们从另一方面来说是不能完全避免的，这是以免我们论证的本质部分失去可信度。因而我们现在至少必须简要地表明，某种困难如何能被克服。这些困难已经导向错误的解释且与我们的观点相悖，如果我们没弄错的话，我们的观点现在就已经完全确立起来了。

这些观点主要如下：

（1）亚里士多德教导说，神作为被欲求对象而非作为欲求（orexis）进行推动（horekton，erōmenon，《形而上学》12.7.1072a26，b3）。因为否则的话，亚里士多德就不得不根据其下述原则而进行教导：神不会成为第一和不动的推动者（《论灵魂》3.10.433b11，14，17；亦可参见《形而上学》11.1.1059a37）。他因而教导，毋宁说，事物中的欲求以追求神作为其目的。因而，第一主动原则是在事物之中的，而只有目的在神中；因为在我们之中，欲求而非欲求的对象才是运动的原则。（参见上述下篇第三部分第十九节及第四部分第二十五节前后）

对此我们必须回应如下。根据亚里士多德，说神作为被欲求对象进行推动是正确的，因为它是世界的最终目的。可并不能从中得出，神并不同时是主动原则，也不能推出，没有意欲能被归属于它；这只能得出，神并不以与我们具有意欲相同的方式具有一种意欲。它并不在它自身中具有一种意欲，可它自身就是意欲，正如它的思想不在它之中，可它自身就是思想一样。我们甚至能证明，亚里士多德把这种与我们的欲求的相似性赋予了神。因为他把一种快乐（hēdonē）归属于神。① 在我们的情形中，快乐——即便是在我们自己思想中的快乐——也不是思想自身（《尼各马可伦理学》，10.5.1175b34），而是一种欲求能力所伴随的触动（参见第 122 页注释 ③）。前面我们正是基于这个事实而确定了我们理智部分中欲求能力的存在。亚里士多德说，哪里有快乐（hēdonē），哪里就有欲求（orexis）；可是他说，在神中存在着快乐（《尼各马可伦理学》7.15.1154b26）。在神中的思想与在我们中思想是不同的吗？是不同的，因为神是完全单一的且它除了它的思想之外什么都不是（《形而上学》12.9.1074b34）。因而在神的情形中，欲求（orexis）与理智（noēsis）就以最为彻底的方式同一了；也正因如此，它不运动同时却能是万物的目的与主动原则。

不过人们或许会反对说，正如亚里士多德所言，神在其自身思想中以不可分的快乐为乐："神通常享用着一种单一的快乐"（《尼各马可伦理学》7.15.1154b26）。由此可以得出，它自身正是其欲求与赐福的对象，而且是在对被欲求之物的永恒与必然的占有之中；而这种欲求——即不指向一种实践的善——无论如何对于一种活动是不能进行解释的（《论灵魂》3.10.433a29）。不过对这个反对的回答却是显而易见的。正如神在知晓自己的时候知晓所有被造物一样，他是通过有关自身的认识而知晓被造物的，因而它也通过欲求自身而欲求整个世界，并且为了其自身之故而欲求事物的整个秩序；以此种方式，这种对自身的赐福欲求同时也成为全能的原则，通过这个原则，整个

---

① 这是像《论题篇》4.5.126a34 以及《尼各马可伦理学》10.9.1179a24、8.1.1145a20、26 中所直接遵循的。这里讨论的美德是一种伦常美德。这是从对神全能的断定的段落而进一步得出的（参见《尼各马可伦理学》6.2 的段落，它在附录第二部分被引述，没有欲求的活动不具有做相反事情的能力 [《形而上学》8.5.1048a5；7.1049a5]）。几乎所有这些段落不仅表明神具有意愿，而且同时表明它指向它自身之外的东西。源于《尼各马可伦理学》卷七的段落指出我们现在所讲的神圣意愿与我们意愿之间的区分。

世界根据一种规划而被秩序化及创生，正如健康从医生的技艺与意愿中产生一样（《形而上学》12.10.1075b9；8.7.1049a5）。

不过，正如有人提出的反对那样，亚里士多德表明的是自然（Natur）而非神圣者才欲求世界的秩序（《形而上学》12.10.1074a12）。不过这显然不是一种有效的推论。因为如果一个家庭的儿子、女儿以及所有的仆人都追求整体秩序，为了这个的缘故一家之主给每个人都分配了任务（1074a19），这会推出这个一家之主自己不追求这个秩序吗？这是个荒谬的结论；相反，他甚至比他们更为欲求这个目标，他也会是最爱和最全力地追求这个目标的那一个。神也是如此。正如其所是的那样，在每个存在中，他都放置了其本性来传递其律法与命令（1074a22），他最爱离他最近的，例如在人之中，它最爱那些为了理智而生活的（《尼各马可伦理学》10.9.1179a28；《论睡眠中的征兆》2.463b11以及464a21；1.462b20），因为这种生活是与他们的本性相适应的，因而是与其需求相符的。

我们看到第一个困难无疾而终。这与我们提出的观点也不会不一致性。毋宁说，亚里士多德如果讲了别的则对其原则是不忠诚的，对这一点我们已经讲过了。

（2）第二种反对的情况也是同样的，虽然它开始听起来也是非常危险的。因为亚里士多德在《论天》2.12（292a22）中说，在完满性上超越其他所有存在者的存在都是没有活动的；而在《政治学》（3.1325b29）中，他说，神圣者与世界并没有外在的交流。相似地，他在《尼各马可伦理学》10.8.1178b7中总结道，理论生活是最完满的，因为它是最似神的；他说，因为神的生命既非制作性的也非主动性的，而是纯粹沉思。难道这个段落没有教导神不具有活动吗？

没有，这些段落没有这样教导，并且语境足够清晰地表明，在每一处亚里士多德都想说某种完全不同的东西。因为亚里士多德通过人可以分享的某种福报而区分出三类活动。首先是创造外在善的主动生活，不论是出于需要、为了获利还是为了舒适；其次是这样一种主动生活，其目的与幸福在于美德、守法的活动；最后是理论生活，这是在对真理特别是在对至高真理即神的沉思中达到赐福的。

那么显然神——即使他创造了最有意义的作品——是至福并不是通过

这种活动而是通过其自身；因为他不需要工作而且也无法通过工作来丰富自己（《论天》1.9.279a35）。因而说他的幸福就是生产性活动是荒谬的。不过人们也不能说神在其伦常美德的实施中发现了其至福，即，通过下述活动：买卖中的正义、险境中的勇敢、慷慨捐助其财富亦即通过给贫穷之神钱财、在自控与抵制罪恶的欲求中等等。如果有人要把这些美德归于神，他就是在使神蒙羞而非增光，因为这些内容部分地与公共生活相关（参见《尼各马可伦理学》8.9.1158b35、1159a5，《政治学》1.2.1253a27）而部分地与人的不足与脆弱相关。因而就只剩下理论生活，其中神能够达到其至福。事实上，我们已经看到他是纯粹认识。因而，如果他通过自身而——而非通过其他事情——成为至福的，那么它的至福就是理论性的，即它的生活就是对思想的思想。这就是《尼各马可伦理学》的段落中所教导的。（参见《形而上学》12.7.1072b14-30；9.1074b34.）我们看到亚里士多德甚至没有即便是间接地否认神圣者的活动能力。他只是否认：有些需要及不完满推动其活动以及它物而非其自身能够构建或增加其至福。

同样，《论天》卷二的一个段落也只是为了说，神是没有需要的，它自身即为福。这从亚里士多德现在提出的理由看就变得清楚了。他说，在其自身中把握其所有完满性的存在并不需要任何活动（《论天》2.12.292b5）。因而他否认存在着一个其活动是为了获利的神，或是寻求通过交往或以其他任何方式而增加其幸福的神。

最后，《政治学》中的段落表明，亚里士多德只是想更清晰地拒绝：神是以一种不充分的后果而行动的，且通过相互交往与善物的交换、通过服务与对服务的回报而使得其缺憾消除，以至于神圣者会处于一个部分地依赖于相异目的的位置上，而事实上它自己就是存在总体的唯一目的。神圣者只是给予（《尼各马可伦理学》1.10.1099b3），却不接受，它是一个完全不动的推动者；因而，以亚里士多德优美的短语讲，它触动（其他东西）而自身没有被触动（《论产生与消灭》，1.6.323a31）。

（3）这两种反对直接针对的是一般意义上的神的活动。不过还存在另外两个反对，它们是针对下述事实的论据，即，亚里士多德甚至也将非质料的实体依赖于神的主动能力。

因为，首先他推荐与捍卫《物理学》第一卷（4.187a34）以及其他地方提出的早期自然哲学家的公理，即，没有什么东西能从无中产生；当他谈到生成的原则时，他坚持认为生成需要质料。根据他在《形而上学》5.12（1020a4）中的界定，主动能力是作为一种在其他事物中产生变化的能力（是其他事物变化的源泉）。

不过这个段落什么也没有证明。当亚里士多德说思想是一种触动的时候（《论灵魂》3.4.429a14，b23，b29），它意味着我们的思想以及或是所有被造理智的思想（例如《形而上学》12 卷章 9 只谈到一个神圣的理智），因为这个段落证明——且每个人也都承认——神圣的思想并没有被包括其中。同样，也没什么东西表明，当他谈到活动时，他包含着神圣全知者的活动；毋宁说，相反的东西才是更可能的（参见他在《形而上学》12.3 最后归于神圣者的原则，这种原则之于所有其他的主动原则具有一种不同的地位）。甚至"变化（metaballein）"这个表述严格说来甚至也不适合所有被造实体的活动（参见《论灵魂》2.5.417a32 以及之前的与接下来的一节）。

相似地，当亚里士多德把质料描述为生成的必然基础时，他心中想到的只是那样一种生成，即，它同时也是另一个东西的消灭；他在《形而上学》12.2.1069b3 中提出的理由只是援引了这个种类的生成（参见 7.5.1044b28）。而且当他在《物理学》第一卷说出的并在其他地方重复的"没有什么东西是从无中产生的"时，他只是想承认自然力的阻碍；可他并不想决定，这是否是绝对不可能的，并且因而对于神圣者也是不可能的。当他说出下述一段话时，这一点更是清楚明证的（《物理学》1.4.187a34）："对某物而言，不可能产生于不存在的东西（在这一点上所有物理学家都赞同）。"比较《物理学》1.7.189b30, 31，从中人们也会看到，在他心中所想的也只是对物理学普遍有效。相似地，他在 8.6.258b12, 16-22 说，在这些卷中，他并不希望决定下述问题，即，是否有一个实体性的开端与结束并不是一种生成与朽坏之物（genesis and phthora）。因而，我们看到，这种反对基于一种非常不确定的根据。

（4）让我们来看，是否还有其他的与最终的反对会成功地提出某种可辩护的东西。亚里士多德说运动先于生成（《物理学》8.7.260b24；参见 261a7；《形而上学》12.7.1072b8），不过生成（genesis）是实体的将要出现，而运动（phora）已经预设了一个实体。因而存在着不是被其他东西生成的实体（确实是一种不可运动的实体）。

不过如果回看我们刚才引证过的段落，每个孩童都能够消除这个反对。亚里士多德不会称所有实体都会生成，而只有那些可朽坏的才能生成。因而也就有"论生成与消灭"的标题。在从《形而上学》引述的一段话中，这个思想甚至是更为毫不含糊的；因为亚里士多德这里说运动是第一种变化。因而我们看到这些反对的最后一个也被消除殆尽。就我们所知而言，这四种反对包含了针对亚里士多德神圣全知者学说的所有反对。因而，许多段落所肯定性地建立起来的东西，对于所有的攻击也是容易防卫的。

因而，亚里士多德的灵魂学说——它使神显现为人类理智的创造者——不会站在其一般神学的对立面；毋宁说，这只是以一个例子表明，这个学说和其他许多内容一样是显而易见的，这也是物理学著作与《形而上学》及《尼各马可伦理学》一再地以一般方式讲的内容：神圣者不仅是有形世界的推动者，而且也是万物的创造性原则："是原则与第一存在"（《形而上学》12.8）；因而，当阿佳通说下述内容时是正确的，即，只有矛盾超出了神的全能之外（《尼各马可伦理学》6.2.1139b8）；而当荷马[①] 称之为世界之王与诸神与人的父亲时，他道出了真理。（《政治学》1.12.1259b10）

---

① 实际上亚里士多德这里对古诗词句（"人与神之父"）的赞扬另有其原因，不过在《尼各马可伦理学》8.14.1162a4-7 中，神就像父母那样呈现为人之存在的原因，这表明他毫不犹豫地在一种完全的意义上借用这个词。

责任编辑：毕于慧

封面设计：石笑梦

版式设计：吴　桐

图书在版编目（CIP）数据

亚里士多德的心理学：特别关注其主动理智学说 /（德）弗朗茨·布伦塔诺著；
　郝亿春译 . —北京：人民出版社，2024.8

ISBN 978－7－01－024285－9

（古希腊哲学基本学术经典译丛 / 聂敏里主编）

I.①亚…　II.①弗…②郝…　III.①古希腊罗马哲学－研究　IV.① B502

中国版本图书馆 CIP 数据核字（2021）第 246073 号

亚里士多德的心理学

YALISHIDUODE DE XINLI XUE

——特别关注其主动理智学说

［德］弗朗茨·布伦塔诺 著　郝亿春 译

人民出版社 出版发行

（100706　北京市东城区隆福寺街 99 号）

中煤（北京）印务有限公司印刷　新华书店经销

2024 年 8 月第 1 版　2024 年 8 月北京第 1 次印刷

开本：710 毫米 ×1000 毫米 1/16　印张：17

字数：263 千字

ISBN 978－7－01－024285－9　定价：68.00 元

邮购地址 100706　北京市东城区隆福寺街 99 号

人民东方图书销售中心　电话（010）65250042　65289539

本书根据 Franz Brentano, *The Psychology of Aristotle: In Particular His Doctrine of the Active Intellect*, Edited and translated by Rolf George, 1977 by The Regents of the University of California 翻译。关键术语翻译参照德文本：Franz Brentano, *Die Psychologie des Aristoteles, insbesondere seine Lehre vom ΝΟΥΣ ΠΟΙΗΤΙΚΟΣ*, Mainz Verlag von Franz Kirchheim 1867。